IL VANGELO DI CRISTO

DETTO GESU'

TRADOTTO DAI TESTI ORIGINALI

E

COMMENTATO

Pasquale Maisto

Titolo | Il Vangelo di Cristo detto Gesù
Autore | Pasquale Maisto
ISBN | 978-88-91143-58-7

Youcanprint Self-Publishing
Via Roma, 73 – 73039 Tricase (LE) – Italy
www.youcanprint.it
info@youcanprint.it
Facebook: face book.com/youcanprint.it
Twitter: twitter.com/youcanprintit

Introduzione

Dio desidera rivelare Se stesso attraverso l'uomo, (Romani 8, 29). (Poiché i Santi che Dio da sempre ha conosciuto li ha anche predestinati ad essere conformi del Figlio Suo, perché Gesù sia il primogenito di molti fratelli). Per questa intenzione, Egli creò l'uomo a Sua propria immagine. Proprio come un guanto è fatto all'immagine della mano perché possa contenerla, così anche l'uomo è fatto ad immagine di Dio per contenere Dio. La Scrittura dice che "Dio è Spirito". Quindi questa somiglianza a livello mentale, a livello morale e a livello sociale perché l'uomo fu creato per ragionare e per scegliere. - A livello mentale: Ogni qualvolta qualcuno inventi un macchinario, scriva un libro, dipinga un paesaggio, o fa delle melodie musicali, sta dichiarando di fatto che siamo stati creati a immagine di Dio. A livello morale: l'uomo fu creato nella giustizia e nella perfetta innocenza: Questo è un riflesso della santità di Dio. Quando qualcuno emani una legge, fugge dal male, lodi il buon comportamento o si senta colpevole, sta confermando il fatto che siamo stati creati alla stessa immagine di Dio. A livello sociale: l'uomo fu creato per la comunione. Per condividere con il proprio simile, tutto ciò che Dio ha creato. Ogni qualvolta qualcuno si sposi, instauri un'amicizia, stringa fra le braccia un bambino o frequenti una chiesa, sta mostrando il fatto che siamo stati creati a somiglianza di Dio.(2 Corinzi 4, 7). (Però noi abbiamo questo tesoro in vasi di creta, perché appaia che la potenza straordinaria viene da Dio e non da noi). Ricevendo Dio come suo contenuto l'uomo può rivelare Dio.

COMPENDIO STORICO DEL VANGELO

L'oggetto del Vangelo di Cristo detto Gesù

la pienezza del tempo, Dio mandò il suo figlio nato da una donna, nato sotto la Legge, per riscattare quelli che erano sotto la Legge, affinché ricevessimo l'adozione filiale. <<Dopo aver parlato molte volte e in vari modi ai padri per mezzo dei profeti, in questi ultimi tempi Dio ha parlato a noi per mezzo del suo figlio>> (Ebrei 1,1-2). Il contenuto e il messaggio centrale Quando venne consiste in un avvenimento storico, e più precisamente in un personaggio Gesù di Nazareth, che dopo la morte e la risurrezione ricevette dai suoi discepoli il titolo di Messia, cioè l'unto consacrato, in greco Cristos, un appellativo che era applicato nella traduzione ebraica anzitutto al re, poi ai sacerdoti consacrati con l'unzione, e infine, in maniera imminente, al liberatore promesso della discendenza di Davide. Di qui la denominazione di Gesù Cristo, che travolse presto come nome proprio, ma originariamente era una professione di fede, cioè <<Gesù Cristo>>, cioè il Messia promesso nelle Scritture Sacre. Questo adempimento è l'oggetto della Buona Novella, che Gesù ha connesso essenzialmente con la sua persona, e che gli Apostoli trasmetteranno alle generazioni future; e ciò che in linguaggio tecnico viene detto Kerygma, cioè l'annunzio, la testimonianza della vicenda storica e della predicazione del fatto evangelico. Nelle sue linee essenziali lo si può riassumere così: il tempo del compimento è giunto; Dio ha inviato all'umanità il Messia Salvatore, Gesù. I Giudei l'hanno crocifisso, ed egli morì e fu sepolto, secondo il disegno di Dio; ma il terzo giorno è risuscitato da morte ed è stato glorificato e innalzato alla destra del Padre, donde ritornerà come Giudice e Salvatore alla fine dei tempi. I suoi fedeli formano il vero popolo di Dio nel mondo, la Chiesa, e ricevono il dono dello Spirito Santo. Tutti gli uomini sono invitati a convertirsi, e a credere in lui per avere il dono della salvezza e della vita eterna, che egli conferisce loro fin dal presente per mano degli Apostoli. In tal modo il

Kerygma si prolunga spontaneamente in una parenesi, cioè in una serie di insegnamenti morali in vista di una condotta conforme al nuovo stato di vita. In tutto il Nuovo Testamento, le sezioni parenetiche si alternano a quelle Karygmatiche. Dopo l'annuncio dell'avvento del Regno di Dio in Galilea, Gesù riferisce il discorso del monte, in cui viene promulgata la Legge morale del Regno. Allo stesso modo in quasi tutte le lettere del nuovo testamento, dopo le fase iniziali dedicate all'annuncio o al richiamo degli elementi fondamentali della predicazione, vi sono interi capitoli dedicati all'esortazione morale: << Non levatevi con i pensieri oltre il giusto limite, ma pensate secondo saggezza. La carità non abbia finzioni. Fuggite il male, aderite al bene. Amatevi gli uni gli altri con affetto fraterno, prevenitevi a vicenda nel rendervi onore. Non siate tardi nello zelo, ma ferventi nello spirito, dediti al Signore, lieti nella speranza, forti nella tribolazione, perseveranti nella preghiera, solleciti per la necessità dei santi, premurosi nell'ospitalità. Benedite quelli che vi perseguitano, benedite e non maledite. Non compiacetevi della vostra sapienza. Non rendete a nessuno male per male. Aspirate al bene davanti a tutti gli uomini. Se è possibile, per quanto è in voi, state in pace con tutti. Non lasciarti vincere dal male ma vinci il male>> (Romani 12,13-21). Non meno essenziale della parenesi è la profezia e l'annunzio del futuro, nel quale si risolverà l'opera di Gesù nel presente. Qui il tono è solenne e il linguaggio adotta le immagini di movimento della tradizione Apocalittica. Al pari della parenesi morale, l'escatologia non si lascia penetrare da tutti gli scritti del Nuovo Testamento e lo conclude con il libro dell'Apocalisse. Si tratta della escatologia, il terzo elemento fondamentale del Nuovo Testamento. La comparsa di Gesù sulla terra segna l'ultima ètà della storia. Ma il Regno di Dio, che egli ha inaugurato, si manifesterà, per un intervento prodigioso di Dio, soltanto alla fine dei tempi. Si avrà allora la parusia o venuta finale di Cristo, detta anche con terminologia ebraica <<il giorno>> del Figlio dell'uomo. Allora non si dice quando, Gesù apparirà in uno splendore sfolgorante come giudice e salvatore; beati quelli che nel corso della storia si saranno schierati dalla sua parte! Perche erediteranno il Regno di Dio, perché nella vita terrena tutto è fugace, quello che dura in eterno è l'amore di Dio. <<Questo vi dico, sulla parola del Signore: il Signore stesso a un cenno, alla voce di un arcangelo, alla tromba di Dio, discenderà dal cielo, e i morti in Cristo risorgeranno; e quindi, i vivi, i rimasti, saranno rapiti insieme a loro tra nuvole incontro al Signore nell'aria: e cosi saranno sempre con il Signore>> (1 Tassalonicesi 4,15-17). In questa attesa e in questa speranza la parola d'ordine suona: <<Vigilate>>. Attorno a questo messaggio, del Kerygma, della parenesi, e dell'escatologia, si sviluppa ben presto, e già in quelli che erano ritenuti le colonne della tradizione apostolica, Pietro, Paolo, e Giovanni, ma soprattutto nei due ultimi, un pensiero teologico approfondito, frutto di meditazione continua e di elaborazione culturale della speciale esperienza vissuta. Basti leggere il prologo di Giovanni o la lettera agli Efesini per rendersi conto delle ricchezze del contenuto, venne a tracciare fin dalla prima ora il significato della vita di Cristo.

Cronologia degli avvenimenti e degli scritti

La nascita di Gesù avviene durante l'impero di Augusto verso la fine del regno di Erode. Ora la morte di Erode si può fissare con certezza nell'anno 750 di Roma. Gesù nacque qualche anno prima. Sfortunatamente, fin dall'alto medioevo, un errato computo del monaco Dionigi il piccolo indica l'anno 754 di Roma come quello della nascita di Gesù, e quindi come primo dell'era volgare. Il computo di Dionigi si è imposto nell'uso, ma non resta meno vero che Gesù nacque 5 anni prima dell'era volgare; si può pensare, con lo scarto di un anno, al 748 di Roma. L'inizio dell'attività pubblica di Gesù viene collocata nell'anno XV dell'impero di Tiberio. Essendo quindi Tiberio salito al potere dopo la morte di Augusto (14 d.C.), l'anno XV oscilla, secondo le diverse maniere di computare, tra il 27 e il 28 dell'era volgare quando Gesù aveva << circa 30 anni >> ma precisamente secondo il nostro computo, quando aveva circa 33-34 anni. La morte di

Gesù avvenuta, secondo l'opinione più fondata, dopo circa due anni e mezzo di ministero, si collocherebbe quindi il 14 del mese Nissan (Marzo), alla vigilia della pasqua ebraica dell'anno 30 dell'era volgare, essendo procuratore della Giudea il cavaliere Ponzio Pilato, che in base alle attestazioni storiche, tenne la carica dal 26 al 36 dopo Cristo. Il termine Vangelo cioè Buona Novella ha una sua storia. Adottato nella forma verbale << evangelizzare >>, già due secoli prima di Cristo dalla versione greca dell'A.T. per esprimere il lieto annunzio della salvezza messianica (cfr. Isaia 57,7 sg; 61,1) venne adoperato da Gesù fin dall'inizio dell'attività pubblica in riferimento alla sua persona e alla sua parola: << il tempo è compiuto, si è avvicinato il regno di Dio; convertitevi e credete al Vangelo>>.

La biografia di Gesù

Al di la della trasmissione evangelica dei detti e dei fatti di Gesù, si pone il problema della sua biografia. I vangeli non ne contengono né la storia né la vita, nel senso moderno e scientifico dell'espressione, ma ne sono l'annuncio e la testimonianza da parte di chi ha creduto in lui, e lo ha salutato come salvatore degli uomini. Quindi in senso critico si pone il problema. Non se ne può dubitare ragionevolmente, anche se affiorano ogni tanto opinioni divergenti ed estreme, tendente in qualche caso a negare la stessa esistenza storica di Cristo. Evidentemente il terreno è più solido nel tracciare la sua biografia offerto dai Vangeli, nei quali è contenuta la testimonianza pubblica data dagli apostoli al Maestro. Secondo Matteo (cap. 2,1) e Luca (cap. 2,4), Gesù nacque a Betlemme, cittadina della Giudea, circa 8 chilometri a sud di Gerusalemme lo stesso La data è incerta, ma non si va lontani dal vero supponendo l'anno 748 più o meno l'anno 1 di Roma. Secondo Luca, avvennero allora prodigi nel cielo e accorsero pastori alla culla del neonato Gesù; lo stesso evangelista narra l'adempimento delle prescrizioni legali: la circoncisione all'ottavo giorno, la presentazione del bimbo al Tempio al quarantesimo giorno, la purificazione della madre e l'incontro con il vegliardo Simeone e la profetessa Anna. Matteo narra la visita di <<di saggi dall'oriente>> e il loro colloquio con Erode, dopo il quale la piccola famiglia deve prendere la via dell'Egitto, per sfuggire a un massacro ordinato dal sospettoso monarca. Di ritorno dall'Egitto, si stabiliscono a Nazareth in Galilea, dove Maria e Giuseppe risiedevano già prima della nascita del bambino. Incomincia il periodo della vita nascosta a Nazareth, sulla quale solo Luca solleva per un istante il velo della sua infanzia (Luca 2, 40- 52). Grazie alle provvidenze di Dio per le istituzioni del Giudaismo, il livello della cultura giudaica all'epoca di Gesù all'epoca di Gesù era notevolmente superiore a quelle delle altre popolazioni. Alla scuola, vicini alla Sinagoga di Nazareth, Gesù acquistò familiarità con i libri dell'Antico Testamento; oltre alla lingua aramaica ad uso nazionale, dovette apprendere ed esprimersi in greco, lingua comune dell'epoca, ed a leggere l'ebraico dei testi sacri. All'età di 12 anni come ogni giovane ebreo, entrò nello stato <<Di figlio della Legge>>, ricevendone l'obbligo di tutte le prescrizioni. Lo troviamo quindi a Gerusalemme, in pellegrinaggio nella Città Santa, dove, sottraendosi alla comitiva di ritorno, si fermò per mettersi in ascolto dei maestri del Tempio. Ritornato a Nazareth vi rimase circa un ventennio, fino al giorno in cui andò ad incontrare nel deserto Giovanni Battista, che si era presentato ad Israele come profeta. Da secoli il popolo d'Israele non aveva avuto più un profeta (Salmo 73,9). Del profeta Giovanni Battista aveva assunto il tono e il classico vestito di peli di cammello, che nessuno dei contemporanei aveva mai veduto. La sua persona divenne presto il centro di un vasto movimento, e non solo nella Palestina. <<In quel tempo Gesù venne da Nazareth di Galilea e si fece battezzare da Giovanni Battista nel fiume Giordano>> (Marco 1,9). Aveva circa 30 anni (Luca 3,23). Dopo questa fugace comparsa si ritirò nella solitudine nel deserto, dove i tre Vangeli sinottici pongono la misteriosa tentazione di Satana. Subito dopo, inizia l'attività pubblica. Gli studiosi rinunciano oggi a fare troppo facilmente a tracciarne la successione cronologica e lo sviluppo topografico. E' possibile tuttavia rivelarne le linee maestre. Dopo una breve comparsa nelle regioni dove battezza Giovanni Battista nella Giudea ed a Gerusalemme, Gesù sceglie come sua zona di lavoro la Galilea, e in particolare le regioni che guardano verso il lago; Alcuni brevi sconfinamenti nella Fenicia, a Cesarea di Filippo, nella Decapoli, fanno risaltare ancor più il mondo galilaico In quel tempo preferito da Gesù. In quel tempo, il Maestro trasferisce la sua attività dalla Galilea alla Giudea, con brevi soste nella Transgiordania, puntando a Gerusalemme. Tutti e tre i Vangeli Sinottici sono imperniati dalla Galilea verso la terra Santa. Giovanni accenna ai numerosi viaggi intermedi. Si nota anche, nell'arco della sua attività, il passaggio dalla folla eccitata e rumorosa al gruppo fidato dei discepoli, dalla proclamazione pubblica e aperta al discorso in parabole, che riserva l'iniziazione al gruppo dei dodici. Dovunque egli insegna, compie prodigi. Questi segni hanno lo scopo di avvalorare la dottrina e di rivelare il mistero della sua persona. Il suo modo di insegnamento è originale egli non cita delle autorità, né si appella a dotti commentatori come facevano gli scribi, ma trasmette il suo messaggio, in piena libertà. Ed ha un metodo suo, nuovo rivoluzionario di trattare la Legge. Per questo motivo nascono le prime polemiche con gli esponenti della religiosità e della scienza contemporanea: polemiche sui digiuni, dal greco sulle pratiche di purificazione, sull'osservanza del sabato. L'ostilità scende ben presto sulle piazze. L'accusa di violazione della Legge viene aggravata da quella di bestemmia, provocata dalle sue rivendicazioni di essere il Messia e di provenienza divina. Dichiarato perciò fuori legge dai capi del popolo. Gesù viene arrestato per ordine di Caifa, Sommo Sacerdote del Sinedrio e condannato a morte. Poiché i romani avevano riservati a sé le sentenze capitali, con abili manovre viene strappato al procuratore romano Ponzio Pilato l'approvazione della condanna: così Gesù venne crocifisso dai soldati della guarnigione romana, in un giorno di venerdì, vigilia della Pasqua ebraica il 15 del mese di Nissan (marzo aprile), verso l'anno 30 dell'era volgare. La sua attività pubblica sembra di essere durata due anni e mezzo. Tutti i quatto evangelisti raccontano che al terzo giorno, la tomba fu trovata vuota, tra lo stupore dei discepoli, e che Gesù apparve con un corpo <<spirituale>> di risorto: si manifestò a Maria di Magdala, ai due discepoli sulla via di Emmaus, a Pietro e poi a tutti i suoi apostoli; dopo otto giorni comparve ancora quando anche Tommaso, il dubbioso, era presente. Si manifestò anche in Galilea sulle rive del Lago e su di un monte, impartendo l'ordine di Evangelizzare tutte le nazioni (Matteo 28, 16 sgg). Vi furono poi ancora delle apparizioni, come riferisce Luca (Atti 1,3) prima del ascendere al cielo, quando, nei pressi di Gerusalemme, dopo aver predetto l'effusione imminente dello Spirito Santo <<si separò da loro e fu portato in cielo>> Luca (24, 51).

Il Vangelo di Cristo

Il termine Vangelo (dal greco Ev'ayyea'lov = buona novella) ha una sua storia. Adottato nella forma verbale (<<Evangelizzare>>), già due secoli prima di Cristo dalla versione greca dell'Antico Testamento per esprimere il lieto annunzio della salvezza messianica (cifr. Isaia 52,7 seg.;61,1), venne adoperato da Gesù fin dall'inizio della sua attività pubblica in riferimento alla sua persona e alla sua parola: <<Il tempo si è compiuto, si è avvicinato il regno di Dio; convertitevi e credete al Vangelo>> (Matteo 11,4-6; Marco 1, 15; cifr. Luca 4, 18-21. Dopo la morte del Maestro ritroviamo il termine sulla bocca degli Apostoli, per designare non soltanto il lieto messaggio di Gesù ma anche la vicenda della sua vita culminata nella morte e nella glorificazione, << ciò che egli aveva fatto e aveva insegnato >>. Nasce così l'espressione << vangelo di cristo >> e << Vangelo di Dio >>, perché Dio e Cristo con lo Spirito Santo sono gli autori della salvezza degli uomini e l'oggetto della Buona Novella predicata. Fin dall'alba del II secolo, il termine Vangelo appare con il significato di libro. Il primo filosofo cristiano Giustino (morto verso il 165) parla delle <<Memorie degli Apostoli, che vengono chiamati vangeli>>. Ma il plurale, al quale si era passati, non fece dimenticare il senso tradizionale dell'unità del Vangelo. Si continuò a parlare nonostante la varietà dei libri, di un unico Vangelo.

Le parole e le gesta di Gesù e la loro trasmissione.

Oggetto della Buona Novella (Vangelo) annunziata dagli Apostoli, erano le parole e le azioni di Gesù. Questi la <<proclamano>>, le <<insegnano>>, le <<espongono>>, ma soprattutto ne danno <<testimonianza>>. Sebbene non tutte le parole di Gesù siano state raccolte, a un calcolo approssimativo ne rappresentano circa un terzo. E' lecito tuttavia domandarsi: Vi sono garanzie sufficienti che le molte parole che i vangeli mettono in bocca a Gesù siano state pronunciate da lui? Due considerazione di natura particolare orientano presso un si: la prima riguarda gli ascoltatori, figli dell'Oriente; la seconda, la persona stessa di Gesù. La memoria degli antichi Orientali, e in specie i Semiti, è meritatamente famosa. E' difficile per noi immaginare quello che la traduzione orale poteva conservare quando non ci si affidava ad appunti presi od a schedari posseduti. La memoria di un uomo era allora come un libro; sapeva riprodurre persino delle conversazioni alle quali non aveva assistito. E' evidente che un tale apprendimento era condizionato da uno stilo: stilo semplice, ritmico e cadenzato, detto stile <<Orale>>. Un esame attento dei detti di Gesù nel Vangelo induce a pensare che egli abbia parlato alle folle ed esposte le sue massime fondamentale secondo i canoni di questo stile. In ciò egli intrecciava la tradizione dei profeti e dei saggi d'Israele. Vi sono parole – chiave, nel discorso di Gesù che si imprimono nelle orecchie e nel cuore degli ascoltatori. Come, per esempio, la conclusione del discorso della montagna: <<Chiunque ascolta queste mie parole e le mette in casa sopra la roccia. E cadde la pioggia e strariparono i fiumi e soffiarono i venti e s'abbatterono sulla casa, e non cadde, perché era fondata sopra la roccia. E chiunque ascolta queste mie parole e non le mette in pratica sarà simile ad un uomo stolto, che ha costruito la sua casa sopra la sabbia. E cadde la pioggia e strariparono i

fiumi e soffiarono i venti e s'abbatterono sulla casa, e cadde, e la sua rovina fu grande (Matteo 7,24-28). Le parole di Gesù recavano così in se stesse il sigillo della autenticità e la garanzia della conservazione. Con la medesima tecnica mnemonica vennero fissati i racconti dei fatti e dei prodigi effettuati da Gesù; le narrazioni presero corpo in forme semplici e popolari, simile in parte a quelle in uso nella letteratura giudaica ed ellenistica contemporanea; i prodigi vengono riferiti secondo uno schema che si ripete: presentazioni del caso, manifestazione della fede, intervento di Gesù, effetto prodigioso, giubilo e stupore dei presenti. Passando attraverso i diversi stadi di <<formazione>> di <<trasmissione>> e di <<redazione>>, le parole e le gesta di Gesù non hanno perduto la loro storica consistenza, né sono state alterate nella loro sostanza (sebbene per non poche di queste cose si debba lamentare la perdita del conteso storico in cui nacquero), ma bensì comprese e approfondite nella luce e risurrezione di Cristo, della pentecoste e delle prime esperienze di vita cristiana nel mondo giudaico e greco – romano. Tutto ciò non intacca la sostanza dei fatti e delle parole straordinarie che stanno alle origine del Vangelo, e convergono nella figura di Gesù di Nazareth: persona storica, vissuta in un quadro sociale determinato, che continua a porre agli uomini di tutti i tempi l'interrogativo già rivolto ai suoi discepoli: <<E voi che dite che io sia?>> (Marco 8,29; Matteo 16,15).

L'ordinamento Giudaico

Sotto la potenza di Roma, la nazione giudaica continuava la sua esistenza millenaria. Era costume romano rispettare le tradizioni e le forme di vita dei popoli soggetti. D'altra parte un'esperienza secolare aveva insegnato agli ebrei l'arte di piegarsi alla situazione, cogliendo dai diritti loro assegnati tutte le possibilità che permettessero loro di continuare a esprimere se stessi. La aristocrazia spirituale della nazione era formata dalla classe dei sacerdoti, discendenti dalla tribù di Levi e dalla famiglia di Aronne fratello di Mosè; erano riservate a loro le funzioni del culto, nel quale sono assistiti da ministri di secondo ordine. Loro capo era il Sommo Sacerdote, vertice spirituale della nazione, che in quel periodo veniva eletto o deposto dai romani. L'insegnamento della Legge e l'istruzione religiosa–morale veniva impartita al popolo dalla classe degli scribi o dottori della Legge. Questi costituivano il ceto intellettuale della nazione, nelle cui mani stavano le tradizioni sacre e l'interpretazioni della Sacra Scrittura. I più celebri tra gli scribi facevano parte del Sinedrio, senato supremo della nazione, presieduto dal Sommo Sacerdote in carica. Del Sinedrio erano membri 70 persone che comprendevano, oltre agli scribi già detti, i Sommi Sacerdoti emeriti, e gli Anziani, cioè le personalità più influenti di Gerusalemme, per saggezza o per ricchezza. Città e paesi erano sparsi di sinagoghe, di edifici rettangolari, severi e sobri , nei quali era obbligo, nel sabato e negli altri giorni festivi, radunarsi con la famiglia per ascoltare la lettura e la spiegazione della Legge, e innalzare a Dio la preghiera. Ogni Israelita adulto era obbligato a pagare al Tempio una tassa annuale di due dramme, oltre alla decima parte dei principali prodotti del suolo. Anche ogni primogenito di sesso maschile, sia di uomini che sia di animali, doveva essere offerto al Tempio, ma veniva immediatamente riscattato con un offerta reale o almeno simbolica. I romani si accontentavano della sottomissione politica, e soprattutto dei tributi, che ammontava al 25 per cento della rendita dei cittadini (per l'accertamento delle quali si imponevano periodicamente dei censimenti) e venivano riscossi direttamente da funzionari imperiali nominati dal procuratore. Ai tributi indiretti (dazio, dogana, ecc.) provvedevano le società dei <<pubblicani>> vere e proprie imprese economiche, le quali ne assumevano l'appalto dei romani. A differenza di altri popoli, gli ebrei godevano i privilegi, non ultimo quello dell'esenzione del servizio militare e dell'assenza di insegne militari romane su tutto il territorio giudaico.

Il dominio romano e degli Erodi

I romani, che avevano conquistato la Palestina fin dall'autunno del 63 a.C. annettendola alla provincia romana di Siria, nell'anno 40 per decreto del Senato la cedettero come stato vassallo ad Erode, un avventuriero idumeno che aveva saputo rendersi benemerito di Cesare e di Antonio. Detestato dagli ebrei e trattato con diffidenza da Augusto, Erode rispondeva agli ebrei con abbellimenti di città e imponente opera pubbliche, compreso l'amplificazione e l'abbellimento del Tempio, ad Augusto con inesauribile servilismo, confermando il suo trono sempre vacillante. Dove non bastavano doni e le regalie intervenivano l'astuzia, la crudeltà e la spada, con la quale ultima infierì contro la sua famiglia. La morte lo colse a Gerico verso la Pasqua dell'anno 750 di Roma (-4 a.C.). Gesù poteva avere allora due o tre anni, si trovava profugo con la famiglia in terra egiziana. Morendo, il vecchio Erode aveva lasciato un testamento con cui spartiva il regno ai tre figli; ma mentre questi si contendevano il regno, Gerusalemme e la Galilea insorgevano in armi. La soluzione venne da Roma, e l'autorità di Augusto prevalse sulle disposizioni testamentarie di Erode: nessuno degli eredi ebbe il titolo di re; al maggiore, Archelao, venne assegnato il titolo di etnarca, e il governo della Giudea, della samaria, e dell'Idumea ; ad Erode Antipa fu dato il titolo di tetrarca, e il governo della Galilea e della erea; Filippo ebbe il titolo di tetrarca e le contrade di nord-est del corso superiore del Giordano: Iturea, Traconitide, Gaulanitide, Batanea. Ma questa spartizione durò poco; Archelao si fece ben presto odiare per il malgoverno, tanto che Augusto spinto dalla popolazione, lo esiliò nelle Gallie (6 d.C.), affidandone il regno a un procuratore mandato direttamente da Roma. Al governo della Giudea si succedettero quindi Caponio (6-9 d.C.), Marco Ambivio (9-12 d.C.), Annio Rufo (12-15 d.C.), Valerio Grato (15-26 d.C.) e, e celebre tra tutti Ponzio Pilato (26-36 d.C.). Degli altri figli di Erode, Antipa, che subì l'attacco violento di Giovanni Battista e fu disprezzato da Gesù, finì anch'egli esule nelle Gallie; l'unico a conservare il regno fino alla morte (avvenuta nel 34 d. C.) fu Filippo, il fondatore di Cesarea di Filippo.

Le correnti religiose

All'epoca di Gesù esistevano nel mondo ebraico alcune sette religiose e si tratterebbe rispettivamente dei Farisei, dei Sadducei, e degli Esseni. Il termine fariseo è divenuto per noi sinonimo di ipocrita: tanta è stata la forza della condanna più volte pronunciata da Gesù contro di loro. Esso deriva dall'aramaico<< perisjja>> = separati, che in esso si può già ravvisare il comportamento altezzoso e spregiatore, con cui si ritenevano lontano dalla comune massa del popolo. Si chiamavano fra loro <<fratelli>>, e appaiono in queste poca come un'associazione religiosa che segue ideali di santità e legalità, fatta di osservanza religiosa della Legge e di invincibile attaccamento alle tradizioni dei Padri. Erano circa 6000 al tempo di Erode, ed esercitavano una grande influenza sul popolo a motivo della loro proclamata santità. Vivere alla maniera farisaica significava osservare tutte le più sottili prescrizioni circa i sacrifici, le decime, le abluzioni, le astensioni dall'essere puri e impuri, l'elemosina e il sabato e le quantità di altre norme quotidiane; se ne contavano 613. Solo ai ricchi erano accessibile le vie farisaiche e ciò contribuiva in molti di essi la coscienza di essere l'aristocrazia della nazione, un ceto di santi e giusti, che nulla aveva da spartire con lo spregevole popolo della terra. Contro di loro Gesù pronuncerà le sue parole più forti e ingaggerà una battaglia che lo porterà alla croce. Il loro insegnamento conteneva però autentici valori religiosi, dato il loro attaccamento alla tradizione. Con il più vivo zelo professavano la fede nell'immortalità dell'anima e nella risurrezione dei morti, e attendevano con ardore l'evento del Messia e il Regno di Dio sulla terra. Al partito dei Farisei si opponeva quello dei Sadducei il movimento e il nome si collega con i sacerdoti <<discepoli di Sadoq>> (1 Re 2,35), che al tempo dei Maccabei si misero contro la dinastia regnante. All'epoca di Gesù, i Sadducei appartenevano alle alte sfere sacerdotali e, tenendo sotto il loro controllo il Sommo Sacerdote e il Sinedrio, praticamente dominavano il Tempio, il culto e l'andamento intero della nazione. A differenza dei Farisei che sopportavano malvolentieri il dominio romano, I Sadducei seguivano una linea di condotta, realistica, con ostentazione di ossequenza verso i romani e di apertura verso le idee e le mode della civiltà contemporanea. Tendevano a ridurre al minimo il patrimonio della fede tradizionale, respingendo la fede nell'oltretomba e nella risurrezione, negando l'esistenza degli angeli e l'intervento di Dio nel mondo. Nel Vangelo li troviamo sempre in combutta con i Farisei nell'attacco contro Gesù, ed una volta sola isolati, quando presentano a Gesù, perché lo risolva un certo caso che doveva essere il loro cavallo di battaglia contro i Farisei, a riguardo della fede e della risurrezione (Marco 12,18-23). Mentre di Farisei e di Sadducei si parla in molti capitoli del Vangelo, gli Esseni non vengono mai menzionati. L'origine del nome è da ricercarsi nei sostantivi aramaici <<hasen>> o <<hasajjà>> che significano rispettivamente: <<i silenziosi>> e <<i devoti>>. Essi vivevano come monaci in comunità con un minimo di dieci membri, sparsi nella regione della Siria e della Palestina. Ma la loro esistenza e importanza è venuta alla luce in seguito alla scoperta dei Manoscritti del Mar Morto, iniziata nel 1947 a Chirbert Qumràn, e proseguita per quasi un decennio con straordinarie scoperte. Tra i documenti scoperti merita particolare rilievo il rotolo contenente la Regola della comunità. Questa comunità appare come un'associazione di tipo monastico, che permette una vita dedita alla ricerca di Dio, attraverso lo studio e la meditazione della Legge, abbinando la preghiera alle pratiche spirituale. All'origine della vocazione dei singoli, si pone una scelta gratuita di Dio che li costituisce <<Nuova Alleanza>>, <<vero Israele>>, figli della grazia, della luce, della giustizia>>, eletti e separati radicalmente dalla massa oscura degli altri votati alla perdizione. Mentre <<i figli delle tenebre>> che sono mossi dallo <<spirito di iniquità>> producono frutto di condanna eterna per il giorno della <<visita>> del

Signore, <<i figli della luce>>, che si fanno guidare dallo <<spirito di verità>>, riceveranno <<sapienza di vita>>, <<conoscenza di eternità>>, <<felicità eterna>>, <<nel tempo della visita>>. Tale comunità che attende la <<visita di Dio>> alla fine dei tempi appare inquadrata in una organizzazione esterna ben strutturata. Si nota una divisione generale tra sacerdoti e laici, e un frazionamento in gruppi di 10, 50, 100, 1000 membri; vi è un'autorità centrale formata da un consiglio di 3 sacerdoti e 12 laici, e vi appare pure la figura dell'Ispettore. L'ammissione avveniva dopo un noviziato di due anni; da quel giorno i beni del singoli facevano parte della cassa comune, ed un regolamento minuzioso disponeva tutti gli atti della giornata: dalle obluzioni ai pasti in comune, dal contegno esteriore ai moti anteriori dell'umiltà, carità, purezza, allo scopo di camminare perfettamente nelle vie della Legge. Il gruppo dei dodici Apostoli e quello dei settantadue discepoli istituiti da Gesù, trovano in questo ambiente le stesse similitudini sorprendenti. Anche se questi Esseni non vengono mai menzionati tra gli ascoltatori di Gesù, ed anche se non tutti i problemi che li riguardano sono stati delucidati, si ritiene che oggi che essi rappresentano una componente storica molto importante nell'ambiente del evangelico. Vi sono inoltre precise somiglianze di linguaggio e di istituzioni; se, e fino a qual punto si possa parlare di derivazioni, dovrà essere giudicato prudentemente caso per caso. E' certo che lo spirito che animava la comunità di Qumràn era profondamente diverso da quello di Gesù e della propria comunità cristiana. In Quest'ultima il giudaismo scompare per cedere il posto a una religione universale. I documenti di Qumràn terminano tutti con l'anno 70 d.C. Si pensa che il movimento che li ha originati sia iniziato come una separazione dal Giudaismo ufficiale verso l'anno 100 a.C., e tutto fa pensare che sia stato disperso e annientato dalle legioni romane di Vespasiano e Tito, tra il 66 e il 70 d.C. Gesù sapienza divina incarnata non aveva bisogno di maestri terreni, eretici esseni o pagani impuri idolatri. Quindi Gesù non aveva nessun legame con gli esseni tranne gli elementi che sono comuni a tutte le religioni ebraiche d'allora. Dall'Antico Testamento sappiamo che Gesù non è stato in nessuna scuola di rabbini, ma la sua dottrina veniva direttamente dal Padre suo celeste.

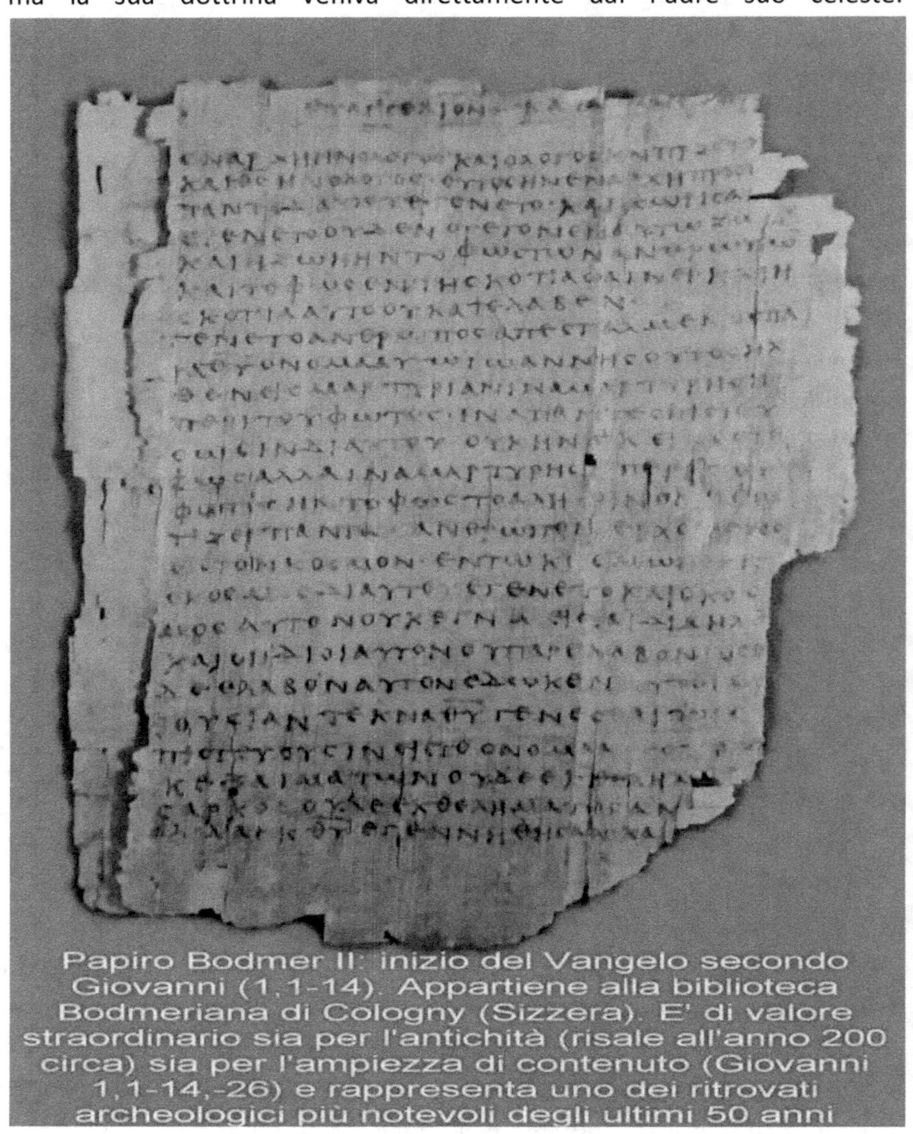

Papiro Bodmer II: inizio del Vangelo secondo Giovanni (1,1-14). Appartiene alla biblioteca Bodmeriana di Cologny (Sizzera). E' di valore straordinario sia per l'antichità (risale all'anno 200 circa) sia per l'ampiezza di contenuto (Giovanni 1,1-14,-26) e rappresenta uno dei ritrovati archeologici più notevoli degli ultimi 50 anni

Divinità del verbo. Giov. 1,1-18

1- 1 In principio c'era il Verbo e il Verbo era con Dio, e il Verbo era con Dio.

2 Egli era in principio con Dio.

3 Tutto fu fatto per mezzo di lui, e senza di lui nulla fu fatto di quello che

è stato fatto.

4 In lui c'era la vita, e la vita era la luce degli uomini;

5 e la luce brilla nelle tenebre, ma le tenebre non l'hanno compresa.

6 Vi fu un uomo mandato da Dio, il cui nome era Giovanni.

7 Egli venne a testimonianza, per dare testimonianza alla luce, perché tutti

credessero per mezzo di lui.

8 Non era lui la luce, ma egli doveva dare testimonianza alla luce.

9 La luce vera, che illumina ogni uomo, veniva nel mondo.

10 Era nel mondo, e il mondo fu fatto per mezzo di lui, ma il mondo non lo
conobbe.

11 Venne nella sua casa, ma i suoi non lo conobbero.

12 Ma quelli che lo conobbero, diede potere di diventare figli di Dio, a quelli
che credono nel suo nome;

13 I quali non da sangue, né da volere di carne, né da volere di uomo, ma da
Dio sono nati.

14 E il Verbo si fece carne e ha dimorato tra noi; e abbiamo contemplato la

sua gloria, gloria come da unigenito del Padre, pieno di grazia e di verità.

15 Giovanni gli ha reso testimonianza ed ha proclamato: <<Questi è colui
del quale dicevo: Chi viene dopo di me sta davanti a me>>.

16 E della sua pienezza noi tutti abbiamo ricevuti, e grazia su grazia.

17 Perché la legge fu data per mezzo di Mosè, ma la grazia e la verità per *mezzo di Gesù Cristo.*

18 *Dio nessuno l'ha mai visto; il figlio unigenito, che è nel seno del Padre,*

lui ce l'ha rivelato.

1,1. La designazione di Logos cioè verbo, nella tradizione cristiana verbo è Gesù in quanto parola del Padre, di lui rivelatore e manifestazione perfetta della stessa natura di Dio, ma da lui distinta come persona. Il verbo cioè la parola è la sapienza divina creatrice dell'universo, vivificatrice e illuminatrice degli uomini, che ha spinto l'Apostolo Giovanni il vergine fino al principio della Genesi dell'universo, e lo attraversa per descrivere la preesistenza eterna del verbo nella comunione di vita con Dio. Gesù si presentò come rivelatore di Dio e l'apportatore delle sue parole di vita e di luce. Rimane da chiedersi perché sia stato scelto il termine tipicamente greco Logos, a differenza di altri più in vista nella tradizione veterotestamentaria. Si può pensare che la scelta di tale vocabolo sia stata suggerita dal suo valore religioso nella cultura ellenistica, dove pur tra differenze dei sistemi significava un intelligenza divina benefica per dell'universo. Un'ultima difficoltà riguarda la traduzione italiana del termine <<Logos>>, che può significare tanto << la parola>> che l'atto di manifestare la cosa rivelata. Nel mondo anglo germanico si traduce generalmente <<in principio era la parola>>; in quello neolatino si adotta per lo più il termine <<verbo>>. **3.** Stabilita nei versetti 1-2 la natura eterna del Verbo se ne descrive l'attività della potenza creatrice. E' necessario comprendere chi è Colui che è venuto tra noi, e perché è venuto. Il Verbo, parola eterna del Padre, si è fatto uomo. La sua incarnazione è la risposta obbediente e libera del progetto di salvezza di Dio. **4.** L'eterna sapienza scende dal cielo e fissa la sua dimora tra gli uomini. Non si tratta di sapienza umana che insegna a migliorare la vita terrena, ma della divina sapienza che fa scoprire la via della salvezza e indica come fare per percorrerla. Il Verbo creatore di tutto ciò che esiste viene ora considerato in rapporto agli uomini: egli ne è la vita e la luce di conoscenza, nell'ordine naturale e mistico-soprannaturale, della rivelazione e della grazia. **5.** Il principio contrario alla luce, sono le tenebre potenze del male, che rappresentano tutto ciò che si oppone a Dio e a Cristo – luce e vorrebbe distruggere l'opera. Ma le tenebre non l'anno sopraffatta, ricevuta, raggiunta. E' lo sguardo della fede che posa su Cristo <<vera luce che splende nelle tenebre>>. E la sua luce risplende con maggior densità in eterno. **6.** Si tratta di Giovanni Battista la cui funzione viene descritta in termini che fanno pensare a una punta polemica contro alcuni che ne sopravvalutavano la missione (cfr Atti 19,1-6). La voce non è quella di Cristo, ma si alza forte per richiamare e radunare, per muovere gli uomini verso colui che salva. Grida nel deserto, dal luogo del vuoto e dell'assenza in cui è più facile riconoscere l'appello della conversione. Come Isaia, il Battista è un consacrato. E' profeta. Ultimo dell'antica Alleanza e primo di quella Nuova. Il suo annunzio porta gioia perché viene la salvezza, la giustizia, la pace. **9.** Il Verbo era la luce nel senso di pienezza e Giovanni Battista non era la luce perfetta e salvifica. **11.** La sua casa era il popolo d'Israele. **12.** Credere nel nome di Cristo significa accettare il mistero della sua persona. Il potere di diventare figli di Dio. Certamente il peccato è un ostacolo che deve essere rimosso. Ma la realtà della salvezza di Cristo è che noi possiamo avere, se vogliamo, qualcosa di più di una breve vita felice umana. Per sua volontà possiamo diventare figli di Dio. Questo sta a significare condividere la vita di amore di Dio lasciando che viva in noi. **13.** Descrizione semitizzante della rigenerazione soprannaturale a figli di Dio di quanti credono in Cristo. Nel versetto né da volere di uomo manca nell'originale del codice Vaticano e può essere una annotazione. Un'altra forma del versetto 13 dice: <<il quale (Verbo) non da sangue ma da Dio fu generato>>. Si alluderebbe a tal modo alla concezione e alla nascita verginale di Cristo. **14.** La gloria di Cristo è la manifestazione della sua divinità. **16.** <<Grazia dopo grazia>> può significare la successione delle grazie e dei doni divini conseguiti nella incarnazione. **17.** La Legge non dava la grazia e non era la verità, come lo è Cristo Gesù. **18.** Variazione. << Dio unigenito , che è nel seno del Padre>>.

VANGELO DELL'INFANZIA. Apparizione a Zaccaria e annunzio della nascita di Giovanni Battista. LUCA 1,5-25

1-5 C'era al tempo di Erode, re della giudea, un sacerdote di nome Zaccaria della classe di Abi, e aveva per moglie una discendente di Aronne, di nome Elisabetta. **6**Erano entrambi giusti davanti a Dio, e seguivano irreprensibili, tutti i precetti e le osservanze del Signore. **7**Ma non avevano figli, perché Elisabetta era sterile e tutti e due erano avanzati in età. **8**Or avvenne che mentre Zaccaria prestava servizio davanti a Dio nel turno della sua classe, **9**secondo l'usanza del culto sacro, gli toccò in sorte di entrare nel tempio del Signore per fare l'oblazione dell'incenso, **10** mentre tutta l'assemblea del popolo pregava fuori nell'ora dell'incenso. **11**E gli apparve un angelo del Signore, ritto a destra sull'Altare dell'incenso. **12** Si turbò Zaccaria nel vederlo, e fu preso da timore. **13** Ma l'angelo gli disse: <<Non temere, Zaccaria, perché è stata esaudita la tua preghiera, e tua moglie Elisabetta ti partorirà un figlio, al quale porrai nome Giovanni. **14**Tu ne avrai gioia ed esultanza e molti si rallegreranno per la sua nascita, **15**perché egli sarà grande davanti al Signore; non berrà vino né bevande inebrianti, e sarà ricolmo di Spirito Santo fin dal seno della madre, **16**e ricondurrà molti figli d'Israele al Signore loro Dio. **17**Ed egli andrà davanti lui con lo spirito e la potenza di Elia, per rivolgere i cuori dei padri ai figli, e i ribelli alla saggezza dei giusti, e preparare al Signore un popolo ben disposto>>. **18**E Zaccaria disse all'angelo: <<In che modo potrò conoscere questo? Perché io sono vecchio, e mia moglie e avanzata nei suoi giorni>>. **19**E rispondendo, l'angelo gli disse: <<Io sono Gabriele che sto al cospetto di Dio, e sono stato mandato a parlarti e recarti questo lieto annunzio. **20**Ed ecco sarai muto senza poter parlare fino al giorno in cui questo avverrà, perché non hai prestato fede alle mie parole, le quali si

adempiranno a suo tempo>>. **21**E il popolo sta va in attesa di Zaccaria, e si meravigliava del suo indugio nel Tempio. **22**E quando uscì, non poteva parlare loro, ed essi compresero che aveva avuto una visione nel Tempio. Egli faceva loro dei cenni, e restava muto. **23**E quando furono compiuto i giorni del suo servizio sacro, tornò a casa sua. **24**E dopo quei giorni Elisabetta, sua moglie, concepì; e si tenne nascosta per cinque mesi, dicendo: **25**Così ha fatto con me il Signore, nei giorni in cui rivolse lo sguardo su di me per togliere il mio obbrobrio tra gli uomini>>.

1,5. La narrazione inizia con la presentazione di una veneranda coppia sacerdotale: Zaccaria sacerdote, ed Elisabetta, discendente di Aronne fratello di Mosè, quindi di stirpe sacerdotale. I sacerdoti ebrei erano divisi in 24 classi, denominati dai rispettivi capi, ciascuna delle quali prestava servizio nel tempio per il periodo di una settimana. Ogni mattina si tiravano a sorte gli uffici della giornata, il più onorifico dei quali era l'oblazione dell'incenso (cfr versetto 9) che si compiva due volte al giorno, prima del sacrificio del mattino e dopo quello del pomeriggio (Esodo 30,1-8). **11.** L'oblazione al tempio si effettua nella sala del tempio (il Santo) nel cui centro si trova l'altare dell'incenso o dei profumi, verso la porta orientale il candelabro a sette bracci e presso quella settentrionale la mensa dei pani della presentazione (Esodo 25,23). **13-19.** E'stata esaudita la preghiera personale di Zaccaria e quella pubblica <<per le generazioni d'Israele>> (Esodo 30,8); Zaccaria rappresenta il Vecchio Testamento. Lui crede, ma la sua fede è debole. Dopo la visita, rimane muto. Nell'annuncio dell'angelo apparve in tutta la missione del bambino che nascerà e si chiamerà con il nome di Giovanni (ebraico jehohann) significa infatti Iahvè ha fatto grazia. Egli non berrà vino ne bevande inebrianti, sarà pieno di Spirito Santo fin dal seno di sua madre, cioè sarà una persona interamente consacrata a Dio ed alla sua missione. Ricondurrà molti figli di Israele al Signore loro Dio. Gli camminerà innanzi con lo spirito e la forza di Elia, per ricondurre i cuori dei padri verso i figli e i ribelli alla saggezza dei giusti e preparare al Signore un popolo ben disposto, cioè nel bambino Giovanni avverrà l'atteso ritorno del profeta Elia. **20.** Il segno domandato viene concesso, ma in forma di punizione per la mancanza di fede. All'incredulità di Zaccaria farà riscontro la fede di Maria. **22.** Nell'uscire dal tempio il sacerdote Zaccaria doveva pronunciare sul popolo, che stava fuori la benedizione ma siccome era diventato muto gesticolava per farsi capire. **24sg.** La sterilità era una vergogna: Dio aveva benedetto la prima coppia umana perché fosse feconda. Tenere nascosto il proprio stato da parte di Elisabetta può attribuirsi all'intuizione che qualcosa stava per compiersi.

Annunzio dell'angelo Gabriele a Maria. Luca 1,26-38

1 -26 Nel sesto mese, l'angelo Gabriele fu mandato da Dio in una città della Galilea, di nome Nazareth, **27**ad una vergine fidanzata ad un uomo di nome Giuseppe, della casa di Davide; ed il nome della vergine era Maria.**28**Ed entrando da lei, disse:

<<Salve, piena di grazia, il Signore è con te>>. **29** Ella rimase turbata a quelle parole, e si domandava che cosa significasse un tale saluto. **30**E l'angelo le disse: <<Non temere, Maria, perché hai trovato grazia pressoi Dio. **31**Ecco concepirai nel grembo e darai alla luce un figlio e gli porrai nome Gesù. **32**Questi sarà grande e sarà chiamato Figlio dell'Altissimo, e il Signore Dio gli darà il trono di Davide suo padre, e regnerà sulla casa di Giacobbe in eterno, **33**e il suo regno non avrà più fine>>. **34**Allora Maria disse all'angelo: <<Come avverrà questo, poiché non conosco uomo?>> **35**E rispondendo l'angelo disse: <<Lo Spirito Santo scenderà su di te, e la potenza dell'Altissimo ti adombrerà; perciò quello che nascerà sarà chiamato Santo, figlio di Dio. **36**Ed ecco Elisabetta, tua parente, ha concepito anche lei un figlio nella sua vecchiaia; e questo è il sesto mese per lei, ch'era chiamata sterile: **37**poiché nessuna cosa è impossibile a Dio>>. **38**E Maria disse>:<<Ecco l'ancella del Signore, sia fatta a me secondo la tua parola>>. E l'angelo si allontanò da lei.

1,27. L'apparizione dell'Angelo Gabriele inviato da Dio per annunziare a Maria l'incarnazione del Verbo nel caso suo seno, si pone tra il fidanzamento e la coabitazione di Maria e Giuseppe. **28.** Maria piena di grazia già prima che le fosse annunziata la divina maternità <<Benedetta tu tra le donne>>. *32.* Le parole dell'Angelo rievocano la celebre promessa del Messia - re fatta a Davide dal profeta Nathan (2 Samuele 7,12-16), suonano come frasi dei grandi annunzi messianici rivolti dai Profeti alla << figlia di Sion >>, cioè alla comunità d'Israele. L'Arcangelo Gabriele annunzia a Maria l'incarnazione del verbo nel casto suo seno. Maria rimane sconvolta per quanto sta per avvenire. Tutto il creato pende dalla bocca di quest'umile fanciulla del villaggio di Nazareth. **34.** L'obiezione di Maria non conosco uomo rivela una certa perplessità sul modo con cui la nascita potrebbe avvenire; la tradizione cristiana vi ravvisa pure una volontà di astensione dai rapporti coniugali. Aspirazioni religiose di questo genere erano molte apprezzate in alcuni ambienti spirituali d'Israele. Stupita e docile, la Vergine non si oppone alle richieste del Signore. Una fede incrollabile pervade la sua anima: <<Nulla è impossibile a Dio>>. **35.** La risposta dell'Angelo spiega a Maria , in termini di tradizione antica testamentaria, che la concezione di Gesù è opera di Dio. Lo Spirito divino scenderà sui profeti e su quanti dovevano svolgere qualche missione straordinaria; come la nuvola adombrava l'arca dell'alleanza per indicare la presenza di Dio nel santuario. Davanti a questa certezza, tutti i dubbi e le titubanze scompaiono. **37.** Cfr. Genesi 18,14. Sono le parole stesse della promessa di Dio ad Abramo per la nascita prodigiosa di Isacco.

Concezione verginale di Gesù. Matteo 1,18-25

1-18 Ed ecco come avvenne la nascita di Gesù Cristo: essendo sua madre Maria fidanzata a Giuseppe, prima di iniziare la convivenza si trovò incinta per virtù dello

Spirito Santo. **19**Ora Giuseppe suo sposo, che era giusto e non voleva denunciarla, pensò di licenziarla in segreto. **20** Mentre pensava queste cose, ecco che gli apparve in sogno un angelo del Signore e gli disse: Giuseppe figlio di Davide, non aver timore di prendere con te Maria, tua sposa, perché quello che nato in lei, è opera dello Spirito Santo. **21**Darà alla luce un figlio e gli darai il nome Gesù: Egli infatti salverà il suo popolo dai suoi peccati. **22**Tutto questo avvenne perché si adempisse ciò che era stato detto dal Signore per mezzo del profeta: **23**<<Ecco la vergine concepirà e partorirà un figlio e gli darà il nome Emanuele>>, che significa <<Dio con noi>>. **24** Destatasi dal sonno, Giuseppe fece come gli aveva ordinato l'angelo del Signore e prese con se la sposa; **25** non la conobbe finche diede alla luce un figlio; e gli pose nome Gesù.

1,18-25. Questi versetti spiegano come Gesù sia nato da Maria senza l'intervento di Giuseppe.

Presso gli ebrei gli sponsali avevano lo stesso valore giuridico delle nozze; lo sposo diventava <<marito>> e la sposa fidanzata <<moglie>>, pur continuando a vivere nella casa paterna. Dopo un anno generalmente avveniva la celebrazione delle nozze, con l'accompagnamento della sposa nella casa dello sposo. Ma Giuseppe sa di essere estraneo alla maternità, ma la dirittura morale gli suggerisce di non denunciare la sposa, della cui virtù è convinto, esponendola al rigore della Legge, ma di rimandarla in forma segreta. L'intervento gli spiega il mistero. Conforme alle indicazione dell'Angelo Giuseppe assumerà le funzione di padre legale, imponendo al nascituro il nome Gesù (ebraico Jehoshua) che significa infatti Iahve salva.

La visita di Maria a Elisabetta. Luca 1,39-55

1-39 In quei giorni Maria si alzò e partì in fretta verso la montagna, per una città di Giuda, **40**ed entrò nella casa di Zaccaria e salutò Elisabetta. **41**Ed avvenne che, appena Elisabetta udì il saluto di Maria, le esultò il bambino nel grembo; ed Elisabetta fu ricolma dello Spirito Santo **42**ed esclamò a gran voce e disse: << Benedetta tu fra le donne, e benedetto il frutto del tuo seno! **43**E donde a me questo, che venga da me la madre del mio Signore? **44**Poiché, ecco, appena la voce del tuo saluto è giunta alle mie orecchie, il bambino ha esultato di gioia nel mio grembo. **45**E beata colei che ha creduto al compimento delle cose che le son state dette dal Signore>>. **46**E Maria disse:

<<L'anima mia magnifica il Signore,

47 e il mio spirito esulta

in Dio, mio Salvatore:

48perché ha guardato all'umiltà della

sua ancella:

mi chiameranno beata.

49Perché grandi cose mi ha fatto il Potente,

e Santo è il suo Nome;

50e la sua misericordia, di generazione

in generazione,

su quelli che lo temono.

51Ha fatto cose potenti con il suo

braccio,

ha disperso i superbi nei disegni del

loro cuore;

52ha rovesciato i potenti dai troni,

e innalzato gli umili;

53ha ricolmato di beni gli affamati,

e rimandati i ricchi a mani vuote.

54Ha soccorsi Israele, suo servo,

ricordandosi della sua misericordia,

55come aveva dichiarato ai padri nostri,

a favore di Abramo e della sua

discendenza, per sempre.

1,40. Il nome della città giudea non è indicato perché : una tradizione del V secolo indica come patria di Giovanni Battista Ain-Karim, 7 Km. A ovest di Gerusalemme. E il viaggio da Nazaret ad Ain-Karim richiedeva 4-5 giorni. Si noti la premura della vergine Maria nel visitare la sua parente

Elisabetta, essa intraprende un viaggio lungo e scabroso, nella stagione meno propizia, non rifiutando di valicare monti aspri e invalicabili per recarsi a santificare colui che doveva essere il messaggero di Dio il precursore Giovanni. Spinta da una forza che non può contenere si trova a una svolta della sua vita. Lo Spirito non può essere contenuto, neanche da grembo di Maria. Non può che dilatarsi, espandersi come un contagio di vita. La visita di Maria a Elisabetta non è un semplice gesto di cortesia, ma una cosa comunicatagli dallo Spirito. Quel corpo che si prepara a nascere dal seno di Maria è il corpo di Dio fatto uomo. **42.** Elisabetta saluta la parente come benedetta e beata perché madre del Signore che viene per fare la volontà del Padre offrendo un nuovo e definitivo sacrificio. cfr. Giudici 13,23. **46.** Al saluto di Elisabetta Maria risponde, improvvisando alla maniera orientale come avviene altre volte nella Bibbia, un inno di ringraziamento a Dio, per le sue opere in favore degli uomini. Un inno che è tutto frutto dei ricordi antico testamentario, in particolare del cantico di Anna (1 Samuele 2,1-10) e dei Salmi. Tre codici dell'antica versione latina attribuiscono il << magnificat >> a Elisabetta, ma ciò, comunque possa spiegarsi, non intacca la testimonianza dei codici greci, i quali recano a tutta l'umanità. Il Magnificat è l'unica preghiera è l'unico componimento fatto da Maria; o meglio fatta in lei da Gesù, che parlava per bocca di lei; è il più grande sacrificio di lode chi Dio abbia ricevuto nella Legge di grazia; è il cantico più umile e riconoscente e insieme sublime e più elevato di tutti.

Nascita di Giovanni Battista. Luca 1,56-80

1-56 E Maria rimase con lei circa tre mesi, e ritornò a casa sua. **57**E giunse per Elisabetta il tempo di partorire, e diede alla luce un figlio. **58** I vicini e i parenti udirono ch e il Signore le aveva usato una grande misericordia, e si rallegravano con lei. **59**Eall'ottavo giorno si venne alla circoncisione del bambino, e volevano chiamarlo col nome di suo padre, Zaccaria. **60**Ma sua madre intervenne, dicendo: <<No, ma si chiamerà Giovani>>. **61**E le dissero:<<Non ce nessuno della sua parentela che si chiama questo nome>>. **62**Allora fecero segno a suo padre come voleva lo si chiamasse. **63**Egli chiese una tavoletta, e scrisse dicendo:<<Giovanni è il suo nome>> E tutti furono presi da meraviglia. **64**E si sciolse in quell'istante la sua bocca e la sua lingua, e parlava benedicendo Dio. **65**E tutti i loro vicini erano presi di timore, e nell'intera regione montuosa della Giudea si parlava di tutte queste cose. **66**Etutti quelli che udivano le serbavano in cuore, dicendo:<<Che sarà mai questo bambino?>>. Poiché la mano del Signore era con lui. **67**E Zaccaria suo padre, fu ricolmo di Spirito Santo, e profetò dicendo:

68 << Benedetto il Signore Dio d'Israele,

perché ha visitato e redento il suo popolo,

69E ha suscitato per noi una potenza di

salvezza

nella casa di Davide suo servo,

70Come aveva dichiarato per bocca,

dei suoi santi profeti d'un tempo,

71salvezza dai nostri nemici,

e dalle mani di tutti quelli che ci odiano

72per usare misericordia con i nostri

padri

e ricordarsi dell'alleanza sua sacra;

73del giuramento fatto ad Abramo,

nostro padre,

74di concedere a noi,

liberi dalle mani dei nemici,

di servirlo senza timore,

75in santità e giustizia al suo cospetto,

per tutti i nostri giorni.

76E tu, bambino, sarai chiamato

profeta dell'Altissimo,

perché andrai innanzi al Signore

a preparargli la via,

77al suo popolo dare

conoscenza della salvezza

nella remissione dei peccati,

78grazie alla bontà misericordiosa

del nostro Dio,

per cui ci visiterà una luce dall'alto,

79illuminare quelli che si trovano

nelle tenebre e nell'ombra di morte,

per dirigere i nostri passi

sulla via della pace>>.

80E il fanciullo cresceva e si fortificava nello spirito; e visse in regioni deserte fino al giorno della sua manifestazione a Israele.

1,59. Lottavo giorno Conforme alla Legge, Genesi 17,12; 21,4; dopo otto giorni dalla nascita Abramo circoncise Isacco, come Dio gli aveva comandato così federo per Giovanni. . **66.** La mano, cioè l'intervento del Signore, si manifesta in lui, nei miracoli che avevano preceduto e accompagnato la sua nascita. **67.** Come i profeti dell'Antico Testamento, anche Zaccaria intona il suo cantico sotto l'influsso dello Spirito Santo. L'inno meno spontaneo e universale del Magnificat, di cui è parallelo, è nuovamente espresso di pensieri ed espressioni dell'A. T. ed attesta la religiosità degli ambienti migliori d'Israele alla vigilia della venuta del Messia. Si divide in due parti: nella prima (versetti 68-75) si riallaccia al tema dominante del Magnificat, dei benefici di Dio verso il suo popolo, in particolare la Redenzione ormai avviata; nella seconda (versetti 76-79), rivolta direttamente al bambino, illustra la missione, a cui è chiamato, di preparare la salvezza del suo popolo. **69.** Potenza di salvezza, letteralmente<<corno di salvezza>>: nel mondo semitico il corno è simbolo di forza e di potenza. Nel Salmo 18,3 Dio riceve l'appellativo di << corno di salvezza >>. **77.** L'ideale messianico pacifico e religioso, come liberazione dai nemici, in virtù di una condotta tranquilla in santità e giustizia, riceve l'ultimo tratto nella indicazione della salvezza come remissione dei peccati. **78.** Bontà misericordiosa, letteralmente << viscere di misericordia >>; le << viscere >> erano per gli antichi in genere la sede della compassione. Invece di ci visiterà, alcuni codici leggono << ci ha visitato >>. Sulla luce o sole dall'alto, sono simboli dei doni messianici o del Messia stesso, cfr. Isaia 60,1.2; Geremia 3,5; Zaccaria 3,8; 6,12. **80.** Si tende oggi a identificare o almeno a confrontare, queste regioni deserte con il deserto di Qumràn, dove viveva un comunità detta << Esseni>> In tal caso si ipotizza che Giovanni abbia avuto qualche rapporto con loro.

Nascita di Gesù. Luca 2,1-20

2-1 Or in quei giorni che uscì un decreto da parte di Cesare Augusto che si facesse un censimento di tutta la terra. **2**Questo primo censimento fu fatto mentre era governatore della Siria Quirino. **3**Etutti andavano a farsi registrare, ciascuno nella propria città. **4**Anche Giuseppe salì dalla Galilea, dalla città di Nazareth, alla Giudea, alla città di Davide, chiamata Betlemme, perché era della casa e della famiglia di Davide, **5**per farsi registrare con Maria, sua sposa, che era incinta. **6**Ed avvenne che, mentre si trovavano colà, si compirono i giorni del parto; **7**E diede alla luce il suo figlio primogenito, e lo avvolse in fasce e lo depose in una mangiatoia, perché non c'era posto per loro nell'albergo. **8**E c'erano in quella regione dei pastori che vegliavano all'aperto e montavano la guardia di notte al loro gregge. **9**Eun angelo del Signore si presentò a loro e la gloria del Signore li avvolse di luce, e furono presi da grande timore. **10**E L'angelo disse loro : << non temete, perché ecco, io vi annunzio una grande gioia che sarà, di tutto il popolo: **11**Oggi è nato a voi nella città di Davide un Salvatore, che è il Messia, il Signore. **12**Equesto vi servirà da segno: Troverete un bambino avvolto in fasce, che giace in una mangiatoia >>. **13**E subito apparve con l'angelo una moltitudine dell'esercito celeste, che inneggiava a Dio e diceva: **14**<<Gloria a Dio nel più alto dei cieli e pace in terra agli uomini del suo amore>>. **15**E appena gli angeli si allontanarono da loro, verso il cielo, i pastori si dicevano a vicenda: << andiamo fino a Betlemme, e vediamo questa cosa che è accaduta e che il Signore ci ha fatto sapere >>. **16**E andarono in fretta, e trovarono Maria e Giuseppe e il bambino giacente nella mangiatoia. **17**Edopo averlo veduto, manifestarono ciò che era stato detto loro di questo fanciullo. **18**E tutti quelli che udivano, si meravigliavano delle cose che i pastori dicevano loro. **19**E Maria, serbava in se tutte queste cose, collegandole insieme nel suo cuore. **20**Poi i pastori sene tornarono, glorificando e lodando Dio per tutto quello che avevano udito e veduto, come era stato detto loro.

2,1. Questo censimento avvenne nel 5-10 a. C. mentre era funzionario di Siria Senzio Saturnino, al quale Tartulliano attribuisce la nascita di Cristo. Sull'anno di nascita di Gesù vedi introduzione nell'oggetto del Vangelo. Il territorio che viene censito è l'oikumène cioè tutto l'impero. **3.** Secondo il costume ebraico, la tribù e il luogo di origine erano determinati per le generalità di una persona, quindi la patria prevaleva sull'luogo dell'attuale residenza. Per questo Giuseppe sale da Nazareth alla città di Davide, Betlemme, 9 Km. a sud di Gerusalemme. **7.** L'appellativo primogenito sembra determinato dalla Legge ebraica sul primogenito, che poteva essere anche l'unigenito. Quindi primogenito non vuol dire che Maria abbia avuto altri figli, ma sottolinea la dignità e gli obblighi legali del primo nato indipendentemente dagli altri che potevano seguire. L'albergo era il caravanserraglio, il Khan degli arabi, ove gli animali passavano la notte all'aperto, e le persone sotto i portici. La menzione della mangiatoia fa pensare a una stalla vuota o abbandonata; questa poteva essere una grotta. Sul luogo si erge la Basilica della natività. **9.** La gloria del Signore significa spesso nel linguaggio biblico, lo splendore luminoso che avvolge sensibilmente le apparizioni di Dio. **13.** L'angelo si trova all'improvviso attorniato da una moltitudini di spiriti celesti, che nella raffigurazione biblica, costituivano l'esercito di Iahvè. **14.** Il secondo versetto dell'inno angelico viene tradotto: La pace e la pienezza dei doni messianici; gli uomini che egli ama , cioè che sono oggetto della volontà di salvezza di Dio, che Gesù viene a compiere.

Visita dei Magi al bambino Gesù. Matteo 2,1-12

2-1 Nato a Betlemme da Giuda, al tempo del re Erode, ecco che dei Magi dall'Oriente giunsero a Gerusalemme e chiesero: **2**dov'è il re dei giudei che è nato? Abbiamo visto sorgere la sua stella, e siamo venuti per adorarlo. **3**All'udire questo, il re Erode si turbò e con lui tuta Gerusalemme; **4**e radunati tutti i sommi sacerdoti e gli scribi del popolo prese a interrogarli dove il Messia dovesse nascere. **5**Gli risposero a Betlemme, di Giudea, perché così fu scritto dal profeta:

6<<E tu, Betlemme, terra di Giudea,

non sei già la più piccola tra le eminenze di

Giuda:

da te uscirà un principe

che pascerà il mio popolo, Israele>>.

7Allora Erode, fatti venire segretamente i Magi, si fece precisare da loro il tempo dell'apparizione della stella, **8**e li invitò a Betlemme dicendo: Andate a informarvi attentamente del fanciullo e, quando l'avete trovato, fatemelo sapere, perché venga anch'io ad adorarlo. **9**Udito il re, partirono. Ed ecco che la stella, che avevano visto sorgere, li precedeva, finche giunse e si fermò sul luogo dove era il bambino. **10**Al vedere la stella provarono una gioia grandissima. **11**Ed entrati videro il bambino con Maria sua madre, e prostratisi lo adorarono. Poi aprirono i loro scrigni, e offrirono in dono oro incenso e mirra. **12.** Ed avvertiti in sogno di non tornare da Erode, per un'altra strada fecero ritorno alla loro terra.

2,1 sg. La visita dei Magi appartiene all'ultimo periodo del regno di Erode, morto nell'anno 750 di Roma, 4 anni prima dell'era volgare. I Magi o <<sapienti>>, erano esponenti di una casta politica-sacerdotale, molto influente nell'impero persiano dei Parti. Ai tempi del N.T. si interessavano di astronomia. Circa il loro numero 3 fu dato in occidente a motivo dei doni presentati. **4.** I Sommi Sacerdoti (cioè il Sommo Sacerdote in carica, gli altri che lo avevano preceduto e gli scribi o dottori della Legge, formavano, insieme agli Anziani, il supremo consiglio per gli affari religiosi e civili della nazione, il Sinedrio. **6.** La profezia citata è quella di Michea 5,1-2. Le città della regione vengono personificate come sue eminenze, letteralmente <<principi>>. **11.** L'adorazione dei Magi avviene al modo orientale: in ginocchio, piegando il capo fino a toccare la terra colla fronte; segue la rituale offerta dei doni, consistenti in ricchezze e profumi d'Arabia. La tradizione antica vi ravvisa un significato simbolico: l'oro significherebbe la regalità, l'incenso la divinità, la mirra la passione di Cristo. cfr. Isaia 49,23; 60,5 sg. Tutto il racconto è una tacita dimostrazione del carattere messianico di Gesù. E contiene l'esperienza dolorosa della Chiesa primitiva del rigetto di Gesù da parte del suo popolo mentre viene accettato dalle genti.

Fuga in Egitto di Maria e Giuseppe e massacro degli innocenti.

Matteo 2,13-18

2-13 Erano appena partiti che un angelo del Signore apparve in sogno a Giuseppe a dirgli: Alzati prendi il bambino e sua madre e fuggi in Egitto, e resta la finche io ti avverta; perché Erode cercherà il bambino per ucciderlo. **14**Egli destatosi prese con sé il bambino e sua madre e di notte

riparò in Egitto, **15**e vi rimase fino alla morte di Erode. Perché si adempis-

se ciò che era stato detto dal Signore mediante il profeta:

<< Ho chiamato il mio figlio in Egitto >>.

16Allora Erode vedendosi ingannato dai Magi, si adirò fortemente e diede ordine di uccidere tutti i bambini di Betlemme e di tutti i dintorni dai due anni in giù, secondo il tempo su cui si era informato dai Magi. **17**Allora si adempì quello che era stato detto dal profeta Geremia:

18<< un grido fu udito in Rama,

pianto e lamento grande,

Rachele piange i suoi figli,

e non vuole essere consolata, perché non

sono più>>.

2,15. La leggenda indica, come luogo della sosta della sacra famiglia , Matarje , presso Eliopoli, a 10 KM. Da Cairo, e come luogo in cui soggiornarono presso la chiesa di S. Giorgio, nel Cairo vecchio . L'esilio può essere durato pochi mesi o qualche anno. **18.** Dopo la caduta di Gerusalemme nell'anno 586 a.C. nella città di Rama, 8 Km. a nord della capitale, furono radunati i superstiti per essere deportati a Babilonia. In quella occasione il profeta Geremia (31,15) intonò un celebre lamento in cui la madre delle tribù Rachele, pianse la sorte dei suoi figli. Con efficace accostamento Matteo richiama quel pianto sul massacro degli innocenti. Di questo eccidio, che può aver costato la vita di una ventina di bambini, le storie profane restano tacciono; rientra però facilmente nel quadro dell'ultimo periodo della vita di Erode.

Ritorno a Nazareth. Matteo 2,19-24

2-19 Morto poi Erode, ecco che un angelo del Signore appare a Giuseppe in Egitto e gli dice: **20**Alzati, prendi il bambino e sua madre e va in terra d'Israele; parchè sono morti quelli che volevano uccidere il bambino. **21**Ed egli alzatosi prese il bambino e sua madre, ed entrò nella terra d'Israele. **22**Ma udendo che Archelao era re della Giuda al posto di suo padre Erode, ebbe paura di andarvi. Avvertito nel sonno si avvio verso le regioni della Galilea, **23**E giunto prese dimora in una città chiamata Nazareth. **24** Perché si adempisse ciò che era stato detto dai Profeti << Sarà chiamato Nazoreo >>.

2,0. Letterariamente << quelli che cercavano la vita del bambino >>. **22.** Archelao figlio di Erode regnò come patriarca sulla Giudea dal 4 a. C. al 6 d.C. quando fu esiliato da Augusto. **23-24.** Il nome ebraico di Nazareth ha la stessa radice verbale di germoglio, per il quale cfr. Isaia 11,1, ove il Messia viene designato come un<< germoglio>> (ebraico nezer); e possibile tale parola sia alla base del nome stesso di Nazareth. V'è certo però anche l'intenzione di spiegare come il Messia, nato nella città di Davide, a Betlemme, abbia ricevuto l'appellativo di <<Nazoreo>> ; << Nazorei >> si chiamarono anche per molto tempo i seguaci di Gesù negli ambienti giudaici e giudici-cristiani (cfr. Atti 24,5), mentre nel mondo greco-romano prevalse l'appellativo di <<cristiani>> (Atti 11,26).

OSSERVANZA DELLE PRESCRIZIONI LEGALI

Circoncisione e presentazione al Tempio. Luca 2,21-24

2 -**21** E quando si compirono gli otto giorni per la sua circoncisione, gli fu dato il nome Gesù, che gli era stato dato dall'angelo prima di essere concepiti nel grembo. **22**Equando si compirono i giorni della loro purificazione, secondo la Legge di Mosè, lo portarono a Gerusalemme per offrirlo al Signore, **23**come sta scritto nella Legge del Signore: Ogni maschio che apre la matrice sarà considerato sacro al Signore, **24**e per offrire in sacrificio, come prescrive la Legge del Signore, un paio di tortore e due giovani piccioni.

2,2 sgg. La legge di Levitico 12,1-8 prescriveva alle donne ebree un sacrificio di purificazione quaranta giorni la nascita di un figlio maschio, ottanta giorni dopo la nascita di una femmina; per i poveri era sufficiente il sacrificio nel Tempio di due tortore o due piccioni. La legge di Esodo 13,2 sgg. Prescriveva l'offerta al Signore di ogni primogenito, che veniva subito riscattato dietro versamento di cinque sicli d'argento. Maria, esempio di immenso amore alla purità all'obbedienza della divina Legge. Ella purissima, immacolata, va perfino a purificarsi nel Tempio. Madre del Salvatore, offre a Dio il proprio figliolo, lo riscatta con cinque monete, e offre due colombine ,come sacrificio imposto dalla Legge.

I Profeti Simeone ed Anna. Luca 2,25-38

2-25 Or ecco che a Gerusalemme c'era un uomo di nome Simeone, uomo giusto e caro a Dio, che attendeva la consolazione d'Israele; lo Spirito Santo era su di lui, **26**e gli era stato annunciato dallo Spirito Santo che mosso dallo Spirito che non avrebbe veduto la morte prima di vedere l'unto del Signore. **27**E mosso dallo Spirito venne nel Tempio; e mentre i genitori vi portavano il bambino Gesù per adempire su di lui la pratica della Legge, **28**egli lo prese, egli lo prese fra le braccia, e benedisse Di dicendo:

<blockquote>

29Ora, o Signore, lascia pure andare in pace

il tuo servo, secondo la tua parola;

30perchè i miei occhi

Hanno visto la tua salvezza,

</blockquote>

31che tu hai preparato davanti a tutti i popoli,

32luce per illuminare le genti,

e gloria del tuo popolo Israele.

33Esuo padre e sua madre erano meravigliati delle cose che si dicevano di lui. 34E Simeone li benedisse e disse a Maria, sua madre: << Ecco questi è posto a caduta e risurrezione di molti in Israele, e come segno a cui si contraddirà 35–mentre a te una spada ti trafiggerà l'anima– affinché si svelino i pensieri dei cuori >>. 36C'era anche Anna, profetessa, figlia di Fanuele, della tribù di Aser. Era molto avanzata negli anni, vissuta col marito sette anni dopo la sua verginità, 37e poi rimasta vedova fino all'età di ottantaquattro anni. Nn si allontanava mai dal Tempio, e serviva Dio notte e giorno, con digiuni e preghiere. 38Sopraggiunta in quel momento, cominciò anch'ella a lodare Dio, e parlava del bambino a quanti aspettavano la redenzione di Gerusalemme.

2 ,26. Letterariamente <<il Cristo del Signore>>, qui chiaramente nel senso di forma antica, unto e quindi consacrato (cfr. Esodo 30,22) per una missione di salvezza a favore del popolo. La salvezza è in concreto il Salvatore. 32. L'immagine della luce è classica per indicare il Messia e i suoi doni, cfr. Isaia 42,6; 46,13; 49,6. Si noti l'universalismo della salvezza. 34-35. L'essere il Messia, rovina e salvezza dipende da chi lo incontra. La spada rappresenta la dolosa partecipazione di Maria della vicenda che Gesù subì. 36. Profetessa nel linguaggio biblico può significare donna consacrata a Dio, favorita dai suoi carismi e interprete con gli altri della sua volontà. 38. Nel Vangelo dell'infanzia, Gerusalemme appare come la capitale verso cui tendere, dove si realizza e da cui parte la salvezza.

LAVITA A NAZARETH E IL PELLEGRINAGGIO AGERUSALEMME.

Gesù fra i dottori della legge. Luca 2,39-52

2-39 E dopo aver adempiuto ogni cosa secondo la Legge del Signore, fece ritorno in Galilea,nella loro città di Nazareth. 40Eil bambino cresceva e si fortificava, ripieno di sapienza; e la grazia di Dio era con lui. 41E i suoi genitori si recavano tutti gli anni a Gerusalemme per la festa i Pasqua. 42E quando egli ebbe dodici anni, vi salirono, secondo l'usanza, per la festa; 43ma trascorsi i giorni, al momento del ritorno, il fanciullo Gesù rimase a Gerusalemme, senza che i genitori se ne accorgessero. 44Credendolo nella carovana, fecero il cammino di un giorno, e lo cercavano tra i parenti e i conoscenti; **45**e, non trovandolo, tornarono a Gerusalemme in cerca di lui. **46**Ed avvenne che, dopo tre giorni, lo trovarono nel Tempio, seduto in mezzo ai dottori, in atto di ascoltarli e di interrogarli. **47**Etutti quelli che l'udivano erano pieni di stupore per la sua intelligenza e le sue risposte. **48**Al vederlo sbigottirono, e la madre gli disse: <<Figlio, perché ci hai fatto così? Vedi tuo padre ed io, angosciati, ti cercavamo>>. **49**E disse loro: <<Perché mi cercavate? Non sapete che io dovevo trovarmi nella casa del Padre mio?>>. **50**Ma essi non compresero questa parola che disse loro. **51**E discese con loro, e venne a Nazareth, e stava loro sottomesso. E sua madre conservava tutte queste cose nel suo cuore. **52**E Gesù cresceva in sapienza, statura e grazia davanti a Dio e gli uomini.

2, **41 sg.** Secondo la legge di Esodo 23,14-17, tutti gli Israeliti che avevano compiuti gli anni di età, dovevano recarsi al tempio di Gerusalemme ogni anno a Pasqua, a Pentecoste e alla festa *delle Capa*nne (cfr. Esodo 23, 14-19; Deuteronomio 16,16); era dispensato chi risiedesse a una distanza superiore a una giornata di cammino. **49**. Altri: <<Non sapevate che io devo attendere alle cose del Padre mio?>>. In questo versetto Gesù dodicenne pronuncia per la prima volta Padre, perché Maria e Giuseppe comprendono le radici profonde della sua vocazione, la ripeterà per l'ultima volta sulla croce mentre sta per morire. **52**. cfr. Samuele 2,26. Statura cioè <<età>>.

L'INIZIO DELLA SALVEZZA : GIOVANNI BATTISTA E GESU.

La predicazione di Giovanni Battista. Luca 3,1-6-7-12

(Matteo 3,1-3-7-12; Marco 1,1-89)

3 -1 Nell'anno decimo quinto dell'impero di Tiberio Cesare, mentre Ponzio Pilato era governatore della Giudea, Erode tetrarca della Galilea, e Filippo, suo fratello, tetrarca dell'Iturea e della Traconitide, e Lisania tetrarca dell'Abilene, **2**sotto il Sommo Sacerdozio Anna e Caifa, la parola di Dio scese su Giovanni, figlio di Zaccaria, nel deserto. **3**Ed egli andò per tutta la regione del Giordano, predicando un battesimo per la remissione dei peccati, **4**com'è scritto nel libro dei discorsi del Profeta Isaia:

Voce di uno che grida nel deserto:

Preparate la via del Signore,

raddrizzate i suoi sentieri!

5 Ogni burrone sia riempito,

ogni monte e colle sia abbassato;

le vie tortuose siano raddrizzate,

e le aspre diventino piane,

6 e ogni carne vedrà la salvezza di Dio.

Figura del Battista. Matteo 3,4-6

3-4-6 Giovanni portava un vestito di peli di cammello con una cintura di pelle attorno ai fianchi; suo cibo erano locuste e miele selvatico. Allora accorrevano a lui Gerusalemme e tutta la Giudea e da tutti i dintorni del Giordano, e si facevano battezzare da lui nel fiume Giordano confessando i peccati.

3 ,4 Il classico vestito del profeta Elia. **6** Le abluzioni rituali, tra le quali il rito dell'immersione (battesimo) simbolo, di purificazione e rinnovamento , erano frequenti nelle religioni antiche e in particolare nel Giudaismo (Esseni). Il battesimo somministrato da Giovanni se ne distingueva per alcuni tratti fondamentali, come la confessione dei peccati, l'impegno di riforma morale, e la prospettiva che doveva venire il Messia. Tale battesimo del Battista verrà praticato dai discepoli di Gesù (Giovanni 4,1-2) , fino al giorno in cui esso verrà assunto e trasformato nel nuovo battesimo, che Gesù metterà a base della sua comunità. (Matteo 28,19)

Giovanni il battezzatore: Luca 3,7-20

3-7 Diceva alle folle che andavano a farsi battezzare da lui: <<Razza di vipere chi vi insegnerà a scampare all'ira che sta per venire? **8**Fate dunque frutti degni della conversione, e non cominciate a dire a voi stessi: Noi abbiamo Abramo per padre! Perché io vi dico che Dio è capace di far sorgere figli ad Abramo da queste pietre. **9**Che già anzi, la scure sta alle radice degli alberi; ogni albero che non porta frutto buono, sarà reciso e gettato nel fuoco>>. **10**Ele folle lo interrogavano, dicendo: <<Che cosa dunque dobbiamo fare?>>. **11**E rispondendo, diceva loro: << Chi ha due tuniche, ne faccia parte a chi non ne ha; e chi ha dei cibi, faccia altrettanto>>. **12**Vennero anche dei pubblicani a farsi battezzare, e gli dissero: <<Maestro, che dobbiamo fare?>>. **13**Ed egli disse loro: <<fate nulla più di quello che vi è stato ordinato>>. **14**Lo interrogavano anche dei soldati, dicendo: <<E noi che dobbiamo

fare?>>. E disse loro: <<non maltrattate e non calunniate nessuno, e contentatevi delle vostre paghe>>. **15**E poiché il popolo era in attesa, e si domandavano tutti in cuor loro, a proposito di Giovanni, se non fosse lui il Messia, **16**Giovanni rispose, dicendo a tutti: <<io vi battezzo con l'acqua, ma viene uno più forte di me, al quale io non sono degno di sciogliere il legaccio dei calzari. Egli vi battezzerà con Spirito Santo e fuoco. **17**Ha in mano il suo ventilabro per mondare la sua aia, e raccogliere il frumento nel grana io; ma la pula, la brucerà con fuoco inestinguibile>>. **18**E con molte altre esortazione recava il lieto annunzio al popolo. **19**Ma il tetrarca Erode, ripreso da lui a motivo di Erodiade, moglie di suo fratello, e per tutte le scelleratezze che aveva commesso, **20**aggiunse ancora questa a tutte le altre: fece rinchiudere Giovanni in prigione.

3 ,1. Sull'anno decimo quinto dell'impero di Tiberio, che può essere il 2/28 o il 29/30 d.C. Pilato fu procuratore della Giudea dal 26 al 36 d.C. **4.** Giovanni Battista rifacendosi al profeta Isaia, fa apparire l'imminenza della salvezza come con l'immagine della strada: nel deserto "preparate la via del Signore. Bisogna mettersi sulla via del Signore raddrizzando i nostri cuori le vie tortuose e spianando le alture dalla superbia. cfr. Isaia 40,3-5; **10-17**. il messaggio del Battista presenta un carattere umano e universale: non la professione o la nazionalità rendono gli uomini accetti a Dio, ma la giustizia e l'onestà secondo il proprio stato. Nella predicazione Giovanni presenta l'opera del Messia in maniera profetico, come giudizio; Spirito e fuoco sono espressioni che uniscono all'azione purificatrice del fuoco anche quella santificatrice dello Spirito Santo. Il riferimento alla presenza del "ventilabro" sta ad indicare che si tratterà di un intervento divino definitivo, espresso dalla separazione del grano che comporta una sorta ben diversa: il granaio per il grano e il fuoco inestinguibile per la pula. Pertanto nessuno si deve sentire sicuro, come, invece, pensavano i Farisei e i Sadducei, che facevano Affidamento sul nome di Abramo.

Prima attività e rivelazione di Gesù. Testimonianza di Giovanni Battista. Giovanni 1,19-28

1-19 E questa è la testimonianza di Giovanni, quando i giudei gli inviarono da Gerusalemme sacerdoti e leviti a interrogarlo: <<Chi sei tu?>>. **20**Egli confessò e non negò: <<Io non sono il Messia>>. **21**E gli chiesero: <<Che cosa sei dunque? Sei Elia?>>. Rispose: <<Non lo sono>>. <<Sei il profeta?>>. Rispose: <<No>>. **22**Gli dissero dunque: <<Chi sei? Affiche possiamo dare una risposta a quelli che ci hanno mandato. Che cosa dici di te stesso?>>. **23**Rispose:

<<Io sono voce di uno che grida nel deserto:

appianate la via del Signore,

come disse il profeta Isaia>>. **24**Quegli inviati venivano da parte dei Farisei; **25**e lo interrogarono e gli dissero: <<Perché dunque battezzi se tu non sei il Messia, né Elia, né il Profeta?>>. **26**Giovanni rispose loro, dicendo: <<Io battezzo con l'acqua; in mezzo a voi sta uno che voi non conoscete. **27**colui che viene dopo di me, al quale io non sono degno di sciogliere il legaccio dei calzari>>. **28**Questo avvenne in Betania, al di la del Giordano, dove Giovanni battezzava.

1 ,19. I giudei erano i capi della nazione ebraica, il Sinedrio e i ceti dirigenti. Erano persone ostili e conservatori delle tradizioni. **21.** Sull'attesa di Elia a preparare l'era messianica cfr. Malachia 3,23; si attendeva pure un profeta a far rinverdire le speranze d'Israele, sulla base di Deuteronomio 18,15. 23.cfr. Isaia 40,3. **25.** Il Battista che qui interrogato si definisce "una voce che grida nel deserto", uno che battezza con acqua, quindi predispone alla salvezza ma non la dà, perché è una persona indegna di sciogliere i calzari al Messia che sta per presentare. Il profeta era quello atteso Secondo la profezia di Deuteronomio 16,15-28. Betania al di la del Giordano, per distinguerla dalla omonima, vicina a Gerusalemme, patria Lazzaro e delle sue sorelle.

Battesimo di Gesù. Giovanni 1,29-31 (Marco 1,9-11; Luca 3,21-22)

1 -29 Il giorno dopo Giovanni vede Gesù venire a lui, e dice: <<ecco l'agnello di Dio, che toglie il peccato dal mondo! **30**Questi è colui del quale io ho detto: Dopo di me viene un uomo che era davanti a me, perché era prima di me. **31**Io non lo conoscevo, ma sono venuto a battezzare con l'acqua perché fosse manifestato Israele>>.

1 ,29. Il battista presenta al popolo l'agnello di Dio che toglie i peccati del mondo e colui che battezza in Spirito Santo. Questo appellativo del Battista a Gesù deriva probabilmente dall'A.T., ma il significato per noi non è chiaro; alcuni pensano all'agnello pasquale che si immola annualmente a ricordo della liberazione d'Israele (cfr. Esodo 12,1), altri al servo di Iahvè Gesù (Isaia 53), descritto come un agnello che muore e <<prende su di sé i peccati di una moltitudine >>, altri cercano riferimenti diversi (per esempio all'agnello dell'olocausto quotidiano nel tempio di Gerusalemme). E' possibile che l'Apostolo Giovanni veda qui fuse le due prime immagini ognuna delle quali ha a suo favore numerosi passi del N.T. (Cfr. Giovanni 19,36; Apocalisse 5,6. 12; 1Corinzi 5,7; Atti 8,31-35; 1Pietro 18-20.

L'impedimento di Giovanni Battista a battezzare Gesù Matteo 3,13-17

3 -13 In quel tempo Gesù dalla Galilea si recò al Giordano da Giovanni per farsi battezzare. **14** Giovanni cercava di impedirlo dicendo: Sono io che ho bisogno di essere battezzato da te, e tu vieni da me? **15**Ma Gesù rispondendo gli disse: Lascia fare per ora; conviene che adempiamo così ogni giustizia. Allora glielo permise. **16**Appena battezzato, Gesù uscì subito dall'acqua: ed ecco che gli si aprirono i cieli e vide lo Spirito di Dio discendere come una colomba e venire su di lui. **17**Ed ecco una voce dai cieli che diceva: <<Questi è il mio Figlio diletto, nel quale mi sono compiaciuto>>.

3,13-17 E' la celebre scena del battesimo di Gesù. Le ragioni che l'indussero a sottoporsi al rito, non sono indicate nel testo, se non adempiere ad ogni giustizia, che significa L'adempimento perfetto della volontà divina. Come cugino di Gesù (Luca 1,33), Il Battista lo conosceva personalmente e ne conosceva la santità; di qui lo stupore per l'inversioni delle parti; ma solo la visione appena avvenuta terminato il battesimo, lo illumina circa la sua dignità di Messia. (Giovanni 1,33) Una voce dal cielo proclama infatti Gesù vero servo di Iahvè in cui Dio si compiace e figlio diletto, cioè unico di Dio, fondendo insieme i due celebri testi messianici di Isaia 42,1 e Salmo 2,7. Questo passo tende a rilevare gli aspetti misteriosi sovrumani della persona e dell'opera di Gesù. La tradizione Cristiana vide in questo passo, oltre la manifestazione della S.S. Trinità il preludio del battesimo cristiano. L'annotazione gli si aprirono i cieli può indicare il carattere personale della rivelazione ricevuta.

Verace testimonianza del Battista . Giovanni 3, 32-34

3 – 32 E Giovanni diede testimonianza dicendo: <<Ho veduto lo Spirito discendere come una colomba dal cielo, e posarsi su di lui. **33**Io non lo conoscevo, ma colui che mi ha inviato a battezzare con l'acqua, mi disse: Colui sul quale vedrai discendere e fermarsi lo Spirito, è lui che battezza con lo Spirito Santo. **34**Ed io ho veduto, e ho dato testimonianza che questi è l'eletto di Dio.

3 -32. E'la celebre scena del battesimo di Gesù, la ragioni che l'indussero a sottoporsi al rito , non sono specificate nel testo, se non dal generico adempiere ogni giustizia, che significa l'adempimento perfetto della volontà divina. Come cugino di Gesù, Giovanni lo conosceva personalmente e ne sapeva la santità; di qui lo stupore per l'inversione delle parti. Il battesimo di Gesù è la manifestazione della sua missione nel mondo. **33.** Ma solo la manifestazione appena avvenuta terminato il battesimo, lo illumina circa la sua messianica. Battezzare con lo Spirito Santo, cioè conferito a quelli che credono in lui che è l'opera essenziale di Gesù; ciò avverrà però soltanto dopo la sua glorificazione. **34.** Una voce dal cielo proclama Gesù vero servo di Iahvè in cui Dio si compiace e figlio diletto, cioè unico di Dio, fondendo insieme i due celebri testi messianici di Isaia 42,1 e Salmo 2,7 . Il genere letterario del passo è quello di una manifestazione mirante a rivelare gli aspetti misteriosi della persona e dell'opera di Gesù . <<Questi è il mio figlio diletto>>. Variazione <<Mio figlio sei tu, io oggi ti ho generato>>. La tradizione cristiana vide in questo passo oltre la manifestazione della S.S. Trinità l'annuncio del principio del battesimo cristiano. L'annotazione gli si aprirono i cieli può indicare il carattere interno e personale della rivelazione ricevuta da Giovanni. Il battesimo, attraverso il segno del lavacro , manifesta e realizza la nostra personale immersione nella vita di Cristo per poter vivere come lui è vissuto, con la forza dello Spirito Santo. La voce dal cielo chiede ai discepoli di ascoltarlo perché, seguendo la sua parola, essi avranno pace vera nella vita.

La genealogia di Cristo detto Gesù. Luca3,23-38 (Matteo 1,1-17)

3 -23 Gesù quando incominciò, aveva circa trenta anni, ed era figlio, come si credeva, di Giuseppe, di Eli, **24**di Mattar, di Levi, di Melchi, di Iannai, di Giuseppe, **25**di Mattatia, d Amos, di Naum, di Eli, di Naggai, **26**di Maat, di Mattatia, di Semein, di Iosech, di Ioda, **27**di Ioanan, di Resa, di Zorobabele, di Salatiel, di Neri, **28**di Melchi, di Addi, di Cosam, di Elmadan, di Er, **29**di Gesù, di Eliezer, di Iorim, di Mattat, di Levi, **30**di Simeone, di Giuda, di Giuseppe, di Ionam, di Eliacim, **31**di Melea, di Menna, di Mattata, di Natam, di Davide, **32**di Iesse, di Obed, di Boos, di Sala, di Naasson, **33**di Aminadab, di Admir, di Arni, di Esrom, di Fares, di Giuda, **34**di Giacobbe, di Isacco, di Abramo, di Tare, di Nachor, **35**di Seruch,di Ragau, di Faleg, di Eber, di Sala, **36**di Cainam, di Arfacsad, di Sem, di Noè, di Lamech, **37**di Matusala, di Enoch, di Iared, di Maleleed, di Cainam, **38** di Enos, di Set, di Adamo, di Dio.

3 ,23. La genealogia di Gesù descritta da Luca, presenta delle notevoli differenze da quella di Matteo. Il carattere ascendente, e la connessione con Adamo anziché con Abramo e con Davide, si deve a suo modo di pensare di presentare Gesù come redentore dell'umanità, nato dalla stirpe umana. Più difficile è spiegare la divergenza dei nomi che vanno da Davide a Gesù. La differenza risalta subito al nome del padre di Giuseppe che in Matteo è Giacobbe, mentre in Luca è Eli. Una soluzione è richiamata dalla legge del levirato: secondo questa legge (Deuteronomio 25,5-10), quando un ebreo morisse senza lasciare figli, il fratello anche soltanto uterino doveva prenderne la moglie per dargli una discendenza; in questo caso il figlio aveva una duplice paternità, una legale e l'altra reale, con possibilità di diversa ascendenza. Un'altra soluzione ce la da in (1Cronache 2,34e sgg.): L'uomo che sposava la figlia unica, entrava a far della famiglia del suocero: in questo caso Eli sarebbe il padre di Maria, supposta figlia unica, e legalmente anche Giuseppe, che viene ad inserirsi nella sua stirpe. In questo caso Luca darebbe ad un tempo la genealogia di Maria e quella Giuseppe.

Tentazione di Gesù nel deserto. Luca 4 ,1-13 (Matteo 4,1-11; Marco 1,12-13;)

4 -1 E Gesù, ricolmo di Spirito Santo, si allontanò dal Giordano, e fu condotto dallo Spirito nel deserto 2per quaranta giorni, dove veniva tentato dal diavolo. Non mangiò nulla in quei giorni, ma alla fine ebbe fame. 3Allorail diavolo gli disse: <<Se sei figlio di Dio, dì a questa pietra che diventi pane>>. 4E Gesù gli rispose: <<Sta scritto: Non di solo pane vivrà l'uomo>>. 5Lo condusse allora in alto, e mostrandogli in un baleno tutti i regni della terra, il diavolo gli disse: 6<<Ti darò tutto questo potere, con tutta la loro gloria, perché a me è stata data e la concedo a chi voglio; 7e dunque ti prostrerai davanti a me tutto sarà tuo>>. 8Erspondendo Gesù gli disse: <<Sta scritto: Ti prostrerai al Signore Dio tuo e adorerai lui solo>>. 9Lo condusse allora a Gerusalemme, e lo pose sul pinnacolo del tempio, e gli disse: <<Se sei figlio di Dio, gettati giù di qui; 10sta scritto infatti:

<<Ai suoi angeli darà ordine per te,

affinché ti custodiscono e

11ti reggeranno con le mani,

perché il tuo piede non inciampi nelle

pietre>>.

12Ma Gesù gli rispose: << E'detto, Non tenterai il Signore Dio tuo>>. 13E finito di tentarlo, il diavolo si allontanò da lui, fino a nuovo momento.

4 ,1 Si fa notare come sempre la presenza e l'azione dello Spirito Santo nella gestione evangelica. La tentazione di Satana è permessa da Dio, affinché la fede sia cosciente e volontaria. Anche Gesù come uomo è tentato. Si trova di fronte due vie: <<Quella di un Gesù acclamato dagli uomini, e quella del Cristo che ripone ogni fiducia in Dio. Ma Egli vince una triplice tentazione del pane, del protagonismo, e del successo a tutti i costi. Nel citare tre volte la Scrittura, Gesù emette una triplice professione di fede in Dio Padre, certo che sarà Lui a provvedere al suo Servo Fedele. 2. Il luogo della tentazione di Gesù, si trova poco lontano alla riva destra del Giordano ed a circa 10 Km dal Mar Morto sorge la città di Gerico, una delle più antiche del mondo, in una bella oasi

verde, in mezzo a un ambiente desertico. Guardando da Gerico verso Ovest l'occhio vede ergersi non lontano sperone di rocce brulle. Uno di questi è detto Gebel Quarantal, cioè Monte della quarantena, così chiamata perché secondo un'antica tradizione Gesù trascorse, in una delle numerose grotte che vi si trovano, i 40 giorni di solitudine e digiunò dopo il battesimo del Battista. **13.** Si allontanò da Gesù fino al momento stabilito da Dio, in cui potrà tentare, nuovamente di attentare alla sua opera. I due avversari si ritroveranno di nuovo a Gerusalemme.

L'ATTIVITA' DI GESU' IN GALILEA E D'INTORNI.

Inizio della predicazione. Gesù a Nazareth. Luca 4,14-30 (Matteo 4,17; 13,53-58; Marco 1,15; 6,1-6)

4 -14 E Gesù ritornò in Galilea con la potenza dello Spirito Santo, e la sua fama si diffuse in tutta la regione. **15**Egli insegnava nelle loro sinagoghe, e tutti lo glorificavano. **16**E venne a Nazareth, dove era stato allevato; ed entrò come il suo solito, di sabato

nella sinagoga e si alzò a leggere. **17**Gli fu dato il volume del profeta Isaia, ed apertolo trovò il passo dove era scritto:

18Lo Spirito del Signore è sopra di me;

per questo mi ha consacrato con l'unzione,

ad annunciare la buona novella ai poveri

mi ha mandato,

a predicare ai prigionieri la liberazione,

ai ciechi la vista,

a rimettere in libertà gli appressi,

19a predicare un anno di grazia del

Signore.

20Poi arrotolò il volume, lo consegnò all'inserviente e sedette. Egli occhi di tutti nella sinagoga stavano fissi su di lui. **21**Ed egli cominciò a dire loro: <<Oggi risuona alle vostre orecchie il compimento di questa scrittura>>. **22**E tutti gli rendevano testimonianza, ed erano meravigliati delle parole di grazia che uscivano dalla sua bocca, e dicevano: <<Costui non è il figlio di Giuseppe?>>. **23**E disse loro: <<Certo, voi mi citerete questo proverbio: Medico, cura te stesso. Quello che abbiamo udito accadere a Cafarnao , fallo anche qui nella tua patria>>. **24**E disse: <<in verità in verità vi dico: nessun profeta è ben accetto nella sua patria. **25**In verità in verità vi dico: <<C'erano molte vedove in Israele al tempo di Elia, quando il cielo fu chiuso per tre anni e sei mesi, e ci fu una grande carestia in tutta la terra; **26**ma a nessuna di esse fu mandato Elia, bensì a una vedova che era a Serepta di Sidone. **27**E c'erano molti lebbrosi in Israele al tempo del profeta Eliseo, e nessuno di loro fu mondato ma lo fu Naaman, il siro>>. **28**All'udire queste cose tutti nella sinagoga furono ricolmi di ira; **29**e levandosi in piedi, lo cacciarono fuori città, e lo condussero fin sul ciglio del monte sul quale era situata la loro città, per farlo precipitare. **30**Ma egli, passando in mezzo a loro, se ne andò.

4 ,14. Questo versetto rivela un interesse particolare per lo Spirito Santo; non solo tutto il Vangelo dell' infanzia ne parla, ma nel corso di tutto il Vangelo l'attività del Salvatore viene messo in rapporto con lo Spirito. La presenza dello Spirito Santo si noterà ancora di più negli atti dove appare il segreto protagonista della missione cristiana. **16.** Il versetto avvia il racconto da Nazareth, Nelle riunioni sinagogali, tutte le persone adulte, dietro autorizzazione del capo della sinagoga, poteva presentarsi a leggere il testo sacro ai fedeli. Alla lettura in ebraico seguiva una breve spiegazione ed un'esposizione nella lingua volgare aramaica. Le parole di Gesù dette in questo brano ci attestano che quanto era atteso nei secoli, quanto era promesso, ora si concretizzano nel Signore. Egli si autoproclama come la realizzazione stessa della profezia antica. **18.** E' il testo di Isaia 61,1-2, si tratta di oracoli che riguardano sia il ritorno dall'esilio, sia l'avvenire glorioso d'Israele e l'era messianica. Il profeta si rivolge al suo popolo povero, oppresso e prigioniero nell'esilio di Babilonia; Gesù attribuisce a se questa missione, in una visione nuova che qui appare molto indeterminata. Dopo l'annunzio della buona novella ai poveri << guarire quelli che hanno il cuore afflitto>>. **25** sg. Cfr. 1 Re 17,8-16.**27.** Cfr. 1Re 5,1-14; **30.** La dignità e la calma di Gesù sembra avere avuto ragione degli uomini ostili dei suoi compaesani.

Gesù Lascia Nazareth e va a Cafarnao. Matteo 4,13- 17

4 -13 E lasciando Nazareth venne ad abitare a Cafarnao, presso il mare, nella contrada di Zebulon e di Neftali, **14**perchè si adempisse ciò che era stato detto dal profeta Isaia:

  15Terra di Zabulon e terra di Neftali,

  Via del mare, al di la del Giordano,

Galilea delle genti!

16Il popolo immerso nella tenebra

Ha veduto una grande luce;

su quelli che dimorano in terra e ombra di

morte

una luce si è levata.

17Da allora Gesù cominciò a predicare e dire: Convertitevi, perché il regno dei cieli è vicino.

4 ,13-16. Lasciata Nazareth, Gesù prende residenza a Cafarnao, l'attuale Tell Hum, sulla sponde nordoccidentale del lago Tiberiade (chiamato mare dagli evangelisti, ad eccezione di Luca), a 36 Km. da Nazareth, nel territorio dell'antica tribù di Nftali, ai confini della tribù di Zabulon. Vi passava la via del mare che costeggiando il lato occidentale del lago congiungeva la regione mediterranea con l'entroterra settentrionale e trangiordania. La regione della Galilea, dove si trovava Cafarnao, era abitata da molti pagani, per questo veniva detta Galilea delle genti. **17.** Gesù comincia la predicazione con l'invito alla conversione del cuore <<matànoia >>, in vista del regno dei cieli, che si inaugura con la sua persona e la sua attività. Nella parola di Gesù, il regno diventa una realtà indispensabile interiore e spirituale. E' un dono di Dio destinato a tutti gli uomini; comprende una dottrina che bisogna ricevere e praticare; esige una collaborazione che deve essere disposta anche ai più duri sacrifici. Però il regno di Dio esige anche che gli aderenti si uniscano in una società visibile, a cui vengono aggiunti e completati mediante un segno esteriore, il battesimo. Tutti vi sono chiamati,ma non tutti rispondono, perché la potenza di Satana ne contrasta l'espansione sulla terra. Sebbene già presente la sua attuazione completa si avrà solo alla fine dei tempi; per questo se ne consiglia un desiderio ardente e costante di preghiera.

I primi discepoli. Giovanni 1,35-51 (Matteo 4,18-22; Marco 1,16-20)

1 -35 Il giorno dopo, Giovanni si trovava di nuovo la con due discepoli; **36**e fissando Gesù che passava, disse: <<Ecco l'agnello di Dio!>> **37**E quei due discepoli, udita la sua dichiarazione, seguirono Gesù. **38**Gesù si voltò, e vedutili venire dietro a sé, disse loro: <<Che cosa cercate?>>. Gli risposero: <<Rabbi (che tradotto significa Maestro), dove abiti?>>. **39**Disse loro: <<Venite e vedrete>>. Andarono dunque, e videro dove abitava e quel giorno rimasero presso di lui; era circa l'ora decima. **40**Uno dei due che avevano udite le parole di Giovanni e lo avevano seguito, era

Andrea, fratello di Simon Pietro. **41**Egli trovò al mattino suo fratello Simone e gli disse: <<Abbiamo trovato Messia>> (che tradotto significa: Cristo), **42**e lo condusse da Gesù. E Gesù, fissandolo disse: <<Tu sei Simone, figlio di Giovanni; tu ti chiamerai Cefa>>. (che tradotto significa: Pietro). **43**Il giorno dopo Gesù voleva partire per la Galilea, quando trovò Filippo e gli disse: <<Seguimi>>. **44**Filippo era di Betsaida la città di Andrea e Pietro. **45**Filippo trova Natanaele, e gli dice: <<Abbiamo trovato colui del quale hanno scritto Mosè, nella Legge, e i profeti: Gesù di Giuseppe di Nazareth>>. **46**E Natanaele gli disse: <<Da Nazareth può mai venire qualcosa di buono?>>. Ma Filippo gli dice: <<Vieni e vedi>>. **47**E Gesù vide Natanaele venirgli incontro, e disse di lui: <<Ecco un vero israelita in cui non c'è frode>>. **48**E Natanaele gli dice: <<Come mi conosci?>>. Gesù rispose e gli disse: <<Prima che Filippo ti chiamasse, io ti ho veduto quando eri sotto il fico>>. **49**Gli replicò Natanaele: Rabbi, tu sei il figlio di Dio, tu sei il re d'Israele!>>. **50**Gesù gli rispose e disse: <<Perché ti ho detto di averti veduto sotto il fico, credi? Vedrai cose maggiori di queste!>>. **51**E gli disse: <<In verità, in verità vi dico: Vedrete il cielo aperto, e gli angeli di Dio salire e scendere sul figlio dell'uomo>>.

1 ,35 sgg. Racconto semplice e preciso che rivela il testimone oculare; dei due discepoli l'uno è Andrea, l'altro è Giovanni. La testimonianza di Giovanni Battista spinge i suoi discepoli a seguire Gesù. **39.** L'ora decima, cioè le 4 pomeridiane. **40.** L'altro discepolo era Giovanni il puro. **41.** Cristo in greco significa l'unto , il consacrato. Al mattino; è una variazione di prima. **42.** Cefa , in aramaico significa pietra, roccia, il nome era allora sconosciuto. Nella Bibbia mutare il nome significa prendere possesso di qualcuno, dare una direzione nuova, cambiare vita. **44.** Betsaida era una cittadina sulla riva del lago di Tiberiade. **45.** Poiché tutte le persone menzionate appartengono al gruppo dei dodici, anche Natanaele viene ritenuto uno di essi, lo si identificano con Bartolomeo, che negli elenchi è associato, come qui. a Filippo. Si tratterebbe di uno dei casi di binonimia frequenti in quell'epoca. **47-48.** Natanaele è personificazione dell'Israelita onesto e puro che è pronto a superare ogni pregiudizio e a lasciarsi conquistare dalla novità di Gesù. **49.** Figlio di Dio specificato da re d'Israele, e qui un semplice titolo messianico onorifico (cfr. Salmo 2,7-8). Re d'Israele equivale a Messia. **51.** Cioè; verrà giorno in cui il carattere soprannaturale di Gesù brillerà chiaramente agli occhi; sul figlio dell'uomo i discepoli avranno altre prove della divinità di Cristo. La promessa viene fatta evocando la celebre scala di Giacobbe (cfr. Genesi 20,10-17)

Le nozze di Cana. Giovanni 2,1-12

2 -1 Il terzo giorno si celebrarono delle nozze a Cana di Galilea, e c'era anche la madre di Gesù. **2**Fu invitato anche Gesù, con i suoi discepoli, alle nozze. **3**E venendo a mancare il vino, la madre di Gesù gli dice: <<Non hanno più vino>>. **4**E Gesù le dice: <<E che importa a me e a te, donna? Non è ancora giunta la mia ora>>. **5**La madre dice ai servi: <<Fate tutto quello che vi dirà>>. **6**Or c'erano là sei idrie di pietre per la purificazione dei Giudei, contenenti ciascuna due o tre misure. **7**E Gesù dice loro: <<Riempite d'acqua la idrie>>; e le riempirono fino all'orlo. **8**E dice loro: <<adesso attingete e portatene al maestro di tavola>>. Ed essi ne portarono. **9**E come ebbe assaggiato l'acqua divenuto vino, il maestro di tavola, che non sapeva di dove venisse (ma lo sapevano i servi che avevano attinto l'acqua), chiama lo sposo **10**e gli dice: <<Tutti servono da principio il vino buono, e quando sono brilli il meno buono; tu invece Hai conservato il vino buono fino adesso>>. **11**Così Gesù diede inizio ai suoi segni Cana di Galilea, e manifestò la sua gloria, e i suoi discepoli credettero in lui. **12**Dopo questo fatto, discese a Cafarnao in compagnia di sua madre e dei suoi fratelli e vi fermarono non molti giorni.

2 **,1.** Il terzo giorno dopo nell'ultimo episodio narrato, cioè l'incontro con Filippo e Natanaele. Tutto ciò che è umano e prezioso per Dio. A Cana di Galilea Gesù compie il primo miracolo, cambiando l'acqua in vino. E nello stesso tempo il primo annunzio dell'Eucarestia e la benedizione di Cristo sull'amore reciproco degli sposi. Gesù è lo sposo messianico, Gerusalemme è la sposa del Signore. **2.** Cana era a nord di Nazareth. **3.** Variazione <<E non avevano più vino, perché il vino delle nozze si era esaurito, allora la madre>>. **4.** Che importa a me e a te donna? Espressione tipica orientale che ricorre spesso nella Bibbia, che Gesù garbatamente, indica che vorrebbe declinare l'invito sottinteso dell'intervento di Maria. Donna e un appellativo solenne che s'incontra pure nei classici antichi. <<Tutto si svolge in un'atmosfera di sentimenti delicati>>. **6.** La misura, conteneva 30 – 40 litri: si trattava di una massa considerevole di acqua necessarie per la abluzioni legali di numerosi invitati. **8.** Era per lo più un parente, al quale era affidato la direzione tecnica del convito. **11.** Segni, piuttosto che miracoli, vengono ordinariamente chiamati i portenti e i prodigi di Gesù perché rivelano agli uomini la sua virtù soprannaturale, in quanto indicativi della potenza divina di Cristo e della sua opera di salvezza, inducendoli a credere. Il vino nell'Ultima Cena diventa Sangue di Gesù ed è un miracolo che si rinnova in ogni liturgia ed è sacramento nella vita dei credenti. **12.** I fratelli di Gesù sono probabilmente il gruppo dei discepoli.

La purificazione del Tempio. Giovanni 2,13-25 (Matteo 21,12-17; Marco 11,15-19; Luca 19,45-48)

2 **1-3** Era vicina la Pasqua dei Giudei, e Gesù salì a Gerusalemme. **14**E trovò nel Tempio gente che vendeva buoi, pecore e colombe, e cambiavalute seduti sul banco. **15**E fatta una sferza di cordicelle, scacciò tutti dal Tempio, pecore e buoi; e gettò il denaro dei cambiavalute e ne rovesciò i tavoli, **16**e ai venditori di colombe disse: <<Portate via di qua queste cose e non fate della casa del Padre mio una casa di commercio>>>. **17**E i discepoli si ricordarono che sta scritto: Lo zelo per la tua casa mi consuma. **18**Gli risposero allora i Giudei e gli dissero: <<Qual segno ci mostri tu, che fai queste cose?>>. **19**Gesù rispose e disse loro: <<Disfate questo tempio , e in tre giorni lo innalzerò>>. **20**Gli dissero allora i giudei: <<Questo tempio fu fabbricato in quarantasei anni, e tu in tre giorni lo innalzerai?>>. **21**Ma egli parlava del tempio del suo corpo. **22**E quando fu risuscitato dai morti, i discepoli si ricordarono che aveva detto questo; e credettero alla Scrittura e alla parola detta da Gesù. **23**E mentre era a Gerusalemme nella festa di Pasqua, molti cedettero nel suo nome alla vista dei prodigi che faceva. **24**Gesù però non si fidava di loro, perché li conosceva tutti, **25**e non aveva bisogno che alcuno gli desse testimonianza su un uomo;sapeva infatti che c'èra in quell'uomo.

2,14. Si sa che i cortili del Tempio potevano servire ad abbreviare la strada, e già una prescrizione rabbinica che si può far risalire al tempo di Gesù ordinava: <<Non salire sulla collina del Tempio né col bastone né col sacco … non farne strada di passaggio>>. Il traffico nel Tempio era approvato dai sacerdoti. **15-16.** Secondo l'Apostolo Giovanni questa purificazione del tempio avvenne in occasione della prima visita di Gesù a Gerusalemme, durante la sua attività pubblica, quindi due anni prima. I sinottici la differiscono qui a motivo dello schema nel quale hanno disposto l'opera di Gesù, senza una preoccupazione cronologica. La presenza dei venditori negli atri del Tempio era motivata dalla necessità di offrire ai pellegrini denaro e materia per i sacrifici (vitelli, pecore, colombe, farina olio, vino, profumi); l'usanza legittima degenerava però facilmente in abusi, che Gesù rimproverava aspramente fondendo insiemi i testi dell'A.T. e del N.T. Irriverenti sembrano gli atteggiamenti e le parole di Gesù rispetto al tempio. Gesù denuncia un rapporto di tipo puramente commerciale con Dio basato sull'offrire per ottenere. In realtà tende a restituirgli il suo decoro come casa del Padre di Gesù. **17 Cfr.** Salmo 68 (69),10. Citato in applicazione a Cristo. **18-20.** Il tempio era per gli ebrei il luogo della presenza di Dio tra il suo popolo. Gesù verbo incarnato, realizza nel suo corpo questa presenza. D'ora innanzi il tempio sarà il suo corpo in cui partecipa alla vita stessa di Dio. Non sarà più centro di potere o di carattere economico, ma il luogo in cui avviene l'incontro tra Dio e gli uomini. La prova sarà che distrutto, risorgerà dopo tre giorni. La ricostruzione del Tempio era stata intrapresa da Erode nel 19 a. C. ; ponendo l'inizio l'attività pubblica di Gesù verso l'anno 28 d. C. , i dati coincidono. Su questo detto di Gesù sarà tramato uno dei capi di accusa per condannarlo.

L'incontro con Nicodemo. Giovanni 3,1-21

3-1 E c'era un uomo tra i Farisei, di nome Nicodemo, un notabile dei Giudei. **2**Questi venne da lui, di notte, e gli disse: <<Rabbi sappiamo che sei un maestro venuto da Dio, perché nessuno potrebbe fare i prodigi che tu fai, se Dio non fosse con lui>>. **3**Gesù rispose e gli disse: <<In verità, in verità ti dico, se uno non nasce di nuovo, non può vedere il regno di Dio>>. **4**Gli risponde Nicodemo: <<Come può nascere un uomo quando è vecchio? Potrebbe forse entrare di nuovo nel seno della madre e nascere?>>. **5**Gli risponde Gesù: <<In verità, in verità ti dico, se uno non nasce da acqua e da Spirito non può entrare nel regno di Dio. **6**Quel che è generato dalla carne è carne, e quel che è generato dallo Spirito è spirito. **7**Non ti meravigliare se t'ho detto: Bisogna che voi nasciate di nuovo. **8**Il vento soffia dove vuole e ne odi la voce, ma non sai da dove venga, o dove vada: così e di chiunque è nato dallo Spirito>>. **9**Rispose Nicodemo e gli disse: <<Come può accadere questo?>> **10**Rispose Gesù,e gli disse: <<Tu sei il maestro d'Israele e non sai queste cose? **11**In verità, in verità ti dico, noi annunciamo quello che sappiamo e testimoniamo quello che abbiamo veduto; ma non accogliete la nostra testimonianza. **12**Se vi ho parlato di cose terrene e non credete, come crederete se vi parlo di cose celesti? **13**Eppure nessuno è mai asceso al cielo se non il figlio dell'uomo che è disceso dal cielo. **14**E come Mosè innalzò il serpente nel deserto, così bisogna che sia innalzato il figlio dell'uomo, **15**affinchè chiunque crede in lui abbia la vita eterna. **16**Poichè Dio ha così amato il mondo da dare il suo figlio unigenito, affinché chiunque crede in lui non muoia, ma abbia la vita eterna. **17**Dio infatti non ha mandato il figlio nel mondo per giudicare il mondo, ma perché il mondo si salvi per mezzo di lui. **18**Chi crede in lui non viene giudicato; ma chi non crede, e già giudicato perché non ha creduto nel nome del figlio unigenito di Dio. **19**E il giudizio è questo: è venuta la luce nel mondo, ma gli uomini hanno preferito le tenebre alla luce, perché le loro opere erano malvage. **20**Chiunque infatti fa il male, odia la luce e non viene alla luce perché non vengono riprovate le sue opere. **21**Ma chi fa la verità viene alla luce, perché appaiono le sue opere che sono fatte da Dio.

3 ,1. Nicodemo apparteneva al sinedrio in qualità di dottore. 2-7 . L'espressione Regno di Dio viene sostituita dal tema della <<vita>> e della <<vita eterna>>. Che con la grazia, comincia sulla terra. Gesù spiega a Nicodemo che occorre rinascere << dall'alto>> o (di nuovo) per poter far parte del Regno. La generazione fisica non serve a niente, se non c'è una nascita dall'alto, se non si ci lascia trasformare dallo Spirito. La tradizione cristiana e il Concilio di Trento vedono che questa dichiarazione contenga la necessità del battesimo. **8.** La nascita dello Spirito viene paragonata all'azione del vento; in greco come in ebraico, la medesima parola significa lo spirito e il vento. **12.** Nicodemo è il limite della comprensione umana di fronte al mistero di Gesù. Per lui Gesù è certamente un Maestro venuto da Dio e per questo si reca da lui. Ma quando Gesù gli parla della nascita dall'alto si sente spiazzato. Le cose della terra sono le realtà soprannaturali della vita dell'uomo. **13.** Chiara allusione all'origine celeste del Figlio del'uomo, apportatore di un messaggio di cui è stato testimone presso il Padre. **14.** Evocando la storia del serpente di bronzo di Numeri 21,4-9, nel quale già il libro della Sapienza 16,6 seg. aveva ravvisato un simbolo di <<Salvezza>>, Gesù parla di un suo futuro <<innalzamento>>: per essere salvi bisogna <<guardare>> Cristo <<Innalzato>> sulla croce. **16-21.** I versetti che seguono hanno tutta l'aria di essere un commento di Giovanni, il quale, dopo aver indicato la ragione prima dell'incarnazione (L'amore di Dio) e il suo fine ultimo (La vita eterna). Il versetto 16 viene giudicato <<il vertice della rivelazione e il centro della religione cristiana>>.

Nuova testimonianza del Battista. Giovanni 3,22-36

3 -22 Dopo queste cose, Gesù venne con i suoi discepoli nella regione della Giudea; e qui si fermò con loro, e battezzava.**23**Anche Giovanni battezzava a Ennon, vicino a Salim, dove c'era molta acqua; e la gente andava e si faceva battezzare. **24**Che Giovanni non era ancora stato gettato in prigione. **25**Nacque allora una disputa tra i discepoli di Giovanni ed un giudeo a riguardo della purificazione. **26**E andarono da Giovanni e gli dissero: <<Rabbi, colui che era con te oltre il Giordano, al quale hai dato testimonianza, ecco che sta battezzando, e tutti accorrono da lui>>. **27**Giovanni rispose e disse: <<Nessuno può arrogarsi alcunché, se non gli viene dato dal cielo. **28**Voi stessi mi siete testimoni che ho detto: <<Non sono io il Messia, ma sono uno mandato davanti a lui.**29**E lo sposo che ha lo sposo: ma l'amico dello sposo, che gli sta accanto e l'ascolta, esulta di gioia alla voce dello sposo. Ora si compia questa mia gioia. **30**Bisogna che lui cresca, e che io diminuisca>>. **31**Chi viene dall'alto è superiore a tutti; ma chi viene dalla terra, appartiene alla terra e parla della terra. Chi viene dal cielo sta al di sopra di tutti. **32**Egli attesta ciò che ha veduto e udito, eppure nessuno accetta la sua testimonianza. **33**Chi ne accetta la testimonianza, conferma che Dio è veritiero. **34**Infatti colui che ha mandato riferisce parole di Dio, e dona lo Spirito senza misura. **35**Il Padre ama il figlio, e gli ha dato in mano ogni cosa. **36**Chi crede nel Figlio ha la vita eterna; chi non crede al Figlio non vedrà la vita, ma l'ira di Dio rimane su di lui>>.

3 ,**22.** Gesù battezzava, o meglio i suoi discepoli (4,1-2) somministravano un battesimo simile quello del Battista, tanto più che alcuni di essi venivano dal suo seguito (1,35sgg.); non si trattava ancora del battesimo cristiano. **25.** Variazione <<Giudei>> al posto di un giudeo. **29.** La simbologia nuziale, classica nell'A.T. per indicare i rapporti tra Dio e Israele, viene applicata nel Nuovo Testamento a Gesù e alla comunità dei credenti. Nel modo di esprimersi simbolicamente, la posizione di Giovanni viene paragonata a quella dell'amico dello sposo o persona importante che veniva scelto tra gli uomini per servire di scorta d'onore. **30.** Questo è il vertice della testimonianza di Giovanni Battista. Infatti nel dire : Bisogna che lui cresca, e che io diminuisca vuole dire che Cristo deve crescere nella sua vita, e il suo io che deve diminuire. Perché più decresce il suo io, più cresce dentro di lui Cristo. Più avviene questo più la mia gioia è piena e io mi realizzo personalmente come amico di Cristo, strettamente unito a lui e ascolto la sua Parola. **31 sgg.** Riassumono la posizione di Gesù mediatore tra Dio e gli uomini, e l'atteggiamenti di questi ultimi verso di lui.

L'incontro con la Samaritana. Giovanni 4,1-42

4-1 Quando poi Gesù seppe che i Farisei erano a conoscenza che egli faceva più discepoli e battezzava più di Giovanni, **2**(sebbene non fosse Gesù che battezzava, ma i suoi discepoli), **3**lasciò la Giudea e si avviò di nuovo verso la Galilea. **4**Doveva perciò attraversare la Samaria. **5**Giunse pertanto ad una città della Samaria chiamata Sichar, vicina al podere che Giacobbe donò a Giuseppe suo figlio; c'era là la fonte di Giacobbe. **6**Gesù dunque, stanco del viaggio, sedeva presso la fonte. Era circa l'ora sesta. **7**Arriva una donna samaritana ad attingere acqua. Gesù le dice: <<Dammi da bere>>.--- **8**I suoi discepoli erano andati in città a far provvista di cibo---. **9**Ma la donna samaritana gli dice: <<Come mai tu , che sei giudeo, chiedi da bere a me, che sono una donna samaritana?>>. I giudei infatti non intrattengono relazioni con i samaritani. **10**Gesù le risponde dicendo: <<Se conoscessi il dono di Dio e chi è colui che ti dice: "Dammi da bere!", tu stessa glielo avresti chiesto, ed egli ti avrebbe dato dell'acqua viva>>. **11**Gli dice la donna: <<Signore, tu non hai mezzo per attingere e il pozzo è profondo; donde hai dunque quest'acqua viva? **12**Sei tu forse più grande del nostro Padre Giacobbe, che ci ha dato questo pozzo e ne bevve lui con i suoi figli e i suoi armenti?>>. **13**Gesù rispose e le disse: <<Chiunque beva di quest'acqua avrà di nuovo sete; **14**ma chi beve di dell'acqua che io gli darò, non avrà più sete in eterno, anzi, l'acqua che io gli darò diventerà in lui fontana d'acqua zampillante nella vita eterna>>. **15**Gli dice la donna: <<Signore, dammi di quest'acqua, che non abbia più sete e non debba venire continuamente qui ad attingere>>. **16**Le dice:<<Va a

chiamare tuo marito e vieni qui>>. **17**Rispose la donna e gli disse: <<Non ho marito>>. Gesù le dice: <<Hai detto bene "non ho marito"; **18**perchè hai avuto cinque mariti, e quello che hai adesso non è tuo marito; in questo ai detto in vero>>. **19**Gli dice la donna: <<Vedo che tu sei un profeta. **20**I nostri padri hanno adorato sopra questo monte; e voi dite che è Gerusalemme il luogo in cui si deve adorare>>. **21**Gesù le dice: <<Credimi, o donna, è giunto il tempo in cui né su questo monte né a Gerusalemme, adorerete il Padre, **22**Voi adorate quel che non conoscete, noi adoriamo quello che conosciamo, perché la salvezza viene dai Giudei. **23**Ma viene il tempo, ed è adesso in cui i veri adoratori adoreranno il Padre in Spirito e verità; perché così il Padre vuole i suoi adoratori. **24**Dio è Spirito, e quelli che devono adorarlo in Spirito e verità>>. **25**Gli dice la donna: <<So che deve venire il Messia (che è chiamato Cristo): quando verrà lui ci annunzierà ogni cosa>>. **26**Le dice Gesù: <<Sono io che parlo con te>>. **27**In quel momento arrivarono i suoi discepoli, e si meravigliarono che stesse a discutere con una donna?>> o <<che cosa dici con lei>>. **28**Ma la donna lasciò la brocca, e andò in città e disse alla gente: **29**<<Venite a vedere un uomo che mi ha detto tutto quello che ho fatto. Che sia il Messia?>>. **30**Uscirono dalla città e vennero da lui. **31**Nel frattempo i discepoli lo pregavano, dicendo: <<Rabbi, mangia>>. **32**Ma egli disse loro: <<Io ho un cibo da mangiare che voi non conoscete>>. **33**E i discepoli si dicevano l'un l'altro: <<Che qualcuno gli abbia portato da mangiare?>>. **34**Gesù dice loro: <<Mio cibo è fare la volontà di Colui che mi ha mandato, e di compire l'opera sua. **35**Non dite voi: Ci sono quattro mesi e poi viene la mietitura? Ecco, io vi dico: Levate i vostri occhi, e guardate le campagne che biancheggiano per la mietitura. Già **36**chi miete riceve mercede e raccoglie frutto per la vita eterna, giacche ne goda insieme e chi semina e ci miete. **37**Si verifica infatti qui il detto: Altri semina ed altri miete. **38**Io vi ho mandato a mietere ciò per cui non avete faticato; e voi siete sottentrati nel loro lavoro>>. **39**E molti dei Samaritani di quella città cedettero in lui per le parole della donna che dichiarava: <<Mi ha detto tutto quello che ho fatto>>. 40E quando giunsero a lui i Samaritani lo pregarono di fermarsi con loro. E vi rimase due giorni. 41E molti di più credettero per la sua parola; 42e dicevano alla donna: <<Non è più per la tua parola che noi crediamo; abbiamo udito noi stessi e sappiamo che questi è veramente il Salvatore del mondo>>.

4,3-7. Gesù lascia la Giudea che considera sua patria perché la sua predicazione non aveva prodotto nulla di buono e si dirige in Galilea dovendo passare per la Samaria. Sosta a Sicar presso il pozzo di Giacobbe, si tratta di una fonte sotterranea, raggiunta attraverso un pozzo. L'A.T. non ne parla, ma la tradizione attribuiva il pozzo a Giacobbe. Gesù lo raggiunse verso l'ora sesta, cioè il mezzogiorno, dopo alcune ore di cammino tra luoghi riarsi e solitari. **9.** I Giudei odiavano i Samaritani, considerati discendenti delle popolazioni pagane ivi trasportati dagli Assiri dopo la caduta di Samaria: 2 Re 17,24-41; Esdra, 4,1-5. **10.** Il dono di Dio è la vita nuova che il verbo è venuto a portare. Nel linguaggio simbolico è identico a quello dell'acqua viva (in opposizione all'acqua stagnante, morta) che scaturisce da una fontana. Chi ha ricevuto di questa acqua possiede in se un principio attivo e permanente di vita eterna. E' quello che nella prima lettera di Giovanni 3,9 viene detto <<seme>> divino deposto nell'anima di quelli che sono nati da Dio, e che la Chiese designa con il nome grazia santificante. **11.** Il pozzo che è ancora là è profondo 39 metri, secondo il sondaggio praticato dai monaci greci nel 1933. **12-15.** E a una donna venuta ad attingere acqua chiede da bere. Di che cosa Gesù ha sete? La sua è una richiesta fatta per provocare un'altra da parte della donna, che rappresenta tutti i Samaritani e per poterle dire: Se tu conoscessi il dono di Dio e offrirle l'acqua viva. La donna stenta a capire tra questa ambiquità così tra l'acqua materiale e quella che zampilla per la vita eterna. Variazione di <<Sichem>>; vi sono motivi da ritenere che Sichar sia la denominazione aramaica o un alterazione propria di Sichem, l'odierna Tell-Balata, distrutta dai romani nel 66-70 d.C. Sul podere dato a Giuseppe cfr. Genesi 33,19; 48,22; Giosuè 24,32. **16-19.** Gesù dimostra di conoscere a fondo la vita della donna e la storia dei Samaritani. La donna lo riconosce profeta e sposta la discussione sul tempio. Gesù ne profitta per dare un concetto nuovo di Adorazione in Spirito e verità. **20.** E' il monte Garizim, ai cui piedi si trova il pozzo; verso il 400 a.C. i Samaritani vi avevano costruito un tempio rivale a quello di Gerusalemme, che il Sommo Sacerdote Giovanni Ircani aveva distrutto nel 129. Essi continuarono a considerare sacro il monte, su cui salivano a praticare i loro riti; oggi ancora vi celebrano la Pasqua. **23-26.** Lo Spirito Santo donato agli uomini, e la verità,cioè della rivelazione piena di Cristo sono i principi animatori e normativi del culto della nuova età. So che deve venire, variazione<<sappiamo che deve venire>>. La donna si dichiara in attesa del Messia e Gesù si dichiara di esserlo. Con questo non si vuole indicare un'esperienza spiritualistica disincarnata, ma un culto che si compie nella persona di Gesù verità e nello Spirito Santo. **27 35.** Arrivano i discepoli e la gente di Sicar. Gesù dichiara che il suo cibo è fare la volontà del Padre. Come l'acqua e il cibo anche la messe significa nelle parole di Gesù una realtà spirituale; sono i Samaritani pronti per la conversione, le cui primizie si trovano nei versetti 39-42. La Samaritana che al pozzo di Giacobbe incontra Gesù che le rivela come l'acqua che disseta per la vita, diventa per l'umanità il modello di chi nella sua vita si sente cercato e trovato da Cristo. **38.** Siamo al tempo della mietitura, simbolo del giudizio. Dalla testimonianza della donna e del contatto diretto con lui la gente del luogo lo riconoscono Salvatore. Gli altri fa riferimento A.T., che si ripercorre in Cristo, seminatore per eccellenza. Dopo la risurrezione di Gesù i Samaritani furono tra i primi ad essere convertiti, e vi lavorò anche Giovanni in compagnia di Pietro (Atti 8,14). **42.**L'appellativo di Salvatore del mondo ricorre nel Nuovo Testamento soltanto qui in Giovanni 4,14. L'universalismo della salvezza è molto accentuata in Giovanni, che non dimentica tuttavia il privilegio dei giudei (Giovanni 4,26).

Arresto di Giovanni Battista. Marco 6,17-20   (Matteo 4,12; 14,3-5; Luca 3,19-20)

6 -17 Erode infatti aveva fatto catturare Giovanni e lo aveva incatenato in prigione a motivo di Erodiade, moglie di suo fratello Filippo,che egli aveva sposato. **18**Poichè Giovanni diceva a Erode: <<Non è lecito tenere la moglie di tuo fratello>>. **19**Ed Erodiade gli portava rancore e avrebbe voluto farlo uccidere, ma non poteva, **20**perchè Erode temeva Giovanni, sapendolo giusto e santo, e vigilava su di lui, anche se nell'ascoltarlo restava molto perplesso, pure lo ascoltava volentieri.

6,18. Erode Antipa, figlio di Erode il grande, e tetrarca della Galilea in occasione di una visita al fratellastro Erode Filippo, <<soprannominato senza terra>> ne sedusse la moglie Erodiade che prese con sé, ripudiando la figlia del re nabateo Areta IV. **20.** Erode aveva timore di Giovanni e lo proteggeva, perché in cuor suo molte cose che diceva erano giuste, e gli piaceva ascoltarlo anche se le sue parole erano pungenti.

Guarigione di un figlio di un ufficiale regio a Cana. Giovanni 4,46-54

4-46 Andò dunque di nuovo a Cana di Galilea dove aveva cambiato l'acqua in vino. Ora c'era un ufficiale regio, che aveva un figlio ammalato a Cafarnao. **47**E udito che Gesù era venuto dalla Giudea in Galilea, gli si avvicinò e lo pregava di scendere a guarire suo figlio; stava infatti per morire. **48**E Gesù gli disse: <<Se non vedete segni e prodigi non credete>>. **49**Gli disse l'ufficiale regio: <<Signore scendi prima che mio figlio muoia>>. **50**Gesù gli risponde: <<Và, il tuo figlio vive>>. Credette quell'uomo alla parola che gli aveva detto Gesù, e se ne partì. **51**E proprio mentre discendeva, gli venne incontro i servi a dirgli: <<Tuo figlio vive>>. **52**Domandò allora in che ora avesse cominciato a star meglio. Gli dissero: <<Ieri, all'ora settima, la febbre lo ha lasciato>>. **53**E il padre riconobbe che proprio in quell'ora Gesù gli aveva detto: <<Tuo figlio vive>>, e credette lui e tutta la sua casa. **54**Questo secondo miracolo fece Gesù tornando dalla Galilea alla Giudea.

4,46 sg. Il re è il tetrarca di Galilea Erode Antipa. Gesù fece ritorno a Cana e incontra un ufficiale regio, pagano di Cafarnao che lo pregava di andare a guarire suo figli. Gesù mette alla prova la sua fede prima con il rimprovero a tutti e poi con l'affermazione<<che il figlio vive>>. Quest'uomo crede alla sua parola e torna a casa, così diventa il modello del vero credente perché si fida senza prove. Alla notizia della guarigione del figlio reagisce con un atto di fede e coinvolge tutta la famiglia alla conversione.

L'ATTIVITA' DI GESU' IN GALILEA. Predicazione e prodigi. Matteo 4,23-25 (Marco 1,35-39)

4-23 E Gesù percorreva tutta la Galilea, insegnando nelle loro sinagoghe e predicando la buona novella del Regno e curando ogni sorta di malattie e di infermità del popolo. **24**La sua fama raggiunse tutta la Siria, e gli potavano tutti i sofferenti, tormentati da varie malattie e dolori, indemoniati, lunatici, paralitici e li curava. **25**E molte folle lo seguirono dalla Galilea, dalla Decapoli, da Gerusalemme, dalla Giordano.

4,23. La buona novella: Letterariamente il <<Vangelo>> , il cui oggetto era anzitutto la venuta imminente del Regno dei cieli, e questi versetti offrono un aspetto Giudea e oltre il generale di tutta l'attività di Gesù in Galilea. **25.** La Decapoli era un raggruppamento di 10 città ad est del Giordano, le quali da Pompei Magno (63 a.C.) erano state separate dal territorio giudaico, e dotate di una certa autonomia.

L'indemoniato di Cafarnao. Marco 1,21-28 (Luca 4,31-37; Matteo 7,28-29)

1-21 E andarono a Cafarnao, e subito il sabato entrò nella sinagoga ed insegnava. **22**Ed erano stupiti del suo insegnamento, perché insegnava loro come uno che ha autorità e non come gli scribi. **23**E subito c'era nella sinagoga un uomo posseduto da uno spirito impuro, e prese a gridare dicendo: **24**<<Che c'è fra noi e te, Gesù Nazareno? Sei venuto a rovinarci! Io so chi tu sei: il Santo di Dio>>. **25**E Gesù gli intimò: <<Taci, ed esci da costui!>>. **26**E lo spirito impuro, straziandolo e gridando forte, uscì da lui. **27**E tutti furono presi da timore, si chiedersi a vicenda: <<Che cos'è questo? Una dottrina nuova con autorità. Comanda persino gli spiriti impuri, e gli ubbidiscono!>>. **28**E la sua fama si diffuse subito ovunque in tutti i dintorni della Galilea.

1,21. Variazione <<Insegnava nella loro sinagoga>>. **22.** Le persone rimanevano ammirate dall'insegnamento di Gesù, perché insegnava come uno che dava l'interpretazione autorevole di Dio. Il suo insegnamento si differenziava da quello degli scribi e Farisei, perché egli non ripete quello che hanno detto i maestri del passato, che insegnavano principalmente le opinione e le tradizioni degli anziani, e sciupavano molto tempo in inutili discussioni. Cristo insegnava con autorità, cioè non come semplice espositore della Legge, ma con la forza di chi appartiene la Legge stessa, parla in nome proprio (Giovanni 7,46). Si tratta qui della luce, e della potenza che accompagnano ogni rivelazione divina. Infatti diceva: <<Io vi dico>> (Matteo 5,21-22). Le sue parole semplici e chiare scaturivano dalla sua esperienza di Dio, dalla sua vita donata al progetto del Padre. Gesù non è solamente un commentatore della Legge e dei profeti ma colui che interpretava e dava compimento alla Legge e ai Profeti. **24.** <<Santo>> per eccellenza è Dio che riceve spesso nell'A.T. questo appellativo. Santo di Dio designa Gesù come uno che sta in rapporto particolare con Dio, che è dotato dello Spirito di Dio, cioè di forza divina e minaccia quindi il regno dei demoni tra gli uomini. **27.** Variazione <<Una dottrina nuova è questa, poiché con autorità comanda...>>; <<che cos'è questa nuova dottrina? Poiché anche con autorità... >>.

Guarigione della suocera di Pietro e miracoli a Cafarnao. Luca 4,38-44 (Matteo 8,14-17; Marco 1,29-34

4-38 E uscito dalla sinagoga entrò nella casa di Simone. Or la suocera di Simone era in preda a una grande febbre; e lo pregarono per lei. **39**E chinatosi su di lei, sgridò la febbre, ed essa la lasciò. E subito si levò e cominciò a servirli.**40**E al calar del sole, tutti quelli che avevano malati di varie infermità li condussero da lui. Ed egli, imponendo su ciascuno le mani, li guariva. **41**Uscivano anche demoni da molti, gridando e dicendo <<Tu sei il figlio di Dio!>>. Ma egli, sgridandoli, non li lasciava parlare, perché sapevano che era il Messia. **42**Poi, sul fare del giorno, uscì e si recò in un luogo deserto. Ma le folle lo cercavano, e lo raggiunsero, e volevano trattenerlo perché non se ne andasse più da loro. **43**Ma egli disse loro: <<E necessario che anche altre città io rechi la buona novella di Dio, sono stato mandato per questo>>. **44**E andava predicando nelle sinagoghe della Giudea.

4,38-43. Il racconto della guarigione della suocera di Pietro si conclude con un insegnamento importante. Ella è liberata da quella febbre che l'impedisce di servire e la costringe a servirsi degli altri per essere servita. Il servirsi degli altri è il principio di ogni schiavitù nel male, il servire gli altri è il principio di ogni liberazione dal male. E' nel servire che l'uomo diventa se stesso e rivela la vera identità di Dio di cui è egli stesso immagine e somiglianza. **44.** Alcuni codici portano <<Galilea>> al posto di Giudea. In realtà si riferisce qui all'attività di Gesù in Galilea ma il termine Giudea si spiega con la terminologia romana, per la quale Giudea equivale a Palestina.

Altre guarigioni. Matteo 8, 16-17

8-16 Fattosi sera, gli portarono molti indemoniati; ne cacciò gli spiriti con una parola e guarì tutti i malati; **17**affinchè si adempisse ciò che era stato detto dal profeta Isaia:

> Ha preso le nostre infermità
>
> e si è addossato le nostre malattie.

8 ,17 Viene applicata a Gesù la profezia del servo di Dio Iahvè (Isaia 35,4): questi, nel corso di una sofferenza espiatrice, prese su di sé le infermità e le sofferenze dovute agli uomini per le loro colpe; Gesù le elimina con la sua attività e in virtù della sua passione e morte.

Pesca miracolosa. Luca 5,1-11

5-1 Ed avvenne che mentre la folla faceva ressa su di lui per ascoltare la parola di Dio, egli si trovava presso il lago di Gennezaret; **2**Vide due barche ferme presso il lago. I pescatori erano discesi da esse e levavano le reti. **3**E salito su una delle barche, che era di Simone, lo pregò di scostarsi un poco da terra. E, messosi a sedere, ammaestrava le folle dalla barca. **4**Poi, quando finì di parlare, disse a Simone: <<Prendi il largo, e calate le vostre reti per la pesca>>. **5**e Simone rispose, dicendo: <<Maestro, abbiamo faticato tutta la notte, e non abbiamo preso nulla; ma sulla tua parola getterò le reti>>. **6**E avendolo fatto, presero una grande moltitudine di pesci, e si rompevano le reti. **7**E fecero segno ai compagni sull'altra barca, che venissero ad aiutarli. E vennero e riempirono tutte e due le barche, tanto da farle affondare. **8**A tal vista, Simon Pietro si getto alle ginocchia di Gesù, dicendo: <<Signore, allontanati da me che sono un uomo peccatore>>. **9**La paura aveva preso lui e tutti quelli che gli erano insieme nella pesca che avevano fatto; **10**ed anche Giacomo e Giovanni, figli di Zebedeo, che erano soci di Simone. E Gesù disse a Simone: <<Non temere, da questo sarai pescatore d'uomini>>. **11**E tirate le barche a terra, lasciando ogni cosa, lo seguirono.

5,1-11. Simone e Andrea erano modesti pescatori; qui si descrive la loro fatica nell'usare una rete piccola e tonda, a sacco, caratteristica dei piccoli pescatori in proprio. Diversa è invece la condizione di Giacomo e Giovanni, i quali possiedono barca, reti grandi, del tipo della lungagnuola, e operai alla dipendenza. Pietro essendo il capo degli apostoli è significativamente protagonista.

<<Sulla tua parola getterò le reti!>> : un'adesione fiduciosa e profonda a Gesù, un'obbedienza alla sua parola. Questo miracolo di Gesù coincide con lo svelamento all'uomo della propria condizione di peccatore, e la consapevolezza di non essere degno. Tuttavia, alla vocazione segue istantaneamente una precisa missione affidata da Gesù a Pietro: <<non temere, d'ora in poi sarai pescatori di uomini>>. Pietro vede cambiato la propria vita : da pescatore di pesci, deve diventare pescatore di persone, capace di condurre uomini e donne al Signore. Quegli uomini che dicono "sì" a Gesù e lo seguono, fanno questo al prezzo di una scelta che comporta dei "no"chiari e netti. Queste rinunce possono essere assunte in profondità solo da chi accetta di non anteporre nulla all'amore di Cristo.

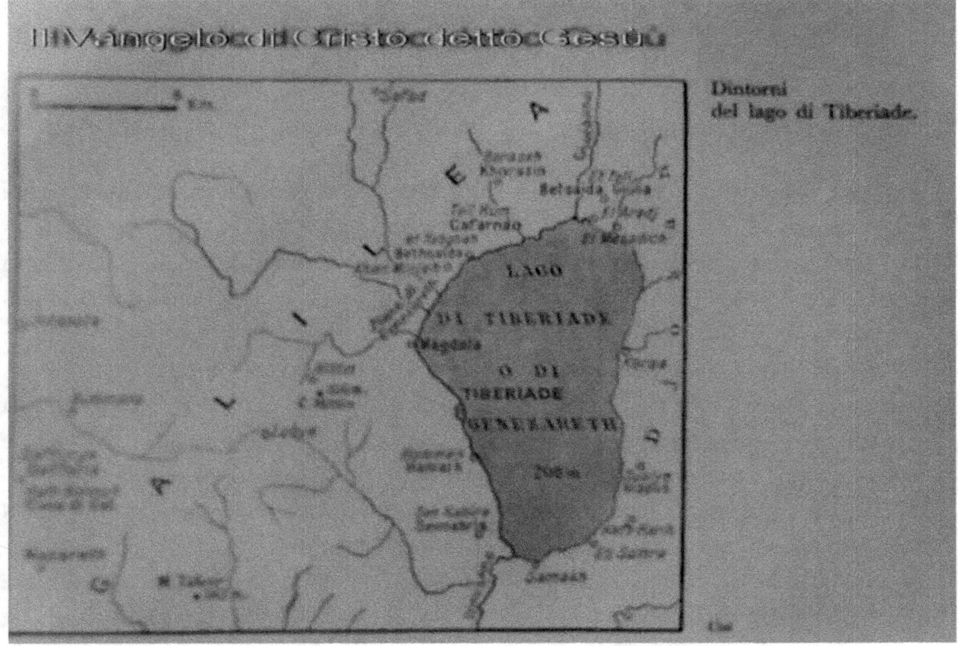

Il lebbroso guarito. Luca 5 ,12-16 (Matteo 8,1-4; Marco 1,40-45)

5-12 Ed avvenne che, mentre si trovava in una città, ecco un uomo coperto di lebbra, veduto Gesù, gettarsi bocconi e pregarlo, dicendo: <<Signore, se tu vuoi puoi mondarmi>>. **13**E, steso la mano, lo toccò dicendo: <<Lo voglio, sii mondo!>>. E subito la lebbra scomparve da lui. **14**E gli ordinò di non dirlo, a nessuno,: <<Ma và mostrati al sacerdote e fai l'offerta per la tua purificazione, come ha prescritto Mosè, in testimonianza per loro>>. **15**Ma la fama di lui si diffondeva ancor più; e molte folle Venivano ad ascoltarlo e farsi guarire dalle loro infermità. **16**Ma egli si ritirava in luoghi solitari e pregava.

5-12. Qui è proprio il lebbroso che ha da l'ardire di avvicinarsi a Gesù, che lo accoglie esaudendo la sua richiesta di guarigione. Nel guarirlo, lo salva integralmente: restituisce al malato la vita del corpo e dello spirito, gli ridona la dignità di persona umana, lo reintegra nella società. **14. Cfr.** La legislazione ebraica sul lebbroso dice: quando apparirà in lui la carne viva, sarà chiamato immondo. Il sacerdote, visto la carne viva, lo dichiarerà immondo; la carne viva è immonda: è lebbra. Ma se la carne viva diventa bianca, egli vada dal sacerdote e il sacerdote lo esaminerà; se vedrà che la piaga è ridiventata bianca, il sacerdote dichiarerà mondo colui che ha la piaga: è mondo. **16.** La preghiera di Gesù è una preghiera che inizia e termina al Tempio fino alla croce.

Guarigione di un paralitico. Luca 5,17-26 (Matteo 9,1-8; Marco 2,1-12)

5-17 E avvenne un giorno, mentre egli insegnava, che v'erano la seduti dei Farisei e dei dottori della legge, venuti da ogni villaggio della Galilea, della Giudea e da Gerusalemme. E la potenza del Signore gli faceva operare guarigioni. **18**Ed ecco alcuni uomini che portavano su un letto un paralitico, e cercavano d'introdurlo e di metterglielo innanzi. **19**E non sapendo da quale parte introdurlo a motivo della folla, salirono sulla casa e lo fecero scendere attraverso il tetto con il lettuccio, nel mezzo , davanti a Gesù. **20**Ed egli, veduto la loro fede, disse: <<O uomo ti sono rimessi i tuoi peccati>>. **21**Allora gli scribi e i Farisei cominciarono a discutere, dicendo: <<Chi è costui che pronuncia bestemmie? Chi può rimettere i peccati, se non Dio solo?>>. **22**E Gesù, conosciuti i loro ragionamenti rispose loro: <<Che ragionate nei vostri cuori? **23**Che cosa è più facile, dire: Ti sono rimessi i tuoi peccati, o dire: Alzati e cammina? **24**Ma affinché sappiate che Il figlio dell'uomo ha il potere sulla terra di rimettere i peccati, disse al paralitico: Dico a te, alzati, prendi il tuo lettuccio, e và a casa tua>>. **25**E subito si alzò davanti a loro, e, afferrando il suo giaciglio, si avviò verso casa glorificando Dio. **26**E pieni di timore dicevano: <<Oggi abbiamo visto cose prodigiose>>.

5,17-26. Nel miracolo operato nel lebbroso, Gesù sottolinea il legame tra la malattia e la comunione con Dio e con il prossimo, in quanto il lebbroso era costretto alla solitudine all'isolamento della vita del popolo. L'altra cosa in rilievo è il ruolo protagonista degli uomini che portano il paralitico alla presenza del Signore sottolineato, anche da una certa passività dell'infermo. Qui è la fede dei portatori che ottiene dal Signore il perdono del paralitico: <<uomo i tuoi peccati ti sono rimessi>>. E' su questa affermazione che si concentra l'attenzione e il rifiuto degli scribi e Farisei. Ma la loro opposizione è la via che da risonanza la potenza di Gesù e quindi viene proclamato il segreto della sua persona. La passività del paralitico cede al fatto che egli si avvia verso casa glorificando Dio, e quindi confermando con il proprio atto la divinità di Gesù.

Vocazione di Matteo (Levi Alfeo). Luca 5,27-32 (Matteo 9,9-13; Marco 2,13-17)

5-27 Dopo questo uscì, e vide un pubblicano di nome Levi seduto al banco della gabella, e gli disse: <<Seguimi!>>. **28**Ed egli, lasciando tutto, si alzò e lo seguì. **29**E Levi gli preparò un grande banchetto nella sua casa; c'era molta folla di gabellieri e di altri, seduti con loro a tavola. **30**E i Farisei e loro scribi mormoravano con i suoi discepoli dicendo:<<Perché mangiate e bevete con i pubblicani e i peccatori?>>. **31**E Gesù, rispondendo, disse loro: <<Non sono i sani ad aver bisogno del medico, ma i malati; **32**non sono venuto per chiamare alla conversione i giusti, ma i peccatori>>

5,27-30 Nel racconto Levi Alfeo i identifica con l'apostolo Matteo. La binominia era frequente in quel tempo; come cfr. Saulo - Paolo, Giovanni - Marco. La comunanza di tavola in oriente è simbolo di comunanza di vita; i Farisei la negavano perciò ai pubblicani e ai peccatori (i due termini erano praticamente sinonimi sulla loro bocca), già per il pericolo di una contaminazione rituale. Non attenendosi a questo precetto fondamentale del fariseismo, Gesù si pone apertamente al di sopra e quindi contro la loro setta; di qui la loro indignazione. A prendere la parola sono gli scribi, gli intellettuali della setta farisaica. L'espressione gli scribi dei Farisei ricorre qui nel N.T. ed è forse la ragione per cui la maggior parte dei codici la corretta con <<gli scribi e i Farisei>>; in realtà la frase suggerisce che gli scribi, cioè i dottori e i maestri della Legge (Rabbi), appartengono a categorie diverse, anche se come zelatori della Legge erano per la maggior parte affiliati al Fariseismo. **31.** La risposta di Gesù ha un'importanza fondamentale, perché già chiaramente indicatrice alla sua missione, in rapporto al peccato.

Discussione sul digiuno. Luca 5,33-39 (Matteo 9,14-17; Marco 2,18-22)

5,33 Ma essi gli dissero: <<I discepoli di Giovanni digiunano spesso e fanno orazioni; così pure i discepoli dei Farisei; ma i tuoi mangiano e bevono!>>. **34**E Gesù disse loro: <<Potete forse far digiunare gli invitati a nozze mentre lo sposo è con loro? **35**Ma verranno giorni, e quando sarà strappato via da loro lo sposo, allora in quei giorni digiuneranno>>. **36**E diceva loro anche una parabola: <<Nessuno strappa un pezzo da un vestito nuovo per attaccarlo a un vestito vecchio; altrimenti

strapperebbe il nuovo, né la toppa, presa dal nuovo, si adatterebbe al vecchio. **37**E nessuno getta vino nuovo in otri vecchi; altrimenti il vino nuovo spezzerebbe gli otri, e il vino si spanderebbe, e gli otri andrebbero perduti. **38**Ma il vino nuovo si getti in otri nuovi! **39**E nessuno che beva il vino vecchio desidera il nuovo, perché dice: Il vecchio è buono>>.

5,34. Gli invitati a nozze, letteralmente <<i figli delle nozze>>, ebraismo. **39.** Qui Gesù ha una costatazione dolorosa dell'indifferenza e dell'ostilità che si viene a delineare di fronte al suo nuovo messaggio, in nome della vecchia alleanza. Gli ebrei non rinunziano alla vecchia mentalità e perciò non accettano la novità di Cristo.

Guarigione di due ciechi. Matteo 9,27-31

9-27 E mentre Gesù si allontanava di la, due ciechi lo seguirono gridando e dicendo: Rabbi, pietà di noi, figlio di Davide. **28**Entrato che fu in casa, i ciechi gli si accostarono e Gesù disse loro: Credete voi che io possa fare questo?; gli risposero: Si, o Signore! **29**Allora toccò gli occhi dicendo: avvenga a voi secondo la vostra fede; **30**E si aprirono i loro occhi. E Gesù intimò loro dicendo: Badate bene: nessuno lo sappia! **31**Ma quelli, partiti, ne diffusero la fama in tutta la regione.

9,27. Gesù vincola la guarigione alla fede, come a dire: ciò che voi chiedete si verificherà solo se la vostra fede sarà forte e limpida. Figlio di Davide era un titolo che gli ebrei usavano volentieri per designare il messia, soprattutto in base a 2 Samuele 7,1. Gesù accettò questo titolo, che il Nuovo Testamento gli applica ufficialmente, ma personalmente preferì l'appellativo di figlio dell'uomo.

Guarigione di un ossesso muto. Matteo 9,32- 34

9-32 Partiti costoro, ecco che gli viene presentato un muto indemoniato. **33**E scacciato il demonio, quel muto cominciò a parlare, e la folla fu presa da stupore dicendo: Non si è mai visto una tal cosa in Israele! **34**Ma i farisei dicevano: <<Egli caccia i demoni in virtù del principe dei demoni>>.

9,32-34. Qui si denota l'attenzione e l'affetto di Gesù per le persone malate. Le malattie non erano solo deficienze del corpo: sordità, cecità, paralisi e lebbra e tanti altri mali. In fondo queste malattie erano manifestazioni di un male più profondo che rischiava la salute della gente, e lo stato di degrado ed inumano in cui erano obbligati a vivere. Le guarigioni di Gesù non erano solo contro i mali corporali, ma anche e soprattutto contro i mali dell'abbandono materiale e spirituali, in cui la gente era costretta a vivere. Poi, si aggiungeva la religione ufficiale, che invece di aiutare la gente ad incontrare in Dio una forza per avere speranza, insegnava che le malattie erano un castigo di Dio per il peccato. Gesù faceva a contrario, li accoglieva pieni di tenerezza e la guarigione dei malati gli restituiva di esseri integrati nella comunità. La bontà di Gesù verso i poveri disturbano gli scribi e Farisei. E la loro reazione è di sfiducia e di malizia per neutralizzare l'incomodità di Gesù.

Gesù passa predicando. Matteo 9,35-38

9-35 E Gesù percorreva tutte le città e i villaggi, insegnando nelle sinagoghe, proclamando la buona novella del Regno e sanando e sanando ogni malattia e infermità. **36**E vedendo le folle ne sentì compassione, perché erano stanche e abbattute, come pecore senza pastore. **37**Allora disse ai discepoli: La messe e molta, ma gli operai sono pochi! **38**Pregate dunque il Signore della messe che mandi operai nella sua messe!

9, 35-38. La compassione di Gesù per le folle, perché erano stanche e sfinite come pecore senza pastore. I capi d'Israele che dovevano essere pastori, cioè coloro che dovevano accudire il popolo, pensavano solo al loro prestigio e interesse. Gesù qui si sostituisce a questi falsi pastori, e vedendo che le folle erano molte Gesù trasmette ai suoi discepoli la preoccupazione e la compassione che egli sente dentro di se.

Gesù Signore del sabato. Matteo 12.1-8 (Marco 2,23-28; Luca 6,1-5)

12-1 In quel tempo Gesù passava il giorno di sabato tra le messi, e i suoi discepoli sentirono fame cominciarono a cogliere spighe per mangiarne. **2**A tale vista i Farisei gli dissero: Ecco, i tuoi discepoli stanno facendo cosa che non è permessa nei giorno di sabato! **3**Ed egli disse loro: Non avete letto quello che fece Davide quando ebbe fame insieme ai suoi compagni? **4**Come entrò nella casa di Dio e mangiò i pani di proposizione, che non era lecito mangiare né a lui né ai suoi compagni, ma ai sacerdoti soltanto? **5** O non avete letto nella Legge che al sabato i sacerdoti nel Tempio violano il sabato senza essere colpevoli? **6** Or vi dico che qui v'e uno che è più grande del Tempio. **7**Che se aveste capito che cosa significa: Voglio misericordia e non sacrificio, non avreste condannato questi innocenti. **8**Perchè il figlio dell'uomo è signore del sabato.

12,1-8. La dottrina teologica che proponevano i Farisei vietava nel sabato anche la raccolta di qualche spiga per sfamarsi, non soltanto si vietava di raccogliere spighe nel giorno di sabato, ma anche di stropicciarle <<con tutta la mano>>; lo permetteva però Rabbi Yehuda che era della Galilea come Gesù. << E probabile quindi che certi farisei abbiano criticato i discepoli di Gesù perché seguivano la tradizione galilea della Legge>>. Nella difesa dei discepoli, Gesù prendendo spunto da un caso accaduto a Davide in cui la Legge positiva del culto era ceduta di fronte a un'esigenza naturale (cfr. 1 Samuele 21,1-6), rammenta che il precetto del sabato cede a sua volta di fronte a quello del culto (cfr. Levitico 24,5-8; Numeri 28,9seg.). Gesù stuzzicandoli e passando poi all'attacco, dimostra che i Farisei trasgrediscono la grande Legge della misericordia (Osea 6,6), e termina nella significativa dichiarazione di non essere personalmente vincolato dalla Legge veterotestamentaria del sabato.

Guarigione dell'uomo dalla mano secca. Luca 6,6-11 (Matteo 12,9-15; Marco 3,1-6)

6-6 Avvenne poi, in un altro sabato, che egli entrò nella sinagoga e si mise a insegnare. Ora c'era la un uomo che aveva la mano destra secca. **7**E gli scribi e i farisei lo osservavano se lo guarisse di sabato, per trovare un capo di accusa contro di lui. **8**Ma egli conosceva i loro pensieri e disse all'uomo che aveva la mano arida<<Alzati, e mettiti in mezzo>>. Ed egli alzatosi, vi si pose. **9**E Gesù disse loro: <<Domando a voi: E' lecito in giorno di sabato fare del bene o fare del male, salvare una vita o perderla?>>. **10**E guardandoli tutti intorno, disse all'uomo: <<Stendi la tua mano>>. E lo fece, e la mano gli fu resa sana. **11**Ed essi furono ricolmi di rabbia e discorrevano a vicenda di quel che potrebbero fare a Gesù.

6,6-11. Il racconto ci presenta Gesù che guarisce un uomo dalla mono inaridita, secca, paralizzata. Nessuno è interessato a chiedere la sua guarigione e tanto meno l'uomo stesso. Gesù viene criticato perché ha guarito il giorno di sabato. La differenza con i Farisei sta nel fatto che questi in giorno di sabato non agiscono in base al comandamento dell'amore che è l'essenza della legge. Gesù, dopo aver ordinato all'uomo di porsi al centro dell'assemblea, formula una domanda decisiva: <<è lecito o no guarire in giorno di sabato?>>. Qui non ci sono indecisioni (guarire o distruggere). I Farisei si sentono provocati e questo li fa diventare aggressivi. Ma l'intenzione di Gesù era di guarire il sabato per il bene dell'uomo e di chi è ammalato. Gesù non si preoccupa solamente della guarigione dell'ammalato ma anche a quella dei suoi avversari: guarirli dal loro modo distorto nell'osservare la legge.

Gesù servo eletto. Matteo 12,16-21

12-16 E molti lo seguirono ed egli li guarì tutti, Ma aggiunse loro di non divulgarlo; **17**Perchè si adempisse ciò che era stato detto dal profeta Isaia:

18Ecco il mio servo che ho scelto;

il mio diletto, il quale si compiace

l'anima mia.

Porrò lo Spirito mio sopra di lui,

e annuncerà la giustizia alle genti.

19Non litigherà, né griderà,

né si udrà sulle piazze la sua voce,

20La canna già rotta non spezzerà,

né il lucignolo fumigante spegnerà,

finché abbia fatto trionfare la giustizia,

21e nel suo nome avranno speranza le genti.

12,17 sgg. Nella descrizione e benevolenza in cui si presenta l'azione di Gesù, si ravvisa

l'adempimento della profezia del servo di Iahvé.

La folla al seguito di Gesù. Marco 3,7-12 (Matteo 12,16-17;Luca 6,17-19)

3-7 Gesù si ritirò presso il mare con i suoi discepoli; e lo seguì molta folla dalla Galilea. **8**E dalla giudea e da Gerusalemme e dall'Idumea e dalla Transgiordania e dalle parti di Tiro e Sidone una gran folla, udendo ciò che faceva , venne a lui. **9**Ed egli disse ai discepoli che gli si mettesse a disposizione una barca, a motivo della folla, perché non lo opprimesse. **10**Infatti ne aveva guariti molti, onde quelli che avevano qualche malanno gli si gettavano addosso per toccarlo. **11**E gli spiriti immondi, quando lo vedevano, gli si gettavano innanzi gridando: <<Tu sei il figlio di Dio>>. **12**Ma egli intimava loro duramente di non manifestarlo.

3,3. L'entusiasmo della folla fa contrasto con l'opposizione dei capi del Giudaismo. Ma questo entusiasmo è superfiale e insufficiente. Gesù vieta con fermezza agli apostoli e ai guariti di rivelare la sua natura profonda; con la folla crescente che arriva fin all'attuale Libano e dalla Giordania i primi i problemi derivanti dalla notorietà. Gesù sgrida gli spiriti immondi su cui ha autorità.

I familiari di Gesù. Marco 3,20-21

3-20 E tornò a casa, e si radunò di nuovo la folla, al punto che non potevano neppure prendere cibo. **21**Allora i suoi, saputo questo, partirono a prenderlo; poiché dicevano: <<E' fuori di sé>>.

3 ,21. Altri traducono <<perché dicevano>>, considerando come soggetto i parenti di Gesù.

La scelta dei dodici. Luca 6,12-16 (Matteo 10,1-4; Marco 3,13-21)

6-12 Ed avvenne, in quei giorni, che egli se ne andò sulla montagna a pregare, e passò la notte in orazione a Dio. **13**E quando fu giorno, chiamò a se i suoi discepoli, e ne scelse dodici, ai quali diede il nome Apostoli: **14**Simone, che chiamò anche Pietro, Andrea, suo fratello, Giacomo, Giovanni, Filippo, Bartolomeo, **15**Matteo, Tommaso, Giacomo d'Alfeo, Simone soprannominato Zelota, 16Giuda di Giacomo, e Giuda Iscariota, che divenne il traditore.

6,12-16. Gesù passa la notte in preghiera prima della scelta definitiva dei dodici apostoli. Apostolo significa inviato. Loro sono stati chiamati a svolgere una missione che Gesù ha ricevuta dal Padre. Gran parte dei nomi degli apostoli vengono dall'Antico Testamento: Simeone è il nome di una dei figli di Giacobbe (Genesi 29,33) Giacomo è il nome stesso di Giacobbe (Genesi 25,26) Giuda è il nome dell'altro figlio di Giacobbe (Genesi 35,23). Dei dodici apostoli, sette hanno il nome che viene dal tempo dei patriarchi: Due volte Simeone, due volte Giacomo, due volte Giuda, ed una volta Levi! Mediante i nomi dei patriarchi e delle matriarche, dati ai figli e alle figlie, la gente mantiene viva la tradizione, ed aiuta i propri figli a non perdere l'identità.

Discorso inaugurale le beatitudine. Luca 6,17-26   (Matteo 5,1-12)

6 – 17 E disceso con loro, si fermò in un luogo pianeggiante. C'era gran folla di suoi discepoli e gran moltitudine di gente da tutta la Giudea, da Gerusalemme e dal litorale di Tiro e Sidone, **18**venuti per ascoltarlo ed essere guariti dalle loro malattie; anche quelli che erano afflitti da spiriti impuri, venivano guariti. **19**E tutta la folla cercava di toccarlo, perché usciva da lui una virtù che sanava tutti. **20**Ed egli, alzati gli occhi verso i suoi discepoli, diceva: <<Beati voi poveri, perché vostro è il regno di Dio. **21**Beati voi che ora avete fame, perché sarete saziati. Beati voi che ora piangete perché riderete. **22**Beati voi quando gli uomini vi odieranno, e quando vi metteranno al bando e v'insulteranno e respingeranno il vostro nome come scellerato, a motivo del Figlio dell'uomo: **23**Rallegratevi in quel giorno ed esultate, perché, ecco, il vostro premio è grande nei cieli. Allo stesso modo facevano i loro padri con i profeti! **24**Ma guai a voi, ricchi, perché avete già la vostra consolazione. **25**Guai a voi che ora siete sazi, perché avrete fame. Guai a voi che ora ridete, perché sarete afflitti e piangerete. **26**Guai quando tutti gli uomini dicessero bene di voi. Allo stesso modo facevano i loro padri con i falsi profeti.

6,20-26. Le Beatitudini propongono gli atteggiamenti fondamentali per essere davvero discepoli di Cristo. Gesù comincia il discorso tenuto nei pressi di Cafarnao, che assume atteggiamenti di Maestro seduto. In questo discorso Gesù espone le linee programmatiche del Regno dei cieli in un discorso inaugurale. Gesù nuovo Mosè promulga gli statuti fondamentali della nuova Legge. L'insegnamento viene concentrato sulle disposizioni fondamentali che devono animare i discepoli, le quali si riassumono nella carità sul grande esempio di Dio, ossia l'amore e la donazione illimitata, che vanno oltre il diritto e la ragione, quasi oltre la morale razionale ma in armonia con la realtà misteriosa del Regno di Dio e della elevazione a <<figli di Dio>>. A differenza di Matteo, Luca tralascia tutto ciò che riferisce il Giudaismo, orientando invece il suo esposto in gran parte ai poveri. Questo discorso lo si può dividere in 3 parti: Primo una serie di frasi, beatitudini, (i poveri) cioè umili lontani dalla autosufficienza orgogliosa. La povertà in spirito è una disposizione interiore, non necessariamente legata a una condizione sociale ed economica, è la coscienza del bisogno di Dio e dei suoi doni; quelli che hanno fame, (gli affamate e assetati di giustizia o di perfezione; piangono, cioè le afflizioni e soprattutto le sofferenze per gli ostacoli posti dal mondo all'adempimento della volontà divina di salvezza; perseguitati, la beatitudine delle persecuzioni è una novità del Vangelo; imprecazioni per indicare le condizioni favorevoli o contrarie ad entrare nel Regno di Dio; secondo il corpo del discorso in cui, promulgata la legge fondamentale della carità se ne indicano i diversi modi per dedicarsi all'esercizio spirituale, preghiera e meditazione; terzo la conclusione, in cui si invita alle opere. Si noterà che a differenza di Matteo in cui riferisce 8 beatitudini, quelle riferite da Luca sono 4, esse hanno un tono diretto come hanno un tono diretto le 4 imprecazioni, che vengono adattati ad uno dei temi preferiti, la povertà, e di conseguenza il

Regno di Dio più che come ricompensa viene presentato come un capovolgimento delle ingiuste situazioni terrene. Se però poniamo a capo di quella folla, lo stesso Gesù, il Povero, il Piangendo il Perseguitato, allora si può comprendere anche le Beatitudine.

Legge antica e legge nuova. Matteo 5,17-37

5-17 Non pensate che io sia venuto ad abolire la Legge o i Profeti; non sono venuto per abolire, ma per dare compimento. **18**Vi dico in verità:Finché non siano passati il cielo e la terra, non passerà neppure un iota, neppure un apice della Legge, che tutto non sia realizzato. **19**Chi dunque violerà anche uno solo dei più piccoli di tali precetti, e insegnerà agli uomini a farlo, sarà considerato il più piccolo nel Regno dei cieli. Chi invece li osserverà e li insegnerà agli uomini, sarà considerato grande nel Regno dei cieli. **20**Vi dico che se la vostra giustizia non sarà superiore a quella degli scribi e dei Farisei, non entrerete nel Regno dei cieli. **21**Avete udito che fu detto agli antichi: Non uccidere; e chi uccide sarà sottoposto a giudizio. **22**Ma io vi dico: Chiunque si adira con il fratello sarà sottoposto a giudizio. Chi dice al fratello: <<Raca> sarà sottoposto al sinedrio; chi dice <<Stolto>> sarà sottoposto al fuoco della Geenna. **23**Se dunque stai offrendo il tuo dono all'altare e li ti ricordi che il fratello ha qualche cosa contro di te , **24**lascia il tuo dono davanti all'altare e prima và, riconciliati con il tuo fratello e poi torna ad offrire il tuo dono. **25**Mettiti d'accordo con il tuo avversario mentre sei ancora per la via con lui, perché l'avversario non ti consegni al giudice e il giudice alla guardia e tu venga gettato in prigione; **26**in verità ti dico: non uscirai di la finché non abbia pagato fino all'ultimo denaro! **27**Avete udito che fu detto: Non commetterai adulterio; **28**ma io vi dico: Chiunque guarda una donna desiderandola, ha già commesso adulterio con lei nel suo cuore. **29**Che se il tuo occhio destro ti scandalizza, strappalo e gettalo via da te: è meglio per te che perisca uno dei tuoi membri, anziché tutto il tuo corpo venga gettato nella Geenna. **30**E se la tua mano destra ti scandalizza, troncala e gettala via da te; è meglio per te che perisca uno dei tuoi membri, anziché tutto il tuo corpo vada a finire nella Geenna. **31**Fu detto anche: Chi rimanda la sua donna, le dia l'atto di divorzio; **32**Ma io vi dico: Chiunque rimanda la sua donna, eccetto il caso di fortificazione, la espone all'adulterio e chi sposa una ripudiata commette adulterio. **33**Avete udito che fu detto agli antichi: Non spergiurare, ma adempirai con il Signore i tuoi giuramenti; **34**ma io vi dico: Non giurare mai; né per il cielo perché è il trono di Dio, **35**né per la terra perché è lo sgabello dei suoi piedi; né per Gerusalemme perché è la città del gran Re. **36**Né giurerai per la tua testa,perché non hai il potere di rendere bianco o nero un solo capello. **37**Sia invece il vostro parlare sì, sì, no,no; ciò che è in più viene dal maligno.

5,17. Qui si definisce l'atteggiamento di Gesù di fronte alla Legge e i profeti, cioè a tutto L'A. T. Egli non è venuto per annullare la Legge, emanazione della volontà di Dio, ma neanche per eseguirla materialmente; la porta a compimento, cioè, rivelandone i profondi bisogni, ne completa la crescita dei vari cambiamenti che si vengono a verificare e lo sublime con lo spirito del Vangelo, orientato verso l'amore di Dio e del prossimo. **18.** Neppure un iota: letteralmente <<neppur un iod, neppure un apice>>: il iod era la più piccola lettera dell'alfabeto ebraico corrispondente alla nostra i; gli apici erano piccoli tratti servivano a distinguere una lettera dall'altra. L'espressione esprime in maniera immaginosa la permanenza della Legge, anche se deve intendersi come quella del germe nel fiore e nel frutto. Il compimento della Legge è anche il suo perfezionamento e la sua osservanza con spirito nuovo. **21.** Il comandamento citato si trova in Esodo 20,13; la legge non educa soltanto gli atti esteriori, ma educano l'intimo dell'uomo. **22.** L'aramaico racà significa <<testa vuota>>, <<idiota>>. Stupido o pazzo, è da intendersi in senso religioso di empio. La Geenna, dall'ebraico ghe- Hinnom= valle di Hinnom, era una località a sud di Gerusalemme, malfamata per le pratiche idolatriche che vi si compivano un tempo. All'epoca di Gesù serviva come scarico di immondizie; il fuoco e il fumo che vi si trovavano in permanenza ne avevano fatto un posto che popolarmente era considerato simile all'inferno. **27.** La Legge proibiva già il semplice desiderio cattivo, ma in pratica per i rabbini solo l'atto materiale costituiva un vero peccato. **29-30.** Gesù afferma la necessità di tenere lontano ogni occasione di peccato. **31-32.** La Legge tollerava il divorzio, solo dietro consegna dell'atto legale del divorzio (Deuteronomio 24,1-4). Il concubinato comprendeva le unioni illecite proibita dalla Legge. Gesù abolisce questa tolleranza che Mosè aveva dato, proclamando il matrimonio indissolubile. Tuttavia secondo molte chiese protestanti e orientali, separate da Roma, la clausola eccetto il caso di fornicazione viene interpretata come una permissione del divorzio in tale caso.; la tradizione cristiana antica e la Chiesa cattolica escludono invece categoricamente questa possibilità, interpretando per lo più la clausola nel senso di una semplice separazione senza matrimonio successivo. Una recente interpretazione cattolica vede nel termine fornicazione l'equivalente dell'ebraico zenut, per indicare un matrimonio invalido perché contrario alla Legge, che equivale al nostro <<concubinato>>, <<unione illegittima>>; in tal caso non solo la separazione sarebbe permessa, ma doverosa. **33-36.** Le prescrizioni riguardanti i giuramenti sono contenute in Esodo 20,7; per le espressioni di Gesù cfr. Isaia 63,1; **37.** Per quanto riguardo il giurare, nelle circostanze ordinarie basti un linguaggio ordinario; in circostanze eccezionali è lecito il giuramento come appellarsi a Dio – Verità.

La legge della carità. Luca 6,27-38 (Matteo 5,38-48; 6,14-18)

Ma a voi che ascoltate, io dico: Amate i vostri nemici, fate del bene a quelli che vi odiano, **28**benedite quelli che vi maledicono, pregate per quelli che vi insultano. **29**A chi ti percuote sulla guancia, porgi anche l'altra; ed a chi ti leva il mantello, concedi anche la tunica. **30**Dona a chiunque ti chiede; e da chi prende del tuo, non esigere restituzione. **31**E come volete che facciano a voi gli uomini, fate anche voi a loro. **32**Che se amate quelli che vi amano, quale grazia ne avrete? Anche i peccatori amano quelli che li amano. **33**E se beneficate soltanto quelli che vi fanno del bene, quale grazia ne avrete? Anche i peccatori fanno lo stesso. **34**E se prestate a quelli dai quali sperate ricevere, quale grazia ne avrete? Anche i peccatori concedono prestiti ai peccatori, per riceverne altrettanto.**35**Ma voi amate i vostri nemici, fate del bene e prestate senza sperarne nulla, e il vostro premio sarà grande e sarete figli dell'Altissimo; perché egli è benevole verso gl'ingrati e i malvagi. **36**Siate misericordiosi, come il Padre vostro è misericordioso. **37**Non giudicati e non sarete giudicati; non condannate e non sarete condannati; perdonate e vi sarà perdonato; **38**date e vi sarà dato; una misura buona, pigiata, ricolma e traboccante vi sarà versata in grembo, perché con la misura con la quale misurerete sarà misurato a voi>>.

6,31. E' la famosa <<regola d'oro>>. Mentre la maggior parte dei scrittori pagani esaltano i loro eroi che rifiutano di cambiare il male con il con il male per magnanimità o per prudenza, Gesù domanda ai suoi discepoli di cambiare la propria condotta verso gli altri in funzione di un amore sincero e generoso, come quello che nutrono verso se stessi. **35.** Il segreto della condotta dei discepoli sta nella loro elevazione a figli di Dio. Se dunque Dio è generoso e perdona, i figli, rassomiglino al Padre, saranno a loro volta generosi della propria persona e dei loro averi. **37.** Non giudicate gli altri, per non venire giudicati severamente da Dio. **38.** Sulla famosa legge del taglione cfr. Esodo 21,23-25; Gesù controverte questa legge, e la sua norma fu assunta dallo scrittore Tolstoi come emblema del pacifismo. In realtà le espressioni insolite e comportamentale di cui parla Gesù, non esprimono il principio della non resistenza al male, ma solo escludono lo spirito della vendetta personale e il rendere male per male.

Precetti vari. Luca 6,39-42 (Matteo 7,3-5)

6-39 E disse loro anche una parabola: <<Può forse un cieco far da guida a un cieco? Non andranno a finire tutti e due in un fosso? **40**Un discepolo non è da più del suo maestro; ma tutti quelli che giungono alla perfezione saranno come il loro maestro! **41**E perché guardi la pagliuzza che è nell'occhio del tuo fratello, e non t'accorgi della trave che è nel tuo occhio? **42**Come puoi dire al tuo fratello: Fratello, permetti che tolga la pagliuzza che è nel tuo occhio, mentre non guardi la trave che è nel tuo

occhio? Ipocrita, togli prima la trave dal tuo occhio, e allora potrai vedere bene per togliere la pagliuzza dell'occhio del tuo fratello.

6,36-42. Gesù prepara i discepoli a diventare Maestri, e saranno mandati come guide. Per aiutare gli altri a camminare sulla via della verità dovranno conoscerla e guidarla con occhi liberi da ogni pregiudizio. Solo così potranno essere ben preparati ad essere simili al Maestro. Diversamente il loro sarà un servizio ma un inganno: perché chi si rivolgerà a loro non troverà una guida sicura, ma li farà precipitare nell'orrore. L'ammonizione è rivolta in modo scoperto da Gesù, ai maestri d'Israele che non vogliono vedere, accettare i miracoli e le parole sulla sua persona. Sanno vedere le pagliuzze, tutte le sfumature della Legge, non riescono a riconoscere una trave, un pregiudizio consistente, che impedisce loro di vedere e giudicare, di cogliere il tempo di essere visitati da Dio

Altri Precetti Matteo 7,1-2

7-1. Non giudicate per non essere giudicati; **2**perchè col giudizio col quale giudicate sarete giudicati e con la misura con la quale misurerete sarete misurati.

7,1g. Gesù mette in guardia da alcuni pericolosi comportamenti. Il primo è quello di giudicare è un vera e propria proibizione che vieta ogni valutazione di disprezzo o di condanna agli altri. Il giudizio ultimo è una competenza esclusiva di Dio.

L'albero e il frutto. Matteo 12,33-37; Marco 7,17-20 (Luca 6, 43-45)

12-33 Prendete un albero buono, e il suo frutto sarà buono; prendete un albero cattivo, e il suo frutto sarà cattivo; dal frutto infatti si conosce l'albero. **34**Razza di vipere, come potete dire cose buone mentre siete cattivi? Poiché la bocca dice ciò che trabocca dal cuore. **35**L'uomo buono dal suo buon tesoro trae cose buone, l'uomo cattivo dal suo cattivo tesoro trae cose cattive. Ed io vi dico: **36**Di ogni parola che vi sarà detta senza fondamento, si renderà conto nel giorno del giudizio; **37**Poiché in base alla tue parole sarai giustificato e in base alle tue parole sarai condannato. **12 36.** Senza fondamento, e quindi calunniosa, traduzione migliore di <<oziosa, inutile>>, adottata comunemente.

Non profanare le cose sante. Matteo 7,6

7-6 Non date le cose sante ai cani e non gettate le vostre perle davanti ai porci, perché non le calpestino con le zampe e poi si voltino a dilaniarvi.

7,6. Gesù invita a usare prudenza e discernimento. Le cose sante possono essere le carni offerte in sacrificio, che non si devono profanare., cfr. Esodo 22,30. Qualche studioso pensa che l'espressione derivi dal fraintendimento dell'originale aramaico, in cui due simili designavano le <<cose sante>> e << i gioielli>>. Se cosi fosse, vi sarebbe un perfetto rapporto di logica. La dottrina dei Dodici Apostoli (anteriore al 150 dopo Cristo) applica già queste parole all'Eucarestia; esse contribuiscono pure alla formazione della cosiddetta <<Disciplina del mistero>>, in vigore nel 3° secolo dopo Cristo.

I falsi profeti. Matteo 7,15-20

7-15 Guardatevi dai falsi profeti che vengono a voi in veste di pecore, ma dentro sono lupi rapaci. **16**Dai loro frutti li potete riconoscere. Forseché dalle spine si raccolgono uve, o fichi dai rovi? **17**Ogni albero buono produce frutti buoni; e l'albero cattivo produce frutti cattivi; **18**non può un albero buono produrre frutti cattivi, né un albero cattivo produrre frutti buoni. **19**Ogni albero che non produce frutti buoni viene tagliato e gettato ne fuoco. **20**Dai loro frutti quindi li potrete riconoscere.

7,16. Discernere i veri dai falsi profeti è una preoccupazione antica nella tradizione d'Israele; caratteristica di Gesù è invece l'antitesi pecora – lupo. L'ammonimento serve a mettere in guardia dai Farisei anche se non sono nominati.

I veri discepoli. Necessità delle opere. Matteo 7,21-27 (Luca 6,46-49)

7-21 Non chiunque mi dice: <<Signore, Signore>> entrerà nel regno dei cieli. **22**Molti mi diranno in quel giorno: Signore, Signore, non abbiamo noi profetato nel tuo nome e cacciato demoni nel tuo nome e compiuti molti prodigi nel tuo nome? **23**Ma allora io dichiarerò a loro : << Non vi ho mai conosciuto; allontanatevi da me, voi che commettete l'iniquità>>. **24**Perciò chiunque ascolta queste mie parole e le mette in pratica sarà simile ad un uomo saggio che ha costruito la sua casa sopra la pietra. **25**E cadde la pioggia e vennero i fiumi e soffiarono i venti e si abbatterono su quella casa, e non cadde, perché era fondata sopra la pietra. **26**E chiunque ascolta queste mie parole e non le mette in pratica sarà simile a un uomo stolto che ha costruito la sua casa sopra la sabbia. **27**E cadde la pioggia e vennero i fiumi e soffiarono i venti e si abbatterono su quella casa, cadde e la sua rovina fu grande.

7,22. Il giorno è quello del giudizio finale.

La fede del centurione. Luca 7,1-10 (Matteo 8,5-10.13)

7-1 Come ebbe terminato di rivolgere tutte queste parole al popolo in ascolto, andò a Cafarnao. **2**Ora un servo di un centurione era ammalato e stava per morire. Il centurione l'aveva molto caro, **3**ed avendo udito di Gesù, gli mandò alcuni Anziani dei Giudei a chiedergli di venire a salvare il suo servo. **4**E quelli, giunti da Gesù, lo pregavano con insistenza dicendo: <<Egli merita che gli conceda questo, **5**perchè ama il nostro popolo, ed è stato lui a farci costruire la sinagoga>>. **6**E Gesù si avviò con loro. Quando ormai non era più molto distante dalla casa, il centurione mandò degli amici a dirgli: <<Signore, non disturbarti così, perché io non sono degno che tu entri sotto il mio tetto; **7**per questo non mi sono neppure ritenuto degno di venire da te, ma comanda con una parola, e sia guarito il mio servo! **8**Anch'io infatti sono un uomo sottomesso a un'autorità, ed ho sotto di me dei soldati; e dico all'uno " Và " ed egli va, ed a un altro: " vieni ", viene e il mio servo: " fa questo ", e lo fa>>. **9**All'udire questo, Gesù restò ammirato di lui, e rivolgendosi alla folla che lo seguiva disse: Vi dichiaro che neanche in Israele ho trovato una fede così grande! **10**E quando tornarono a casa , gli inviati trovarono il servo guarito.

7,2. Il centurione poteva comandare qualche distaccamento di soldati romani o essere al servizio di Erode Antipa. Si noti in questo episodio la presenza di funzionari romani favorevoli al Vangelo (cfr. Atti 10,1 sg.); in questo caso si evidenzia di sottolineare la fede come disposizione essenziale ed unica per la salvezza, al di là dei privilegi nazionali.

Risurrezione del figlio della vedova di Nain. Luca7,11-17

7-11 Ed avvenne che egli si avviò verso una città chiamata Nain, e andavano con lui i discepoli e una gran folla. **12**E quando fu vicino alla porta della città, ecco che veniva trasportato, morto, il figlio unico di una madre, e questa era vedova; e molta gente della città era con lei. **13**E, vedutala, il Signore si commosse per lei, e le disse: <<Non

piangere più!>>. **14**E accostatosi toccò la bara, e i portatori si fermarono; e disse: <<Giovinetto, a te lo dico, alzati!>>. **15**E il morto si pose a sedere, e cominciò a parlare. E lo diede alla madre. **16**E tutti furono presi da timore, e glorificavano Dio dicendo: <<Un grande profeta è sorto tra di noi, e Dio ha visitato il suo popolo>>. **17**E questa fame di lui si diffuse in tutta la Giudea e per tutta la regione circostante.

7,11 sgg. Nain è ancora oggi un piccolo borgo a sud est di Nazareth, a qualche ora di cammino da Cafarnao. Il racconto di una semplicità pacata e sublime, prepara la risposta che verrà data ai messi di Giovanni (7,22). **13.** Appare qui per la prima volta, nel corso della narrazione evangelica, il titolo riverenziale di Signore dato a Gesù, che veniva dato solo a Dio. Alle porte di Nain si incontrano due cortei. Il corteo di Gesù con i suoi discepoli che dona la vita, e il corteo della morte del figlio della vedova. La folla che accompagnava questa vedova poteva in parte consolarla, ma non poteva eliminare il dolore che portava dentro di se. Gesù sente una compassione che ha la potenza che lo spinge senza richiesta, a risolvere il problema di quella vedova. La sua Parola che aveva creato dal nulla tutte le cose, risuscita la vita dalla morte. Vincendo la morte.

Gli inviati di Giovanni Battista. Luca 7,18-23 (Matteo 11,1-6)

7-1-8 E i discepoli di Giovanni lo informarono di tutte queste cose. **19**E chiamò due dei suoi discepoli e li mandò dal Signore a dirgli: <<Sei tu quello che deve venire o è un altro che dobbiamo aspettare?>>. **20**E venuti da lui, quegli uomini gli dissero: <<Giovanni il battezzatore ci ha mandati da te a dirti: Sei tu quello che deve venire, ho è un'altro che dobbiamo aspettare?>>. **21**In quella stessa ora, guarì molti da malattie, da infermità e da spiriti cattivi e donò la vista a molti ciechi. **22**Poi, rispondendo, disse loro: <<Andate a riferire a Giovanni ciò che avete veduto e udito: i ciechi riacquistano la vista, zoppi camminano, lebbrosi vengono mondati, sordi odono, morti risuscitano, poveri ricevono la buona novella. **23**E beato colui per il quale io non sarò di inciampo!>>.

7,19. Anche dal carcere di Macheronte Giovanni Battista continuava a esercitare la sua attività. Pur non dubitando della natura messianica di Gesù, egli poteva rimanere perplesso di fronte alla sua manifestazione, apparentemente così diversa da quella profetata (Luca 10,12). L'ambasciata ha lo scopo di provocare una chiarificazione, anche per i discepoli che sarebbero presti stati privi del loro profeta. Nella sua risposta Gesù si appella allusivamente, ma chiaramente, ad alcuni testi messianici del profeta Isaia 35,5 seg. ; 26,19, 29,18seg. ; 61,1: le sue opere inaugurano l'era messianica.

Elogio di Gesù per Giovanni Battista. Luca 7,24-30   (Matteo 11,7-15)

7,2-4 E partiti gli inviati di Giovanni, cominciò a dire alla folla riguardo a Giovanni: <<Che cosa siete andati a vedere nel ne deserto? Una canna squassata dal vento? **25**Dite, che cosa siete andati a vedere? Un uomo avvolto in morbide vesti? Ecco, quelli che portano vesti sontuose e vivono in mollezze stanno nei palazzi del re! **26**Ma che cosa siete andati a vedere? Un profeta? Si, vi dico, e più che un profeta. **27**Egli è colui del quale fu scritto: Ecco che io mando il mio messaggero davanti a te, egli preparerà la strada davanti a te. **28**Vi dico infatti che tra i nati di donna non c'è nessuno più grande di Giovanni; però il più piccolo del Regno di Dio è più grande di lui. **29**E tutto il popolo che lo ha ascoltato, anche i pubblicani, hanno dato ragione a Dio ricevendo il battesimo di Giovanni. **30**Ma i Farisei ed i dottori della Legge hanno frustrato il disegno di Dio verso di loro, non facendosi battezzare da lui.

7,28. Tessendo l'elogio di Giovanni, Gesù usa i testi del profeta Malachia 3,1; e 3,23; preannunzianti l'evento di un messaggero precursore, e di Elia stesso a preparare l'età del Messia. Per la sua vicinanza spirituale al Regno dei cieli, egli è dunque il più grande dell'A.T. ; ma rimanendo al di fuori del Regno, il più piccolo membro appartiene ad un ordine superiore ad esso.

Giudizio di Gesù sui contemporanei. Luca 7,31-35 (Matteo11,16-19)

7-31 A chi dunque paragonerò gli uomini di questa generazione, a chi rassomigliano? **32**Rassomigliano a quei bambini seduti sulla piazza, che altercano gli uni con gli altri e dicono: Vi abbiamo suonati il flauto e non avete ballato: abbiamo intonato il lamento, e non avete pianto! **33**E' venuto infatti Giovanni il battezzatore che non mangia pane e non beva vino, e voi dite: E' indemoniato! **34**E' venuto il figlio dell'uomo che mangia e beve, e voi dite: ecco un mangione e un beone, amico dei pubblicani e dei peccatori! **35**Ma alla sapienza è stata data ragione da tutti i suoi figli>>.

7,32. Come ragazzi capricciosi ai quali non va genio né il gioco dello sposo né quello della sepoltura, i contemporanei di Gesù (nei quali sono da ravvisarsi soprattutto gli scribi e i Farisei) si sono opposti sia al modo di vivere di Giovanni cibandosi di miele e locuste, che alla condiscendenza di Gesù; ma nonostante ciò, la sapienza divina produrrà i suoi effetti e sarà glorificata dalle sue opere **35.** La sapienza è Dio, al quale hanno dato ascolto e ragione tutti quelli che sono dalla sua parte (i suoi figli) accettando il messaggio del Battista

Decapitazione di Giovanni Battista. Marco 6,21-29 (Matteo 14,6-12)

6-21 Ma venne un giorno propizio, quando Erode, per il so genetliaco, fece un convito per magnati della sua corte, gli ufficiali e i notabili della Galilea; **22**ed essendo entrata la figlia della stessa Erodiade, danzò e piacque a Erode e ai commensali. Allora il re disse alla giovinetta: <<Chiedimi quello che vuoi e te la darò>>. **23**E le fece questo giuramento: <<Qualsiasi mi chieda, te la darò, fin la metà del mio regno>>. **24**La fanciulla uscì e disse alla madre: <<Che devo chiedere?>>. Quella rispose: <<La testa di Giovanni Battista>>. **25**Ed entrata subito di corsa dal re fece la richiesta, dicendo: <<Voglio che subito tu mi dia in un piatto la testa di Giovanni Battista>>. **26**E il re, anche se afflittissimo, a motivo del giuramento e dei presenti non volle opporle un rifiuto. **27**E subito il re, mandato una guardia, ordinò che ne fosse portata la testa. **28**E quella andò e lo decapitò in prigione, e ne portò la testa su un piatto, e la diede alla fanciulla, e la fanciulla la diede a sua madre. **29**E suoi discepoli, saputo la cosa, vennero, e ne presero il cadavere e lo posero in un sepolcro.

6,21. Erode diede una festa per il suo (genetliaco = compleanno). **28.** Secondo lo studioso Giuseppe Flavio, il luogo della prigione e della morte del Battista fu la fortezza di Macheronte costruita da Erode il grande sulla montagna di Moab.

Il Fariseo e la peccatrice. Luca 7,36-50

7-36 Uno dei Farisei lo pregò di venire a pranzo da lui; ed entrato nella casa del fariseo si pose a mensa. **37**Ed ecco una donna, una peccatrice di quella città, venuta a sapere che si trovava nella casa di quel fariseo, venne portando con sé un alabastro di unguento; **38**e fermatosi dietro, vicino ai piedi di lui, cominciò a piangendo a bagnarli di lacrime, poi li asciugava con i capelli del capo, e li baciava e li cospargeva con l'unguento. **39**A tal vista, il fariseo che l'aveva invitato disse tra sé : <<Se costui fosse un profeta, saprebbe chi e quale sia la donna che lo tocca: è una peccatrice!>>. **40**E Gesù gli rispose dicendo: <<Simone, ho una sola cosa da dirti>>. Ed egli: <<Maestro, di pure!>>. **41**<<Un creditore, disse, aveva due debitori: l'uno gli doveva cinquecento danari, l'altro cinquanta. **42**Non avendo essi da restituire, condonò il debito a tutti e due. Chi dunque di loro lo amerà di più?>>. **43**Simone rispose: <<Suppongo sia colui al quale ha condonato di più>>. Ed egli disse: Hai giudicato bene!>>. **44** E volgendosi verso la donna, disse a Simone: <<Vedi questa donna? Sono entrato nella tua casa, e tu non mi dato dell'acqua per i piedi; ma essa con le lacrime mi ha bagnato i piedi e coi suoi capelli me li ha asciugati; **45**tu non mi hai dato un bacio, ma essa da quando sono entrato non ha cessato di baciarmi i piedi. **46**Non mi hai cosparso il capo di olio, ma essa mi ha cosparso di unguento i piedi. **47**Per questo ti dico: le sono perdonati i suoi molti peccati, poiché ha amato molto, Quegli invece a cui si perdona poco, ama poco. **48**E disse a lei: <<Ti sono perdonati i tuoi peccati>>. **49**Allora i commensali incominciarono a dire tra sé: <<Chi è costui che perdona anche i peccati?>>. **50**Ed egli disse alla donna: <<La tua fede ti ha salvato; và in pace!>>.

7,37. Quest'anonima peccatrice, non si deve confondere con Maria sorella di Lazzaro, che compì un gesto analogo verso Gesù. E tanto meno con Maria di Magdala. **39.** L'insegnamento rabbinico stabiliva anche la distanza da tenere davanti a una cortigiana: 4 cubiti cioè circa due metri. **44.** L'acqua, il profumo, il bacio facevano parte dei documenti trascritti che trattava l'ospitalità verso persone illustre e gradite. **47.** l'interpretazione del poiché ha amato molto, si vede nel <<molto amare>> un segno e una conseguenza della remissione di molti peccati e il perdono da parte di Cristo.

Le donne al seguito di Gesù. Luca 8,1- 3

8-1 E andavano poi per le città e i villaggi, predicando e annunziando la buona novella del Regno di Dio. **2**C'erano con lui i Dodici, e alcune donne che erano state guarite da spiriti cattivi e da infermità; Maria, detta Maddalena, dal quale erano usciti sette demoni, **3**Giovanna, moglie di Cuza, amministratore di Erode, Susanna e molte altre, che lo assistevano con i loro beni.

8,2. Maria maddalena, così chiamata da Magdala, piccolo villaggio sulla riva occidentale del lago di Tiberiade. I sette demoni, da cui era stata posseduta, indicano nel linguaggio evangelico, che si trattava di un violenta ossessione diabolica, con manifestazioni sconcertanti per una donna. A differenza dei Dodici, queste donne sembrano appartenere al ceto medio della società.

PARABOLE DEL REGNO. Parabola del seminatore. Marco 4,1-9

(Matteo 13,1-9; Luca 8,4-8)

4-1 E di nuovo prese a insegnare lungo il mare. E si radunò attorno a lui una folla grandissima, ond'egli, salito in barca, vi sedeva stando in mare, mentre la folla era a terra lungo il mare. **2**E insegnava loro molte cose, in parabole, e diceva loro nel suo insegnamento: <<**3**Ascoltate, Ecco, il seminatore uscì a seminare. **4**E avvenne che, nel seminare, una parte cadde lungo la strada, e vennero gli uccelli e la divorarono. **5**Un'altra cadde nel luogo delle pietre, dove non c'era molta terra, e subito spuntò perché non c'era un terreno molto profondo; **6** ma quando sorse il sole bruciò e, non avendo radici, inaridì. **7**Un'altra cadde tra le spine, e le spine crebbero e la soffocarono, e non diede frutto. **8**Un'altra cadde sulla terra buona, e diede frutto che venne su, e crebbe, e produsse nella misura del trenta, del sessanta per cento>>. **9**E diceva: <<Chi ha orecchie da intendere intenda!>>.

4,3. Per dare un'idea di questo tipo d'insegnamento di Gesù circa il Regno dei cieli e il suo mistero, che viene svelato sotto vari aspetti. Prendendo spunto da un evento della natura o da un evento umano, Gesù ne fa un'immagine di una verità religiosa o un esigenza morale. L'immagine desta l'attenzione dell'ascoltatore, e lo sottopone a una riflessione sull'insegnamento permettendone l'intelligenza, e s'imprime facilmente nella memoria. In ogni parabola Gesù deve saper distinguere chiaramente l'immagine del contenuto (morale o dottrinale) seguendo attentamente il rapporto tra l'uno e l'altro. Per quanto riguarda le parabole solo una parte riceve una spiegazione dettagliata da Gesù; per le altre esistono soltanto brevi accenni o anche l'interpretazione viene lasciata completamente agli ascoltatori. Notiamo che il genere parabolico non è ignoto all'A.T. e alla letteratura classica, ha raggiunto nei Vangeli l'apice insuperato.

Lo scopo della parabola. Matteo 13,24-30 (Marco 4,10-12; Luca 8,9-10)

13-10 Gli si avvicinarono i discepoli e gli dissero: perché con loro parli in parabole? **11**Ed egli rispose loro: Perché ha voi è dato conoscere i misteri del Regno dei Cieli, agli altri non è dato. **12**Così ha chi ha sarà dato e sarà nell'abbondanza; e ha chi non ha sarà tolto anche quello che ha. **13**Per questo parlo in parabole a loro: perché vedendo non vedono, e udendo non odano e non comprendono. **14**Così si adempie per loro la profezia di Isaia che dice:

Udrete ma non comprenderete,

e guarderete ma non vedrete.

15Perchè il cuore di questo popolo

si è fatto insensibile,

e si sono turate le orecchie,

ed hanno chiuso gli occhi,

per non dover vedere con gli occhi,

e non dover sentire con le orecchie,

e non intendere con il cuore e

convertirsi,

perché io lo risani.

16Beati invece i vostri occhi che vedono, e le vostre orecchie perché ascoltano. **17**In verità vi dico: Molti profeti e giusti hanno desiderato vedere quello che voi vedete e ascoltare quello che voi ascoltate, e non l'udirono.

13,10. Perché Gesù abbia adottato l'insegnamento in parabole, dopo la forma semplice e aperta degli inizi, è un problema non facile da risolversi in base alle testimonianze che si posseggono. La soluzione migliore, sulla base delle tracce lasciate dagli evangelisti, sembra rilevare in Gesù la volontà di non romperla prematuramente con il Giudaismo ufficiale, ormai dichiaratamente ostile alla sua persona e alla sua dottrina. Il linguaggio velato delle parole gli permetteva di continuare ancora l'insegnamento in pubblico, ed offriva la possibilità, a chi era mosso da chiara intenzione, di comprendere adeguatamente i segreti del Regno; per gli altri valeva l'espressione: udendo non odono, Isaia 6,9-10. Per questo gli storici del N.T. amano parlare di una svolta nel ministero pubblico di Gesù; a una fase di insegnamento pubblico e aperto sembra aver fatto seguito un periodo di concentrazione sul gruppo dei discepoli.

Spiegazione della parabola. Luca 8,11-15 (Matteo 13,18-23; Marco 4,13-10)

8-11 Il senso della parabole è questo: Il seme è la parola di Dio. **12**Quelli lungo la strada, sono coloro prestano ascolto, ma poi viene il diavolo e porta via la parola dai loro cuori, perché non abbiano a credere e a salvarsi. **13**Quelli sulla pietra, sono coloro che, quando ascoltano, accolgono con gioia la parola, ma non hanno radice, e al momento prestano fede, ma nell'ora della tentazione se ne allontanano. **14**Quello che è caduto in mezzo alle spine, sono coloro che prestano ascolto, ma poi, andandosene, si lasciano soffocare dalle preoccupazioni, dalle ricchezze e dai piaceri della vita, e non giungono a maturazione. **15**Quello invece sulla terra buona, sono coloro che dopo aver ascoltato conservano le parole con cuore buono e perfetto e portano frutto con perseveranza.

8 ,11. I dodici e gli umili potevano avere da Gesù l'esatta interpretazione delle parabole.

Parabola del grano e della Zizzania. Matteo 13,24-30

13-24 Espose loro un'altra parabola dicendo: Il regno dei cieli è simile a un uomo che ha seminato del buon seme nel suo campo. **25**Ma mentre gli uomini dormivano venne il suo nemico, seminò della zizzania in mezzo al grano e se ne andò. **26** e quando la messe fiorì e prese a granire, allora apparve la zizzania. **27**Si fecero avanti i servi del padrone e gli dissero: Signore, non hai seminato del seme buono nel tuo campo? Di dove viene dunque la zizzania? **28**Ed egli rispose loro: Un nemico ha fatto questo; e i servi gli dicono: Vuoi dunque che andiamo a raccoglierla? **29**Ma egli rispose: No, perché non avvenga che, raccogliendo la zizzania, sradicate con essa anche il grano. **30**Lasciate che crescano insieme l'una e l'altro fino alla mietitura; e al momento della mietitura dirò ai mietitori: Raccogliete prima la zizzania e legatela in fasci per bruciarla, e il grano buono riponetelo nel mio granaio.

13,24-30. Gesù non soleva spiegare le parabole. Ne lasciava aperto il senso, non lo rendeva noto. Segno che credeva nella capacità della gente di scoprirne il significato, partendo dalla sua esperienza di vita. Ogni tanto a richiesta dei discepoli spiegava il senso.

Spiegazione della parabola della zizzania. Matteo 13,36-43

13-36 Poi lasciò la folla ed entrò in casa, e i discepoli gli si accostarono dicendo: Spiega a noi la parabola del della zizzania e del campo! **37**Ed egli rispose dicendo: Colui che semina il buon seme è il Figlio dell'uomo. **38**Il campo è il mondo. Il seme buono sono i figli del Regno; la zizzania sono i figli del Maligno, **39**e il nemico che l'ha seminato è il diavolo. La mietitura è la fine del modo, e mietitori sono gli angeli. **40**Come dunque si raccoglie la zizzania e la si brucia nel fuoco, cosi avverrà alla fine del mondo. **41**Il Figlio dell'uomo manderà i suoi angeli, i quali raccoglieranno dal suo Regno tutti gli scandali e tutti gli operatori di iniquità, **42**e li getteranno nella fornace accesa: la sarà pianto e stridore di denti. **43**Allora i giusti splenderanno come sole nel Regno del loro Padre. Chi ha orecchie intenda!

13,43. Il Regno di Cristo Figlio cederà il posto al Regno del Padre, al quale il Figlio consegnerà l'umanità redenta.

Parabola della semina e della mietitura. Marco 4,26-29

4-26 E diceva: <<Il Regno di Dio è come un uomo che getta il seme nella terra, **27**e dorme e si desta notte e giorno, mentre il seme germoglia e cresce in un modo che vegli stesso ignora. **28**Poiché la terra produce da se stessa, prima lo stelo, poi la spiga, poi il chicco pieno nella spiga. **29**E quando il frutto lo permette, subito si mette la falce perché è venuta la mietitura>>.

4,26 sg. Sul significato preciso di questa breve parabola, le opinioni dei critici sono discordi. L'interpretazione migliore sembra quella che vi ravvisa la forza vitale misteriosa con cui cresce il Regno di Dio, una forza segreta alla quale gli uomini sono estranei, grazie alla quale giungerà al suo sviluppo completo. La mietitura è citazione da Gioele 4,13. Cioè il regno di dio ha in sé la forza per crescere e dar frutto; progredisce lentamente, ma nessuna forza può arrestare la forza di Dio.

Il tesoro, la perla, la rete. Matteo 13,44-52

13-44 Il Regno dei cieli è simile a un tesoro nascosto in un campo che un uomo trova e nasconde; poi va, pieno di gioia, e vende tutto il suo avere e compra quel campo. **45**Il Regno dei cieli è ancora simile ad un mercante che cerca perle preziose; **46**trovata una perla di grande valore, va, vende tutto il suo avere e la compra. **47**Il regno dei cieli è ancora simile a una rete gettata nel mare che raccoglie ogni genere di pesci; **48**e quando è piena, la si tira alla spiaggia, ci si vede e si fa la raccolta dei buoni in ceste, e i cattivi si gettano via. **49**Così sarà alla fine del mondo. Verranno gli angeli e separeranno i cattivi di mezzo ai buoni, **50**e li getteranno nella fornace accesa: la sarà pianto e stridore di denti. **51**<<Avete capito tutto questo?>>. Gli risposero: <<Si>>. **52**Ed egli disse loro: <<Per questo ogni scriba divenuto discepolo

del Regno dei cieli è simile ad un padrone di casa che tira fuori dal suo tesoro cose nuove e cose antiche>>.

13,44. Il comportamento singolare di questo scopritore di un <<tesoro>> si spiega facilmente nell'ipotesi del diritto orientale antico, che a differenza da quello classico romano, considerava il tesoro trovato come parte integrante del fondo, che non può essere ceduto ne venduto per legge o per diritto naturale. Il tesoro nascosto è la gratuità della scoperta del Regno, perché lo si trova per caso, lavorando nel campo o passeggiando. **45.** Invece la perla preziosa è un'impresa di una ricerca impegnativa che il Signore benedice. **47.** La rete non è altro che la Chiesa che accoglie tutti, buoni e cattivi senza discriminazioni, provando ad aiutare tutti. Viene però il momento della resa dei conti, in cui chi si ostina nel male viene messo da parte e abbandonato all'inferno. E' il Giudizio Universale che giudicherà sull'amore e sulla misericordia. **52.** Questo detto, alquanto oscuro per noi, sembra voler indicare che la sapienza del Regno dei cieli non distrugge quella dell'A.T. ma la accetta e la perfezione.

Parabola della lampada. Luca 8,16-18 (Matteo 5,14-16; Marco 4,21-23)

8-16 Nessuno accende la lampada e la copre con un vaso o la pone sotto il letto, bensì la colloca su un candelabro affinché quelli che entrano vedano la luce. **17**Poiché non c'è nulla di nascosto che non debba manifestarsi, né di segreto che debba essere conosciuto e venire alla luce. **18**State dunque attenti a come ascoltate; perché a chi ha sarà dato, ma a chi non ha sarà tolto anche quello che pensa di avere.

8,16-18. Questa frase di Gesù è una breve parabola. Gesù non spiega, perché tutti sanno di cosa si tratta., perché apparteneva ala vita di tutti i giorni. La parola di Dio è una lampada è una lampada che bisogna accendere nell'oscurità della notte. Se rimane chiusa e non viene divulgata è come la lampada sotto il vaso. Ma quando è portata alla comunità è comunicata alla vita. Ciò che è nascosto si manifesterà e viene in piena luce. Questa seconda frase di Gesù si riferisce anche agli insegnamenti dati da Gesù e in particolare ai discepoli. I quali non possono tenerli per loro, ma devono divulgarli, perché fanno parte della buona notizia portata da Gesù.

Parabola della misura. Marco 4,24-25

4-24 E diceva loro: <<Fate attenzione a quello che udite: Con la stessa misura con la quale misurerete, sarete misurati voi; ma voi che ascoltate sarà dato di più. **25**Poichè a chi ha sarà dato, e a chi non ha sarà tolto anche quello che ha>>.

4-24. Nel discorso della montagna, come ammonimento di giudicare gli altri senza carità; il significato di questo detto può essere questo: Alla misura dell'attenzione e dello zelo con cui voi accogliete la Parola, corrisponderà l'aumento delle altre donazioni spirituali, che vi sarà dato da Dio in sovrappiù.

Parabola degli operai della vigna. Matteo 20,1-16

20-1 Poiché il regno dei cieli è simile ad un padrone di casa che uscì all'alba per assoldare operai per la sua vigna. **2**E convenuto con i medesimi per un denaro al giorno, li mandò nella sua vigna. **3**Ed uscito verso l'ora terza, vide altri che stavano sulla piazza disoccupati **4** e disse loro: Andate anche voi nella mia vigna, e quello che sarà giusto ve lo darò. Ed essi andarono. **5**Uscì di nuovo verso l'ora sesta e nona, e fece altrettanto. **6**Uscito ancora verso l'ora undicesima vide altri che se ne stavano là e disse loro: Perché ve ne state qui tutto il giorno oziosi? **7**Gli risposero: Perché nessuno ci ha assoldati. Disse loro: Andate anche voi nella vigna. **8**Venuta la sera, il padrone della vigna dice al suo fattore: Chiama gli operai e dà loro la mercede, incominciando dagli ultimi fino ai primi. **9**E venuti quelli dell'undicesima ora, ricevettero ciascuno un denaro. **10**E venuti anche i primi pensavano che avrebbero ricevuto di più. Ma anch'essi ricevettero un denaro ciascuno. **11**E nel ritirarlo, mormoravano contro il padrone dicendo: **12**Questi ultimi hanno lavorato un'ora soltanto e li hai parificati a noi che abbiamo portato il peso del giorno e il caldo. **13**Ma egli, rispondendo a uno di loro, disse: Amico, non hai convenuto con me per un denaro? **14**Prendi il tuo e vai, io desidero anche a quest'ultimo dare come a te; o**15**non posso fare delle cose mie quello che voglio? O il tuo occhio è cattivo o io sono buono? **16**Così gli ultimi saranno i primi, e i primi, gli ultimi.

20,1 seg. La parabola degli operai della vigna di Gesù, sembra diretta in primo luogo contro la mentalità farisaica e la loro <<morale della ricompensa che gli spettava>> che emerge appena anche nei dodici apostoli; intende inoltre spiegare come, senza gli impegni assunti verso Israele, Dio vuole chiamare ne suo Regno anche i pagani e i peccatori. La scena qui descritta doveva essere abituale nei villaggi palestinesi; le ore terza, sesta, nona, undicesima corrispondono alle nostre 9, nel suo Regno non esistono superiori e inferiori ma sono tutti alla pari. Per questo non fa differenza fra gli operai reclutati alle prime ore dell'alba e quelli al tramonto. D'altra parte Dio è un padrone diverso da altri padroni, e non solo degli operai. Il vero volto del padrone è quello di Dio che cerca, e cerca senza tregua, lavoratori per il suo Regno. Far parte degli operai della sua vigna e chiamata, è dono è privilegio è grazia che nessuno di noi merita. **16.** Alcuni codici aggiungono: <<Molti infatti sono i chiamati, ma pochi gli eletti>>. La misericordia non viola la giustizia perché i patti sono stati mantenuti.

Parabola delle dieci vergine. Matteo 25,1-13

25-1 Allora il Regno dei cieli sarà simile alle dieci vergine che, prese le lampade, usciranno incontro allo sposo. **2**Cinque di esse erano stolte e cinque prudenti; **3**le stolte presero le lampade, ma non presero con sé l'olio; **4**le prudenti invece presero con sé, insieme alle lampade, anche del'olio in vasi. **5**Poichè lo sposo tardava, si assopirono tutte e dormivano. **6**A mezzanotte vi fu un grido: Ecco lo sposo, andategli incontro! **7**Allora tutte le vergini si destarono e presero ad assettare le loro lampade. **8**E le stolte dissero alle prudenti: Dateci del vostro olio, perché le nostre lampade si estinguono. **9**Ma le prudenti risposero dicendo: C'è pericolo che manghi per noi e per voi; andate piuttosto dai venditori e compratevene. **10**E mentre esse andavano a comprare, arrivò lo sposo e quelle che erano pronte entrarono con lui alle nozze, e la porta fu chiusa. **11**Dpo, giunsero anche le altre vergini e dissero: Signore, Signore, aprici! **12**Ma egli rispose: In verità vi dico: Non vi conosco. **13**Vegliate dunque perché non conoscete né il giorno né l'ora.

25,1. L a parabola delle dieci vergine prende spunto dai corte nuziali che usavano nelle celebrazioni delle nozze; che accompagnava la sposa nella casa dello sposo. Le vergine rappresentano le anime cristiane nell'attesa di Cristo, loro sposo; anche se egli tarda, deve ardere incessantemente la fiaccola della fede e della carità. La parabola a avuto un importante interesse nella liturgia e nella letteratura mistica cristiana; classico è l'inno del <<Simposio delle dieci vergine>> di Metodio di Olimpo. Era un teologo del III secolo vescovo di Olimpo e di Filippi nel 300 d.C.

Adempimento della profezia. Matteo 13,34-35 (Marco 4,33-34

13-34 Tutte queste cose Gesù disse alla folla in parabole e non parlava ad essa se non in parabole, **35**perchè si adempisse ciò che era stato detto dal profeta: Aprirò la mia bocca in parabole, dichiarerò cose nascoste fin dalla creazione del mondo.

13,35. Cfr. Salmo 77,2. Alcuni codici omettono del <<mondo>>. Questa osservazione dichiara apertamente che le parabole riferite sono soltanto un esempio del modo con cui Gesù insegnava al popolo la Parola. Nell'accenno alla possibilità ascolto si può ravvisare anche la ragione particolare del discorso in parabole, che a un c erto punto sostituì con quello aperto.

La tempesta sedata. Luca 8,22-25   (Matteo 8,23-27; Marco 4,35-41)

8-22 Ed avvenne, in uno di quei giorni, che egli entrò in una barca con i suoi discepoli e disse loro: <<Passiamo all'altra riva del lago>>. E presero il largo. **23**Or mentre navigavano, si addormentò. E un turbine di vento si abbatte sul lago e la b-arca si riempiva d'acqua ed erano in pericolo. **24**Ed accostatisi, lo svegliarono dicendo: <<Maestro, maestro, siamo perduti!>> Ed egli, destatosi, comandò al vento e ai flutti dell'acqua; e cessarono e vi fu bonaccia. **25**E disse loro: <<Dov'è la vostra fede?>>. Ed essi impauriti e meravigliati si dicevano l'un l'altro: <<Chi è dunque costui che dà ordini ai venti e all'acqua e gli ubbidiscono?>>.

8,23. Tempeste improvvise e pericolose scoppiano non di rado nel lago di Tiberiade, quando i venti gelidi delle cime nevose dell'Hermon (metri 2759) irrompono nel bacino riarso del lago, il cui livello è a metri 208 sotto il mare. **25.** Perché siete così spaventati? Come mai non avete fede?

L'indemoniato di Geraso. Luca 8,26-39   (Matteo 8,28-34; Marco 5,1-20)

8 -26 Ed approdarono nella regione dei Geraseni, che sta dirimpetto alla Galilea. **27**E appena sceso a terra, dalla città gli venne incontro un uomo che era posseduto da demoni, e da molto tempo non portava vestiti, né dimorava in casa, ma nei sepolcri. **28**Alla vista di Gesù gli si gettò davanti, urlando, e disse a gran voce: <<Che c'è tra me e te, Gesù, figlio del Dio altissimo? Ti prego non tormentarmi!>>. **29**Gesù infatti comandava allo spirito impuro di uscire da quell'uomo. Molte volte esso lo afferrava violentemente; allora lo legavano con catene e lo custodivano in ceppi, ma egli spezzando i legami veniva spinto dal demonio in regioni deserte. **30**E Gesù gli domandò: <<Qual è il tuo nome?>>. Rispose: <<Legione>>, perché molti demoni erano entrati in lui. **31**E lo pregarono che non comandasse loro di andarsene nell'abisso. **32**Or c'era là un branco numeroso di porci, che pascolava sul monte, e lo pregarono che concedesse loro di entrare in essi; e lo permise. **33**Allora i demoni, uscendo da quell'uomo, entrarono nei porci e quel branco corse a gettarsi a precipizio dalla rupe del lago, ed annegavano. **34**Al vedere l'accaduto, i pastori fuggirono e portarono la notizia nella città e nella campagna. **35**Ed uscirono a vedere l'accaduto, ed arrivarono da Gesù e trovarono l'uomo dal quale erano usciti i demoni, vestito e sano di mente, seduto ai piedi di Gesù; e furono presi da timore. **36**Quelli che erano stati spettatori, riferirono loro come gli indemoniati fosse stato guarito. **37**Allora tutta la folla della regione dei Geraseni gli chiese che si allontanasse di là , perché avevano una grande paura. Ed egli, salito su una barca, tornò indietro. **38**L'uomo dal quale erano usciti i demoni, lo pregò di poter restare con lui, ma egli lo rimandò dicendo: **39**<<Torna nella tua casa, e narra quello che Dio ti ha fatto>>. E quegli se ne andò, proclamando per tutta la città quello che Gesù gli aveva fatto.

8,26. Variazione (Gergeseni), (Gadareni), da Gadara oggi Umm kejs città situata a 12 Km. dal lago. **29.** Prima del tempo del Giudizio finale, i demoni godono di una certa libertà di azione hai danni degli uomini. **33.** La guarigione di questo ossesso, che presenta tutte le caratteristiche del pazzo furioso, viene narrata con veristici particolari che fa un esempio drammatico della lotta vittoriosa di Gesù contro i demoni. **38.** Lo rimandò, senza dubbio per il fatto che no voleva al suo seguito un pagano di nascita e non voleva portare con sé un uomo guarito, quale campione.

LA FIGLIA DI GIAIRO E L'MORROISSA. MARCO 5,21-43 (Matteo 9,18-26; Luca 8,40-56)

5-21 E passato di nuovo Gesù, in barca, all'altra riva, gli si radunò attorno molta folla, ed egli stava lungo il mare. **22**E venne a lui uno dei capi della sinagoga, di nome Giairo, e vedutolo gli si gettò ai piedi, **23**e lo pregava con insistenza dicendo: <<La mia figlioletta è agli estremi; vieni e imponile ,le mani perché possa salvarsi e vivere>>. **24**E andò con lui. E molta folla lo seguiva e lo opprimeva. **25**E una donna che soffriva un flusso di sangue da dodici anni, **26**e aveva subito molti maltrattamenti dolorosi da molti medici, e aveva speso tutto il suo avere senza nessun vantaggio, anzi peggiorando, **27** udito parlare di Gesù, era venuta tra la folla, alle sue spalle, e gli toccò il mantello. Diceva infatti: **28**<<Se riuscirò anche solo a toccare il suo mantello, sarò guarita>>. **29**E subito s'inaridì la fonte del suo sangue, e sentì che era guarita nel corpo da quel flagello. **30**Ma subito Gesù, avvertita la potenza che era uscita da lui, si voltò alla folla dicendo: <<Chi mi ha toccato il mantello?>> Non si trattava di una sensazione fisica, ma in senso spirituale.. **31**E i discepoli gli dissero: <<Vedi la folla che ti opprime e dici: chi ti ha toccato?>>. **32**E guardava intorno per vedere colei che aveva fatto questo. **33**E quella donna, piena di timore e tremante, sapendo ciò che le era accaduto, venne gli si gettò davanti e gli disse tutta la verità. A causa della sua malattia la donna era considerata impura dalla Legge, perciò non osa parlare in pubblico **34**Ed egli disse: <<Figlia, la tua fede ti ha salvato. Và in pace e sii guarita del tuo male>>. **35**Stava dicendo questo quando vengono, dalla casa del capo-sinagoga a dirgli: <<Tua figlia è morta. Perché disturba ancora il maestro?>>. **36**Ma Gesù, inteso ciò che si stava dicendo, disse al capo-sinagoga: <<Non temere, continua solo ad aver fede!>>. **37**E non permise a nessuno di seguirlo se non Pietro, Giacomo e Giovanni fratello di Giacomo. **38**E giungono alla casa del capo-sinagoga, e vede trambusto e gente che piangeva e urlava. . Il trambusto era dovuto anche a musici che accompagnavano le cerimonie funebre. **39**Ed entrato dice loro: <<Perché fate tanto strepitio e piangete? La bambina non è morta dorme>>. **40**E cominciarono a deriderlo. Ma egli, cacciati tutti fuori, prese con sé il padre e la madre della fanciulla e quelli che erano con lui, ed entrò dove era la bambina. **41**E presa la mano della bambina, le disse: <<Talithà Kum>>, e aramaico. che significa: <<Fanciulla, dico a te, levati!>>. **42**E subito la fanciulla si levò e si mise a camminare; aveva infatti dodici anni. **43**E ingiunse loro con insistenza che nessuno venisse a saperlo, e disse di darle da mangiare.

DISCORSO SULLA MISSIONE DEGLI APOSTOLI

Il cammino da seguire. Matteo 10,5-15; (Marco 6,7-13; Luca 9,1-6)

10-5 Questi dodici Gesù li mandò con questa ingiunzione: Non andate dai pagani e non entrate nelle città dei Samaritani; **6**andate piuttosto alle pecore perdute della casa d'Israele. **7**E andando pregate che il Regno dei cieli è vicino. **8**Curate gli infermi, risuscitate i morti, mondate i lebbrosi, e cacciate i demoni. Avete ricevuto gratuitamente, date gratuitamente. **9**Non procuratevi oro, né argento né bronzo nelle vostre cinture, **10**né sacche per il viaggio, né due tuniche, né sandali, né bastoni, perché l'operaio ha diritto al suo sostentamento. **11**Quanto poi entrate in una città o villaggio, fatevi indicare chi vi sia degno, e li rimanete fino alla partenza; **12** ed entrando nella casa rivolgetele il saluto; **13** se quella casa ne sarà degna la vostra pace venga sopra di essa; ma se non sarà degna, la vostra pace ritorna su di voi. **14**Se invece non visi accoglie e non si dà ascolto alla vostre parole, uscite da quella casa o da quella città scuotendo perfino la polvere dai vostri piedi. **15**In verità vi dico, si userà più misericordia per la terra di Sodoma e Gomorra nel giorno del giudizio, che non per quella città.

10,5. Qui si raccolgono le varie istruzioni, che Gesù diede ai suoi apostoli circa la missione cristiana. **6.** L'attività degli apostoli si deve rivolgere unicamente per ora, mentre è ancora in vita Gesù, agli israeliti, depositari delle promesse messianiche. I I mandato delle predicazioni a tutte le genti sarà impartito soltanto dopo la Risurrezione; anche allora però avranno la precedenza la precedenza i giudei. **7.** L'opera di Gesù e dei suoi collaboratori è considerato come un assalto vittorioso contro il dominio di satana sull'umanità; per questo si da tanta importanza alla cacciata dei demoni. **10.** Gesù vieta agli apostoli di portare con se anche le cose necessarie per un viaggio; l'insegnamento però è chiaro: semplicità, sobrietà, fiducia in Dio e nella Parola annunziata, affidandosi all'ospitalità e alle disposizioni di coloro ai quali i dodici si recheranno. **12-13.** Il saluto ebraico suonava d'ordinario: <<La pace sia su di voi>>, sulla bocca degli apostoli tale augurio di pace comportava un significato e una pienezza messianica; perciò chi ne era preparato e degno era in grado di riceverla.

Rappresentanti di Gesù. Matteo 10,40-42; 11,1 (Marco 9,41-42)

10-40 Chi accoglie voi accoglie me, e chi accoglie me accoglie colui che mi ha mandato. **41**Chi accoglie un profeta per il suo nome di profeta riceverà ricompensa di profeta e chi accoglie un giusto per il suo nome di giusto riceverà ricompensa di giusto. **42**E chi darà anche solo un bicchiere di acqua fresca a uno di questi piccoli, perché è mio discepolo, non perderà la sua ricompensa. **11 1**E avvenne che quando Gesù ebbe terminato di dare queste istruzioni ai suoi discepoli, partì là per andare a insegnare e predicare nelle loro città.

10,40-42. Gesù dava agli apostoli assicurazioni e infine diceva che chiunque li riceverebbe cortesemente per amore del loro messaggio, non rimarrebbero senza ricompensa.

Il dubbio di Erode. Luca 9,7-9 (Matteo 14,1-2; Marco6,14-16)

9-7 Erode il tetrarca, udì quello che accadeva; ed era perplesso, perché alcuni dicevano: <<Giovanni è risuscitato dai morti>>, **8**altri: <<E' apparso Elia>>, e altri: <<E' risorto qualche profeta del passato>>. **9**Ma Erode diceva: <<Giovanni l'ho fatto decapitare; chi è dunque costui del quale sento dire tali cose?>>. E cercava di poterlo vedere.

9,7-9. Variazione <<diceva Erode>> Erode con la frase <<cercava di poterlo in incontrare>> gli serve a preparare l'incontro che avverrà a Gerusalemme.

Il ritorno degli apostoli. Luca 9,10-11 (Matteo16,30-32)

9-10 E gli apostoli ritornarono, e raccontarono a Gesù tutto quello che avevano fatto. Allora li prese con sé, e si ritirò in disparte, verso una città detta Betsaida. **11**Ma le folle, saputolo, lo seguirono; ed egli le accolse, e parlava loro del Regno di Dio e guariva quelli che erano bisognosi di cure.

Moltiplicazione dei pani. Giovanni 6,1-13 (Matteo 14,13-21; Marco 6,33-34; Luca 9,12-17)

(Il 5° capitolo di Giovanni viene sostituito dal capitolo 6°per ragioni cronologiche, la spiegazione si trova a pg. 90)

6-1 Dopo questi fatti, Gesù andò all'altra riva del mare di Galilea, di Tiberiade, **2**e una grande folla lo seguiva, vedendo i prodigi che faceva sugli infermi. **3**E Gesù salì sul monte, ed ivi si pose a sedere con i suoi discepoli. **4**Era vicina la Pasqua, la festa dei Giudei. **5**Levando dunque Gesù gli occhi, e vedendo che una grande folla era venuta da lui, dice a Filippo: <<Dove potremo comprare dei pani perché costoro abbiano da mangiare?>>. **6**Diceva così per metterlo alla prova, perché egli sapeva bene quello che avrebbe fatto. **7**Gli rispose Filippo: <<Duecento denari di pane non sono sufficienti per loro, perché ognuno possa riceverne un pezzo>>. **8**Uno del discepoli, Andrea, fratello di Simone, gli dice: <<9C'è qui un ragazzino con cinque pani d'orzo e due pesci; ma che cos'è questo per tanta gente?>>. **10**Allora Gesù disse: <<Fate sedere la gente>>. C'era molta erba in quel luogo. Si sedettero dunque, ed erano circa cinquemila uomini. **11**Allora Gesù prese i pani e, dopo aver reso grazie, li distribuì fra quelli che si erano seduti, e lo stesso fece dei pesci, finché ne vollero. **12**E come furono saziati disse ai discepoli: <<Raccogliete i pezzi avanzati, perché nulla vada perduto>>. **13**Li raccolsero, e riempirono dodici canestri di pezzi dei cinque pani d'orzo, avanzati a coloro che avevano mangiato.

6.1 L'ordine cronologico è: Capitolo **6-5-7**, perché Gesù si trovava in Galilea e quindi non poteva essere in Giudea. **11**. La benedizione era la preghiera prima del pasto. Con questo miracolo Gesù fa intravedere che c'è un rapporto tra questo prodigio e l'Eucarestia.

Gesù cammina sulle acque. Giovanni 6,14-20 (Matteo 14,22-33; Marco 6,45-52)

6-14 Allora la gente, visto il segno compiuto, cominciò a dire: <<Questi è davvero il profeta che deve venire nel mondo!>>. **15**Ma Gesù, sapendo che sarebbero venuti per farlo re, si ritirò di nuovo in solitudine, sul monte. **16**Venuta la sera, i suoi discepoli scesero al mare, **17**e saliti sulla barca si avviarono verso l'altra sponda del mare in direzione di Cafarnao. Era ormai notte, e Gesù non era ancora venuto da loro. **18**Il mare era in burrasca perché soffiava un forte vento. **19**Dopo aver vogato circa venticinque o trenta stadi, vedono Gesù camminare sul mare e avvicinarsi alla barca, ed ebbero paura. **20**Ma egli disse loro: <<Sono io, non temete>>.

6,15. Si ritirò; variazione <<fuggì>>. Gesù scappò, per non trovarsi nella situazione imbarazzante, di essere proclamato re, cosa contraria per cui era venuto sulla terra. **18.** I padri della Chiesa (Ilario, Gerolamo) hanno interpretato questa scena in senso allegorico: la barca è la Chiesa (la <<navicella di Pietro>>), l'oscurità e il vento simboleggiano le persecuzioni. Gesù intende manifestare la sua potenza divina, di fronte al quale i discepoli sono ancora abbastanza insensibili e ciechi. Tale cecità, scomparirà soltanto dopo la Risurrezione del Maestro e dopo la discesa dello Spirito Santo.

Gesù mette balla prova la fede di Pietro. Matteo 14,28-33

14-28 Pietro gli rispose dicendo:<<Signore, se sei tu, comanda che io venga da te sull'acqua>>. **29**Ed egli disse:<<Vieni!>>. E Pietro, scendendo dalla barca, prese a camminare sulle acque e andò verso Gesù; **30**ma vedendo la forza del vento, ebbe paura e cominciando ad affondare gridò:<<Signore, salvami!>>. **31**E subito Gesù, stendendo la mano, lo afferrò e gli disse:<<Uomo di poca fede, perché hai dubitato?>>. **32**Appena saliti sulla barca vento, il vento cessò. **33**E quelli che erano sulla barca gli si prostrarono davanti, esclamando:<<Tu sei veramente il figlio di Dio!>>.

La missione dei settantadue. Luca 10,1-12

10-1 Dopo queste cose, il Signore designò altri settantadue discepoli, li mandò a due a due davanti a sé, in ogni città e luogo dove intendeva recarsi; **2**e diceva loro: <<La messe è molta, ma gli operai sono pochi. Pregate dunque il Signore della messe perché mandi operai nella sua messe. **3**Andate: ecco io ve mando come agnelli in mezzo a lupi; **4**non portate borsa, né sacca, né calzari, e non salutate nessuno lunga la strada. **5**In qualunque casa entriate, prima dite: Pace a questa casa! **6**E se vi sarà un figlio di pace, la vostra pace scenderà su di lui, altrimenti ritornerà a voi. **7**Rimanete in quella stessa casa, mangiando e bevendo di quello che hanno, perché l'operaio è degno della sua mercede. Non passate di casa in casa. **8** E quando entrate in una città e vi accolgono, mangiate quello che vi sarà messo innanzi, **9**curate i malati che si trovano in essa, e dite loro: Il Regno di Dio è vicino a voi. **10**Ma quando entrate in una città e non vi accolgono uscite sulle piazze e dite: **11**Anche la polvere della vostra città che si è attaccata a noi, ai nostri piedi, la scuotiamo contro di voi; sappiate però che il Regno di Dio è vicino! **12**Io vi dico che

10 ,1. Come nella missione dei Dodici, anche per i settantadue discepoli le istruzioni di Gesù erano concordi. Si tratta di una cerchia più vasta di discepoli, i cui nomi non sono conservati, se non parzialmente dalla tradizione (cfr. Eusebio, Storia eccl. 1,12). Da essi erano stati scelti i Dodici e da essi ancora, dopo il tradimento di Giuda, se ne sceglierà il successore (Atti 1,21sg). **6.** Figlio di pace, ebraismo per indicare una persona pacifica degna di ricevere il dono messianico della pace. **12.** Quel giorno è il giorno del giudizio finale di Dio.

Ritorno dei settantadue discepoli. Luca 10,17-20

10-17 E i settantadue tornarono pieni di gioia dicendo: <<Signore, anche i demoni si sottomettono a noi nel tuo nome>>. **18**E disse loro: <<Vedevo Satana cadere dal cielo come folgore. **19**Ecco vi ho dato il potere di camminare sopra serpenti e scorpioni, sopra ogni potenza del nemico, e nulla vi potrà recar danno. **20**Ma non rallegratevi che idemoni si sottomettono a voi; rallegratevi che i vostri nomi sono scritto nei cieli>>.

10,18. L'inizio è la diffusione del regno di Dio significa la sconfitta di Satana. Nella concezione giudaica dell'epoca Satana compare come un capo dei demoni; Gesù indica così la vittoria introdotta dal Vangelo. **19.** Questo versetto è preso dal Salmo 90 (91), 13, camminerai sul leopardo e sull'aspide, calpesterai leoncello e serpenti. **20.** Secondo una concezione dell'A.T. (Ezechiele 32,32sg.; Salmo 69,29) i cittadini della comunità d'Israele secondo le loro tendenze, avevano il loro nome registrato nel >>libro di Dio>> o <<libro della vita>>, e ciò assicurava ai figli d'Israele la partecipazione ai beni messianici (cfr. Isaia 4,3). Gesù usa tale immagine per i suoi discepoli, e l'uso divenne spesso citato nel N.T.

RIVELAZIONE PUBBLICA DI GESU'. Guarigione di un paralitico alla piscina di Betsaida.Giovanni 5,1-9   (Il 6° capitolo di Giovanni viene sostituito dal capitolo 5°, per ragioni cronologiche, perche Gesù si trasferì dalla Galilea in Giudea).

5-1 Dopo queste cose c'era una festa dei Giudei, e Gesù salì a Gerusalemme. **2**Ora c'era a Gerusalemme, presso la porta delle pecore, una vasca, chiamata in ebraico Betesda, con cinque portici **3**sotto i quali giaceva un gran numero di infermi, ciechi, zoppi e paralitici, in attesa del movimento d'acqua. **(4) 5**E v'era là un uomo che da trentotto anni era ammalato. **6**Vedendolo disteso, e sapendo che da molto tempo si trovava così, Gesù gli dice: <<Vorresti guarire?>>. **7**Gli rispose il malato: <<Signore, non ho una persona che mi getti nella vasca quando l'acqua si mette in agitazione. Mentre io mi appresto a venire, altri discende prima di me>>. **8**Gesù gli dice: <<Alzati, prendi il tua giaciglio e cammina. **9**E sull'istante quell'uomo guarì e, preso il suo giaciglio, si mise a camminare.

5,1. Una festa potrebbe essere la Pentecoste o la festa delle Capanne(cfr,7,2 nota) ; variazione <<La festa>>; in questo caso sarebbe la festa per eccellenza, cioè la Pasqua, che assommandosi alle altre tre menzionate da Giovanni 2,13; 6,4; 11,55; porterebbe a quattro le Pasque celebrate da Gesù a Gerusalemme, e quindi a tre anni e mezzo, anziché a due e mezzo circa, il periodo della sua vita pubblica. Ma vi sono ragioni per contestarlo: A parte infatti l'incertezza testuale, anche supponendo che si tratti qui della Pasqua, vi sono motivi per identificarla con quella si parla in 6,4. E infatti supposizione antica che l'ordine dei capitoli 5-6-7sia stato turbato per qualche incidente della traduzione manoscritta: Alla fine del capitolo 4 Gesù è in Galilea , all'inizio del 5 è a Gerusalemme, e all'inizio del 6 si trova di nuovo in Galilea, dove l'inizio del capitolo 7 lo dice rifugiato <<perché i Giudei volevano ucciderlo>>, senza che se ne veda il perché. L'ordine invece è perfetto se si adotta la successione dei capitoli 6-5-7. Dopo la moltiplicazione dei pani in Galilea nell'imminenza della Pasqua (capitolo 6,4), Gesù sale a Gerusalemme per la Pasqua (capitolo 5,1); qui avviene lo scontro con i Giudei in occasione della guarigione del paralitico in giorno di sabato; dopo di che Gesù si rifugia momentaneamente in Galilea(7,1-19). **2.** Betesda variazione di<<

Besaida>>, <<Betsata>>; la porta delle pecore era a nord-est del tempio. La piscina circondata da quattro portici, ne aveva un quinto che la divideva a metà. **3.** In alcuni codici manca <<in attesa del movimento dell'acqua>>. Nei migliori di essi (e nel papiro di Bodmero II, scoperto di recente)

Discorso sul pane di vita. Giovanni 6,22-59

6-22 Il giorno dopo, la folla rimasta dall'altra parte del mare, osservò che c'era solo una barca, e che Gesù non era entrato con i suoi discepoli sulla barca, ma vi erano saliti solo i suoi discepoli. **23**Altre barche erano giunte da Tiberiade, presso il luogo dove avevano mangiato il pane dopo che il Signore ebbe reso grazie. **24**Quando dunque la folla vide che non c'erano più né Gesù né i suoi discepoli, salì sulle barche e si diresse alla volta di Cafarnao alla ricerca di Gesù. **25**E trovatolo di là dal mare, gli dissero: <<Rabbi, quando sei venuto qua?>>. **26**Gesù rispose loro e disse: <<In verità, in verità, vi dico, voi mi cercate non per avere veduto dei segni, ma perché avete mangiato di quei pani e vi siete saziati. **27**Operate non per il cibo che perisce, ma per quello che dura nella vita eterna, e che il Figlio dell'uomo vi darà. Perché su di lui il Padre, Dio, ha messo il suo sigillo>>. **28**Gli dissero: <<Che cosa dobbiamo fare per compiere la volontà di Dio?>>. **29**Gesù rispose, e disse loro: <<Questa è l'opera di Dio: credere in colui che ha mandato>>. **30**Allora gli dissero: <<Quale segno dunque fai tu perché vediamo e possiamo crederti? Che cosa operi? **31**I nostri padri hanno mangiato la manna nel deserto, come sta scritto: Diede loro da mangiare un pane dal cielo>>. **32**Rispose loro Gesù: <<In verità, in verità vi dico: non Mosè vi ha dato il pane dal cielo, ma il Padre mio vi da il vero pane che viene dal cielo; **33**il pane di Dio è colui che discende dal cielo, e da la vita al mondo>>. **34**Allora gli dissero: <<Signore, donaci sempre di questo pane>>. **35**Gesù disse loro: <<Io sono il pane della vita; chi viene a me non avrà più fame, e chi viene crede in me non avrà più sete. **36**Vi ho detto però che mi avete veduto, e non credete. **37**Tutto quello che il Padre mi da, verrà a me; e colui che viene a me, non lo caccerò fuori, **38**perchè sono disceso dal cielo non per fare la mia volontà, ma la volontà di colui che mi ha mandato. **39**E la volontà di colui che mi ha mandato è questa: che io non perda nulla di quello che mi ha dato, ma lo risusciti nell'ultimo giorno. **40**Questa infatti è la volontà del Padre mio, che chiunque vede il Figlio e crede in lui abbia una vita eterna, ed io lo risusciterò nell'ultimo giorno>>. **41**Intanto i giudei mormoravano di lui perché aveva affermato: <<Io sono il pane disceso dal cielo>>. **42**E dicevano: <<Costui non è Gesù, il figlio di Giuseppe, del quale conosciamo il padre e la madre?

Come può dire dunque : Sono disceso dal cielo?>>. **43**Gesù rispose, e disse loro: <<Non mormorate tra voi. **44**Nessuno può venire a me se non lo attira il Padre che mi ha mandato; ed io lo risusciterò nell'ultimo giorno. **45**Sta scritto nei Profeti: E tutti saranno ammaestrati da Dio. Chiunque ha udito il Padre ed ha imparato da lui, viene a me. **46**Non che alcuno abbia veduto il Padre, ma solo colui che viene da Dio ha veduto il Padre. **47**In verità, in verità vi dico: chi crede ha la vita eterna. **48**Io sono il pane della vita. **49**I vostri padri hanno mangiato la manna nel deserto e sono morti; **50**questo è il pane che discende dal cielo, perché chi ne mangia non muoia. **51**Io sono il pane vivo, disceso dal cielo. Se uno mangia di questo pane vivrà in eterno, e il pane che io darò è la mia carne per la vita nel mondo>>. **52**Allora i Giudei discutevano tra loro, dicendo: <<Come può darci costui la carne da mangiar ?>>. **53**E Gesù disse loro: <<In verità, in verità vi dico, se non mangiate la carne del Figlio dell'uomo, e non berrete il suo sangue, non avrete in voi la vita. **54**Chi mangia la mia carne e beve il mio sangue ha una vita eterna, ed io lo risusciterò nell'ultimo giorno. **55**Perchè la mia carne è vero cibo e la mia carne la vera bevanda. **56**Chi mangia la mia carne dimora in me, ed io con lui. **57**Come il Padre, che ha la vita, ha mandato me ed io vivo per il Padre, così chi mangia di me vivrà per me. **58**Questo è il pane disceso dal cielo. Non come i Padri che hanno mangiato e sono morti. Chi mangia questo pane vivrà in eterno>>. **59**Tali cose disse Gesù insegnando a Cafarnao nella sinagoga..

Abbandono dei discepoli. Giovanni 6,60-70

6-60 All'udirle, molti suoi discepoli dissero: <<Questo linguaggio è duro; chi può ascoltarlo?>>. **61**E Gesù, conoscendo che i suoi discepoli mormoravano di questo, disse loro: <<Ciò vi scandalizza? **62**E se vedeste il Figlio dell'uomo scendere dov'era prima? **63**E' lo Spirito che vivifica, la carne non giova a nulla; le parole che vi ho detto sono spirito e sono vita. **64**Ma vi sono alcuni tra di voi che non credono>>. Gesù sapeva fin da principio chi erano quelli che non credevano, e chi sarebbe stato il traditore. **65**E diceva: <<Per quanto vi ho detto che nessuno può venire a me, se non gli è concesso dal Padre>>. **66**Da allora molti suoi discepoli si ritrassero indietro, e non andavano più con lui. **67**E Gesù disse ai Dodici: <<Volete andarvene anche voi?>>. **68**Gli rispose Simon Pietro: <<Signore, da chi andremo? Tu hai parole la vita eterna; **69**e noi abbiamo creduto, e sappiamo che tu sei il Santo di Dio>>. **70**Rispose loro Gesù: <<Non vi ho forse scelto io, voi Dodici? Eppure uno di voi è un diavolo!>>. Diceva di Giuda, (figlio) di Simone Iscariota: questi infatti, uno dei Dodici, stava per tradirlo.

6,62. La risurrezione e l'ascensione gloriosa di Cristo al Padre potranno far scomparire l'impressione di durezza date dalle sue parole; le quali sono confacenti a realtà dello Spirito e indicano la via della vita. **69.** Il Santo di Dio; variazione <<Il Messia, il figlio di Dio>>.

6,26. Si pone qui il problema se per Gesù questo discorso sia unitario, o rappresenti un parte di insegnamenti impartiti in occasioni diverse. E' certo che la Cena Eucaristica, non sarebbe stata compresa dai Dodici senza una prima preparazione di insegnamento anticipato. Gesù sembra concentrare qui tutto il suo insegnamento sulla Chiesa. I miracoli-segni sono il sigillo che autentica la missione di Cristo. **27.** Varie interpretazioni sono state date sulla natura di questo cibo che dura in vita eterna, o pane di vita, che è il tema di tutto il discorso. In passato si è pensato al cibo spirituale che sarebbe Gesù, il quale si riceve con la fede (Clemente A., Calvino, Gaetano); diversi autori moderni (Prat,Lebreton,Loisy) ritengono che si tratti solo dell'Eucarestia; altri tengono una posizione intermedia: nella prima parte (versetti 26-51) si tratterebbe della fede, nella seconda (versetti 52- 59) dell'Eucarestia vera e propria. Altri infine e sembra la giusta via, pensano che tutto il discorso riguardi nella stesso tempo la fede e l'Eucarestia. **31.** Gesù si rifà al versetto tratto dal (cfr. Salmo 77(78), 24). **35.** Al versetto tratto da (cfr. Isaia 49,10). **45.** Al versetto (Isaia 54,13). **51.** Variazione di <<E il pane che io darò per la vita del mondo, è la mia carne.

Guarigione a Gennezaret. Marco 6,53-56 (Matteo 14,34-36)

6-53 Fatta la traversata, approdarono e presero terra a Gennezaret . **54**E come furono sbarcati dalla nave, la gente subito lo riconobbe, **55**e percorrendo tutta quella regione cominciarono a portare su brande gli ammalati, dove udivano che egli fosse. **56**E dovunque giungeva, in villaggi e città o campagne, ponevano gli ammalati nelle piazze e lo pregavano di potergli toccare almeno la frangia del mantello; e quanti lo toccavano guarivano.

6,53. Gennezaret sulla riva nordoccidentale del lago, era una città fertilissima. **56.** Le persone vogliono toccare almeno la frangia del mantello del Maestro Gesù. Con questo gesto così semplice , si percepisce la forza che emanava la persona di Gesù, il suo carisma la sua autorevolezza.

Professione di Pietro. Matteo 16,13-20   (Marco 8,27-30; Luca 9,18-21)

16 -13 Venuto poi Gesù dalle parti di Cesarea di Filippo, prese a

interrogare i suoi discepoli dicendo: <<Chi dice la gente che sia il Figlio dell'uomo?>>. **14**Risposero: <<Alcuni Giovanni il battezzatore, altri Elia, altri Geremia, o qualcuno dei Profeti>>. **15**Disse loro: <<E voi chi dite che io sia?>>. **16**Rispondendo Simon Pietro disse: <<Tu sei il Messia, il Figlio del Dio vivente>>. **17**E Gesù, rispondendo, gli disse: <<Felice te, Simone Barjona, perché non la carne e il sangue te l'hanno rivelato, ma il Padre mio che è nei cieli. **18**Ed io dico a te: Tu sei Pietro e su questa pietra edificherò la mia Chiesa, e le porte dell'Ade non prevarranno contro di essa. **19**A te darò le chiavi del Regno dei cieli, e quello che legherai sulla terra sarà legata nei cieli, e quello che scioglierai sulla terra sarà sciolto nei cieli>>. **20**Allora ordinò ai discepoli di non dire ad alcuno che egli era il Messia.

16,13. L'episodio localizzato a Cesarea di Filippo, l'antica Paneas, ai piedi del monte Hermon, presso le sorgenti del fiume Giordano, ricostruita dal tetrarca Filippo figlio di Erode e chiamata Cesarea in onore di Augusto, rappresenta uno dei momenti culminanti dell'attività terrena di Gesù. Egli qui vuole rappresentare la sua Chiesa come sostituta del Giudaismo. **14.** Il popolo si aspettava che un Profeta tornato alla vita terrena, annunziasse l'avvento del Messia. **16.** Letteralmente tu sei il Cristo di Dio, cioè colui che ha ricevuto da Dio l'unzione sacra per portare a termine la missione (profetica e regale), alla quale è chiamato. **17.** Bar-Jona: Semiticamente = figlio di Giona, carne e sangue: per indicare la natura umana, in contrapposizione al mondo degli spiriti e di Dio; Gesù attribuisce la solenne professione di Pietro ad una diretta ispirazione del Padre. In questo testo si riflette la parlata viva di Gesù. **18.** Pietro è equivalente greco dell'aramaico Kefa = roccia, pietra. Il nome che l'Apostolo, a quanto pare, aveva ricevuto fin dal primo incontro con Gesù (Giovanni 1,42), viene spiegato adesso in funzione a quello che toccherà a Pietro, diverrà il fondamento che sosterrà l'edificio della Chiesa di Cristo. Il termine Chiesa designa in modo costante la comunità dei fedeli di Cristo, contrapposta al popolo Giudaico, rappresenta la parte centrale visibile del Regno dei cieli sopra la terra; essa sarà vittoriosa sulle potenze della morte. Succederà infatti nella storia una lotta tra le forze dell'Ade (traduzione greca dell'ebraico sheol = soggiorno dei morti) personificate nelle parte, che piegano l'umanità al male ed alla morte eterna, e la Chiesa di Cristo che introduce nel Regno dei cieli. **19.** L'immagine delle chiavi, come quella di legare e sciogliere, indica il supremo potere di Pietro sulla Chiesa di Cristo. La teologia cattolica ravvisa in questo passo, il fondamento del primato e podestà dei vescovi di Roma, successori di Pietro e su tutta la Chiesa.

Primo annunzio della passione. Marco 8,31-33 (Matteo 16,21-23; Luca 9,22)

8-31 E cominciò a insegnar loro che il Figlio dell'uomo avrebbe dovuto molto soffrire, ed essere riprovato dagli Anziani, dai Sommi Sacerdoti e dagli scribi, poi essere ucciso e, dopo tre giorni, risuscitare. **32**E faceva questo discorso apertamente. Allora Pietro lo prese con sé e cominciò a rimproverarlo. **33**Ma egli voltatosi, e guardando i discepoli, rimproverò Pietro e disse: <<Vattene via da me, Satana! Perché non ti preoccupi delle cose di Dio, ma di quelle degli uomini.

8,31 sg. Nel momento stesso in cui Gesù ha indotto i suoi discepoli a professare la sua dignità di Messia, incomincia a correggere la loro concezione messianica ancora imperfetta alla maniera popolare di quel tempo, e a incanalarli nel segreto della sua vera missione.

Condizioni per seguire Gesù. Marco 8,34- 9,1 (Matteo 16,24-28; Luca 9,23-27)

8-34 Convocata la folla insieme ai discepoli, disse loro: <<Chi vuole venire dietro a me rinneghi se stesso, prenda la sua croce e mi segua. **35**Chi infatti vuole salvare la propria vita la perderà; ma chi perderà la vita per causa mia e del Vangelo, la salverà. **36**Che giova infatti all'uomo conquistare il mondo intero se nuoce alla propria vita? **37**Che cosa potrebbe dare un uomo in cambio della propria vita? **38**Perché se alcuno si vergognerà di me e delle mie parole in questa generazione adultera e peccatrice, anche il Figlio dell'uomo si vergognerà di lui quando verrà nella gloria del Padre suo, con gli angeli santi>>. **9 1**E diceva loro:<<In verità vi dico: Vi sono alcuni qui presenti, che non gusteranno la morte prima di aver veduto il Regno di Dio venuto nella sua potenza>>.

8,35. In tutto questo passo << vita>> corrisponde in greco <<psichè>>, <<anima>>, come generalmente si traduce. Ma nel contesto semitico ci porta a intendere il termine <<psichè>> come per l'ebraico <<nefes>> che significa <<vita>>. Il pensiero si esprime in maniera sproporzionata, basandosi sul duplice significato della parola vita, che può indicare quella terrena e quella eterna. Più che la contrapposizione tra corpo immortale e l'anima immortale, l'antitesa verte sulla vita terrena, limitata nel tempo e nei beni, e la vita eterna. Anche i Rabbini avevano una sentenza simile (Che cosa deve fare? Uccida se stesso! E che cosa deve fare l'uomo per morire? Viva se stesso!>>), ma la novità di Gesù è di avere messo la sua persona al centro dell'alternativa:

prenda la sua croce e mi segua; ...per causa mia e del Vangelo. **38.** L'idea della vita eterna, alla quale hanno portato i versetti precedenti, richiama qui la visione del giudizio finale, che si avrà alla venuta al figlio dell'Uomo nella gloria. **91.** La venuta di cui si riferisce nel versetto precedente può avere richiamato per collegamento, questo detto, che sembra riferirsi alla venuta del Regno di Dio sulla rovina del Giudaismo, cioè alla fine di Gerusalemme, sembra designare qui la diffusione del cristianesimo sulla terra.

La vera parentela di Gesù. Matteo 12,46-50 (Marco 3,32-34; Luca 8,19-21)

12-46 Mente egli parlava ancora alla folla, ecco sua madre e i suoi fratelli che, stando in disparte, desideravano parlargli. **47**(E qualcuno gli disse: Ecco tua madre e i tuoi fratelli che in disparte desiderano parlarti). **48**Ed egli rispondendo a chi lo informava disse: Chi è mia madre e chi sono i miei fratelli? **49**E stendendo la mano verso i suoi discepoli disse: Ecco mia madre e i miei fratelli; **50**perchè chiunque fa la volontà del Padre mio che è nei cieli, quegli è per me fratello, sorella e madre.

12,47. Per quanto riguarda i fratelli di Gesù, poiché sembra quasi impossibile che due sorelle portassero lo stesso nome Maria, si pensa che si debba trattare di una <<cugina>> della madre di Gesù; i suoi figli sarebbero quindi soltanto parenti di secondo grado di Gesù. Lo stesso si deve pensare dei due fratelli Giacomo e Giuseppe e di altri due figli di una Maria, chiamata dall'apostolo Giovanni (sorella della madre di Gesù). Infatti non si conosce altri figli di Maria oltre Gesù. L'uso generico del termine <<fratello>> è determinato dal fatto che la lingua Ebraica ed Aramaica non possiedono una terminologia adeguata per indicare i gradi della parentela, e fanno uso del medesimo vocabolo <<ah>> = fratello, anche per indicare i parenti di grado remoto.

Trasfigurazione di Gesù. Luca 9, 28-36 (Matteo 17,1-9; Marco 9,2-10)

9-28 E circa otto giorni dopo queste parole, prese con se Pietro, Giovanni e Giacomo e salì sul monte a pregare. **29**E avvenne che, mentre pregava, il suo volto prese un altro aspetto, e la sua veste divenne candida sfolgorante. **30**Ed ecco due uomini che parlavano con lui: erano Mosè ed Elia, **31**i quali apparsi nella gloria, parlavano della morte che egli doveva subire a Gerusalemme. **32**E Pietro e quelli che erano con lui, erano oppressi dal sonno, ma restando svegli, videro la sua gloria e due uomini che gli stavano insieme. **33**E mentre questi si separavano da lui, Pietro disse a Gesù:

<<Maestro, è bello per noi stare qui. Faremo tre tende, una per te, una per Mosè, e una per Elia>>. Non sapeva quello che diceva! **34**Mentre diceva questo, venne una nube e li avvolse con la sua ombra; essi ebbero paura nell'entrare nella nuvola; **35**e venne una voce dal cielo, che diceva: <<Questi è il mio Figlio, l'eletto; ascoltatelo>>. **36**E mentre risuonava la voce, Gesù si trovò solo. Ed essi tacquero e non riferirono nulla a nessuno, in quei giorni, di ciò che avevano veduto.

9,28. Gli otto giorni sembrano successivi alla dichiarazione di Pietro a Cesarea circa la dignità messianica di Gesù, la quale trova nella scena della trasfigurazione una conferma divina. Qui viene delineato il mistero della persona di Gesù e l'enigma umanamente incomprensibile della sua vicenda. **29.** La trasfigurazione di Gesù sembra essere la replica di Cristo alla confessione di Pietro: Ciò che Pietro ha proclamato, viene ora svelato dall'Eterno Padre, ed anche questo evento viene collegato con l'imminente passione, come nel battesimo di Gesù, proiettando su di lui l'immagine del Servo di Iavhè sofferente (Isaia 42,1-4). Trasfigurazione significa che Gesù sollevò per il tempo necessario, il velo dalla sua umanità in cui era nascosta la sua divinità e mostrò gli apostoli Pietro, Giovanni e Giacomo il Dio che dimorava in lui, cioè Gesù possedeva, nascosta dalla sua carne, lo splendore della sua natura divina. Quanto al luogo dell'avvenimento, secondo una tradizione che risale al IV secolo, la montagna sarebbe il Tabor, alta 600 metri sulla pianura di Galilea. **30.** Il rappresentante della Legge (Mosè) e dei Profeti (Elia), rendono omaggio a Gesù. L'oggetto della conversazione : la prossima morte di Gesù a Gerusalemme; in tal modo l'opera di Gesù resta collegata profondamente con l'A.T. **31.** Il tema del colloquio, la morte che egli doveva subire a Gerusalemme. **33.** La proposta di Pietro tendeva a impedire a Gesù di recarsi a Gerusalemme, andando incontro alla morte. **34.** Secondo la simbologia biblica, la nuvola denota la presenza di Dio, il suo avvolgere indica la donazione graziosa di Dio. **35.** L'eletto viene sostituito in alcuni codici con <<il mio Figlio diletto, nel quale mi sono compiaciuto>>. Nella tradizione ebraica il Messia veniva designato come l'eletto di Dio per eccellenza.

Il ritorno di Elia. Marco 9,9-13   (Matteo 17,10-13)

9-9 E mentre discendevano dal monte, ordinò loro di non raccontare a nessuno quello che avevano veduto, se non dopo che il Figlio dell'uomo fosse risuscitato da morte. **10**Ed essi tennero per se la cosa, domandandosi che cosa fosse quel risorgere da morte. **11**E lo interrogarono dicendo: <<Perché gli scribi dicono che prima deve venire Elia?>> **12**E rispose loro: <<Sì, prima viene Elia e ristabilisce ogni cosa; ma cosa sta scritto del Figlio dell'uomo che deve soffrire molto ed essere disprezzato?

13Ora vi dico che Elia è già venuto, ma gli hanno fatto quello che hanno voluto, come sta scritto di lui>>.

9,11. Secondo Malachia 3,33 sg., la venuta del Messia sarebbe stata preceduta dalla comparsa di Elia a preparare il cuore del popolo. Gli apostoli, ormai persuasi del carattere messianico di Gesù, gli espongono perciò il loro dubbio, e Gesù attribuisce a Giovanni Battista lo spirito e il compito di

L'indemoniato epilettico. Marco 9,14-29 (Matteo 17,14-21; Luca 9,37-43)

9-14 E giunti presso i discepoli, videro molta folla attorno a loro e scribi che discutevano con loro. **15**E subito tutta la folla, al vederlo, fu presa da stupore e corse a salutarlo. **16**Ed egli li interrogò: <<Di che cosa discutete con loro?>>. **17**Gli rispose uno della folla: <<Maestro, ho voluto portare da te mio figlio, posseduto da uno spirito muto, **18**e quando lo afferra, lo getta al suolo ed egli schiuma, stride con i denti e si irrigidisce. Ho detto ai tuoi discepoli di scacciarlo, ma non ci sono riusciti>>. **19**Ed egli rispondendo, disse loro: <<O generazione incredula! Fino a quando starò con voi? Fino a quanto dovrò sopportarvi? Portatelo da me>>. **20**E glielo portarono. Al vedere lui, subito lo spirito lo mise in convulsione, e caduto a terra, si rotolava schiumando. **21**E interrogò il padre: <<Quanto tempo è che gli è accaduto questo?>>. Ed egli: <<Da quanto era fanciullo; **22**e spesso lo ha buttato persino nel fuoco e nell'acqua per ucciderlo>>. Ma se tu puoi qualcosa, aiutaci, muovendoti a compassione di noi>>. **23**E Gesù gli disse: <<Quanto a potere tutto è possibile per chi crede>>. **24**E subito il padre del fanciullo disse ad alta voce: <<Credo, aiutami nella mia incredulità>>. **25**Allora Gesù, vedendo accorrere la folla, intimò allo spirito impuro dicendo: <<Spirito muto e sordo, io te lo ordino, esci da lui, e non entrare più in lui>>. **26**E Gridando e scuotendolo fortemente uscì. E divenne come morto, sicché molti dicevano: <<E' morto>>. **27**E Gesù, presolo per mano, lo destò e si levò. **28**Quando poi fu entrato in casa, i discepoli gli chiesero in privato: <<Perché noi non abbiamo potuto scacciarlo?>>. **29**E disse loro: <<Questa specie non si può scacciare in nessun modo, se non con la preghiera>>.

9,20. I sintomi che risultano nella descrizione fanno pensare all'epilessia. Gli antichi attribuivano le convulsioni epilettiche alle fasi della luna, da qui la designazione di lunatico. Il morbo viene dato però come causato o accompagnato da ossessione diabolica.

manca inoltre il versetto 4: <<un angelo discendeva di tanto in tanto nella piscina e agitava l'acqua; e chi vi entrava per primo appena l'acqua era stata agitata, guariva dalla sua malattia, qualunque essa fosse>>. Lo si ritiene da molti una annotazione marginale, forse una spiegazione popolare delle virtù terapeutiche di quell'acqua al momento di rinnovarsi a intermittenza.

Guarigione di un cieco a Betsaida. Marco 8,22-26

8-22 E giunsero a Betsaida. E gli conducono un cieco e lo pregano di toccarlo. **23**Allora prese il cieco per mano e lo condusse fuori del villaggio, e dopo avergli sputato sugli occhi gli impose le mani e gli chiese: <<Vedi qualcosa?>>. **24**E quegli alzando gli occhi disse: <<Vedo gli uomini, perché vedo come alberi che camminano>>. **25**Allora di nuovo impose le mani sui suoi occhi, e vide chiaramente e fu ristabilito e vedeva a distanza ogni cosa. **26**E lo mandò a casa sua dicendo: <<Non entrare neppure in villaggio>>.

8,23. Sul modo usato da Gesù nella di imporre le mani egli effettua la guarigione secondo il protocollo per gli scongiuri per le malattie, in uso presso gli ebrei. La saliva era ritenuta dagli antichi un rimedio per le malattie degli occhi.

Accuse dei Giudei. Giovanni 5,10-16

5-10 Quel giorno però era di sabato. **10**Dissero dunque i Giudei all'uomo guarito: <<E' sabato, e non ti è lecito portare il tuo giaciglio. **11**Ma egli rispose loro: <<Colui che mi ha guarito mi ha detto: Prendi il tuo giaciglio e cammina>>. **12**Gli chiesero allora: <<Chi è stato dirti: Prendilo e cammina?>>. **13**Ma il guarito non sapeva chi fosse; Gesù infatti si era sottratto, essendoci folla in quel luogo. **14**Poco dopo Gesù lo trovava nel tempio, e gli dice: <<Vedi che sei guarito; non peccare più, perché non ti abbia a succedere di peggio>>. **15**Quell'uomo se ne andò e disse ai Giudei che era stato Gesù a guarirlo. **16**E per questo i Giudei perseguitavano Gesù, perché faceva tali cose di sabato.

5 ,10. Il sabato era di riposo assoluto, esasperato dalla dottrina farisaica.

DIOSCORSO SULLA MISSIONE E L'OPERA DEL FIGLIO DELL'UOMO

Risposta di Gesù. Giovanni 5,17- 47

5-17 Ma Gesù rispose loro: <<Il Padre mio opera fino ad ora, ed anch'io opero>>. **18**E per questo i Giudei cercavano ancor più di ucciderlo; perché non soltanto violava il sabato, ma chiamava Dio suo Padre, facendosi uguale a Dio. **19**Rispose dunque Gesù e disse loro: <<In verità, in verità vi dico, il figlio del'uomo non può fare nulla da se stesso se non lo vede fare anche dal Padre; quello che lui fa, anche il figlio lo fa; **20**perchè il Padre ama il Figlio, e gli manifesta tutto quello che fa; e gli manifesterà opere ancora più grandi di queste perché ne siete meravigliati. **21**Come infatti il Padre risuscita i morti e da la vita, così anche il Figlio da la vita a chi vuole. **22**Né il Padre giudica alcuno, ma ha affidato ogni giudizio al Figlio, **23**affinchè tutti onorino il Figlio come onorino il Padre. Chi non onora il Figlio, non onora il Padre che l'ha mandato. **24**In verità, in verità vi dico, chi ascolta la mia parola e crede Colui che mi ha mandato, ha la vita eterna e non va in giudizio, ma è passato dalla morte alla vita. **25**In verità, in verità vi dico: viene l'ora, ed è questa, in cui i morti udranno la voce del Figlio di Dio, e chi l'udrà, vivrà. **26**Perchè come il Padre ha la vita in se stesso, così diede pure al Figlio di avere in se stesso la vita; **27**e gli ha dato il potere di giudicare, perché è Figlio dell'uomo. **28**Non vi meravigliate di questo: viene l'ora in cui tutti quelli che sono nei sepolcri udranno la sua voce, e ne usciranno ; **29**quelli che hanno il bene in risurrezione di vita, e quelli che hanno il male in risurrezione di condanna. **30**Io non posso fare nessuna cosa da me stesso; giudico seconda quello che ascolto, e il mio giudizio è retto, perché non cerco la mia volontà, ma la volontà di colui che mi ha mandato. **31**Se fossi io a rendere testimonianza a me stesso, la mia testimonianza non sarebbe attendibile; **32**ma c'è un altro che rende testimonianza a me, e so che è verace la testimonianza che egli mi rende. **33**Voi avete inviato messi a Giovanni, ed egli ha reso testimonianza alla verità! **34**E' vero che io non ricevo la testimonianza da un uomo; ma vi dico queste cose perché possiate salvarvi. **35**Egli era la lampada accesa e luminosa, e voi avete voluto per poco rallegrarvi alla luce. **36**Ma io ho una testimonianza maggiore di quella di Giovanni; perché le opere che il Padre mi ha dato da compiere, quelle stesse opere che io sto facendo, testimoniano di me che il Padre mi ha mandato. **37**Anche il Padre che mi ha mandato, ha reso personalmente testimonianza a me. Voi non avete mai ascoltato la sua voce, né veduto il suo volto, **38**e la sua parola non dimora in voi, perché non prestate fede a colui che Egli ha inviato. **39**Voi investigate le

Scritture credendo di avere in esse la vita eterna; sono proprio esse che danno testimonianza di me; **40**eppure non volete venire a me per avere la vita! **41**Io non prendo gloria dagli uomini, **42**ma vi conosco e so che non avete in voi l'amore di Dio. **43**Io sono venuto nel nome del Padre mio, e non mi ricevete; se un'altro venisse nel proprio nome, lo ricevereste. **44**E come potete credere, voi che prendete gloria gli uni dagli altri, e non cercate la gloria che viene da Dio solo? **45**Non pensate che sia io ad accusarvi al Padre; c'è chi vi accusa, ed è Mosè, nel quale avete riposto la vostra speranza. 46Se infatti credeste a Mosè, credereste anche a me; poiché di me egli ha scritto. **47**Che se non credete agli scritti di lui, come potreste credere alle mie parole?>>.

5,17. Secondo le teorie rabbiniche l'attività creatrice di Dio pur essendo cessata al settimo giorno (cfr. Genesi 2,2), continuava sotto certi aspetti, e soprattutto non veniva mai meno la sua attività di giudice; di qui lo sdegno dei Giudei di fronte all'affermazione di Gesù che veniva conseguentemente a dichiararsi figlio di Dio e uguale a Dio (versetto 18). **19.** Le affermazioni di Gesù si svolgono attorno a due temi: il potere di dare la vita e di giudicare, che il Padre ha dato al Figlio: e la testimonianza che il Figlio ha in suo favore da parte del Padre, mediante le opere che compie in lui, da parte di Giovanni Battista e delle Sacre Scritture. **23.** Il figlio è in tutto uguale al Padre e, come lui, ha poteri supremi di giudizio e dominio sulla vita e sulla morte. **25 sgg.** L'ora è quella della predicazione Evangelica, si tratta di morti spirituali_richiamati alla vita. La parola di Dio risuona alle orecchie dei morti spiritualmente mediante la voce del Figlio di Dio; chi l'ascolta vive per la vita eterna. La vita eterna iniziata nel tempo; la necessità di credere nel passare dalla morte alla vita; chi aderisce al Figlio si trova in comunione col Padre che l'ha mandato. **32.** Quest'altro è il Padre. La variazione di <<voi sapete>> al posto di <<e so>> sembra invece riferirsi a Giovanni Battista. **39.** <<Scrutate le scritture, nelle quali voi credete di avere la vita eterna!>>. Dopo la testimonianza del Padre e del Battista, la testimonianza delle Scritture, le quali annunziano il Messia come grande artefice di luce e di santità. **46.** Si può pensare ai testi cime Genesi 3,15; 12,3;49,10; Deuteronomio 18,15-18.

I Farisei e la tradizione. Marco 7,1-13 (Matteo 15,1-9)

7-1 E si radunarono attorno a lui i Farisei e alcuni scribi venuti da Gerusalemme. **2**E vedendo che alcuni suoi discepoli mangiavano il pane con le mani impure, cioè non lavate **3**i Farisei infatti e tutti i Giudei non mangiavano se non si sono lavato diligentemente le mani, seguendo la tradizione degli antichi, **4**e tornando dal mercato non mangiano se non si sono prima purificati, e molte altre cose hanno ricevuto da praticare, come lavacro di bicchieri, stoviglie e rami. **5**Lo interrogarono quei Farisei e scribi: <<Perché i tuoi discepoli non si comportano secondo la tradizione degli antichi, ma mangiano il pane con le mani impure?>>. **6**Ed egli rispose loro: <<Ha profetato bene Isaia di voi, ipocriti, come sta scritto:

Questo popolo mi onora con le labbra

Ma il loro cuore è lontano da me.

7E' vano il culto che mi rendono

Insegnando dottrine che sono precetti d'uomini.

8Tralasciando il comandamento di Dio osservate la tradizione degli uomini>>. **9**E diceva loro: <<Siete bravi nel mettere da porte il comandamento di Dio per sostituirvi la vostra tradizione. **10**Mosè infatti disse: Onora tuo padre e tua madre, e chi maledice il padre e la madre sia messo a morte; **11**Voi invece dite: Se uno dichiara a suo padre o a sua madre: E' Korbàn, cioè offerta sacra, quello che ti sarebbe dovuto da me; **12**non gli permettete più di fare nulla per il padre e la madre, **13**invalidando la parola di Dio con la vostra tradizione che avete tramandato. E di cose simili ne fate molte.

7,2. Le tradizioni erano un complesso folto e dettagliato di prescrizioni, che i Farisei avevano escogitato allo scopo di garantire e perfezionare l'osservanza della Legge. Per il tramite degli antichi erano fatte risalire fini a Mosè, e rappresentava l'aspetto particolare del formalismo farisaico. **3.** Diligentemente, variazione di <<spesso>>. Ma il significato della frase è oscuro, viene cercato in varie direzioni: <<se non si sono lavate le mani fino al gomito>>; altri >>se non si sono lavate le dita delle mani>>. **4.** Lavati, letteralmente <<battezzati>>; variazione di <<purificati>>. Altri: <<E non mangiavano le cose del mercato senza averle lavate. **8.** Alcuni codici aggiungono: E fate abluzioni di calici e di bicchieri e molte altre cose di tal genere. **9.** Gesù richiama il comandamento di Esodo 20,12; Deuteronomio 5,16; Esodo 21,17; Levitico 20,9 contro la <<tradizione>> farisaica del Kolbàn, o dell'offerta sacra al Tempio, secondi la quale chi avesse votato le proprie sostanze al Tempio (e poteva farlo anche in modo fittizio) era autorizzato a non prelevarne più alcuna parte, neanche per soccorrere i propri genitori. Quanto ciò fosse lontano dalla vera religione lo dimostra il fatto citato da Isaia 29,13. Kabàn termine tecnico aramaico.

Insegnamento, puro e l'impuro. Matteo 15,10-20(Marco7,14-23)

15-10 E radunata la folla disse loro: <<Ascoltate e intendete! **11**Non quello che entra nella bocca rende impuro l'uomo, ma quello che esce dalla bocca rende impuro

l'uomo!>>. **12**Allora i discepoli gli si accostarono dicendo: <<Sai che i Farisei si sono scandalizzati a sentire questa parola?>>. **13**Ed egli rispose loro : <<Ogni pianta che non è stata piantata dal mio Padre celeste sarà sradicata. **14**Lasciateli! Sono ciechi e guide di ciechi. Quando un cieco guida un altro cieco vanno a finire tutti e due in una fossa>>. **15**Pietro rispose e disse: <<Spiegaci questa parabola!>>. **16**Edegli disse: <<Anche voi siete senza intelligenza? **17**Non capite che tutto ciò che entra nella bocca passa nel ventre e finisce nella fogna? **18**Invece le cose che escono dalla bocca provengono dal cuore e queste rende impuro l'uomo. **19**Dal cuore infatti provengono pensieri cattivi, omicidi, adulteri, fortificazione, furti, false testimonianze, bestemmie. **20**Questesono le cose che rendono impuro l'uomo; ma il mangiare senza abluzione alle mani non rende impuro l'uomo!>>.

15,10 sg. Contro le pratiche di purificazione legali, in vigore nell'A.T. come in quasi tutte le religioni antiche, e rincarate fino all'inverosimile dai Farisei, Gesù esalta un nuovo ideale di purezza: quella del cuore e dell'insegnamento. Questo insegnamento acquisterà un importanza fondamentale nella missione cristiana tra i greco - romani: cfr. Atti 10,9-16; Romani 14,14sg.

La donna Cananea. Matteo 15,21-28 (Marco 7,24-30)

15-21 E partito di là Gesù si avviò dalle parti di Tiro e Sidone. **22**Ed ecco che una donna cananea, che veniva da quelle regioni, prese a gridare dicendo: <<Pietà di me, Signore, figlio di Davide. Mia figlia è tormentata da un demonio>>. **23**Ma egli non le rispondeva parola. Allora i discepoli gli si accostarono e gli chiesero: <<Liberala, perché ci grida dietro>>. **24**Ma egli rispose dicendo: <<Non sono stato mandato che alle pecore perdute della casa d'Israele>>. **25**Ma quella gli si prostrò innanzi dicendo: <<Signore, aiutami!>>. **26**Ed egli rispose: <<Non è bene prendere il pane dei figli e gettarlo ai cagnolini>>. **27**Ed ella disse: <<Dici bene, o Signore, ma i Cagnolini si cibano delle briciole che cadono dalla tavola dei loro padroni>>. **28**Allora Gesù le rispose: <<O donna grande è la tua fede; ti avvenga come desideri>>. E da quell'istante sua figlia fu guarita.

15,24. La limitazione delle comunità che Gesù impone alla missione iniziale dei suoi discepoli, vale anche per la sua attività personale. Il tempo dei pagani si sarebbe iniziato solo più tardi, dopo la risurrezione e l'effusione dello Spirito Santo. **26.** La fede della donna, provocata da Gesù merita un eccezione.

Guarigione di un sordo muto. Marco 7, 31-37

7-31 E di nuovo uscito dalla regione di Tiro, passando per Sidone volse verso il mare di Galilea, nel territorio della Decapoli. **32**E gli conducono un sordo muto e lo pregano di imporgli la mano. **33**E allontanatolo, in disparte dalla folla, gli pose le dita nelle orecchie e colla saliva gli toccò la lingua, **34**e guardando al cielo sospirò e gli disse: <<Affathà>>, cioè <<Apriti!>>. **35**E subito gli si aprirono le orecchie, si sciolse il vincolo della sua lingua e parlava correntemente. **36**E ingiunse loro di non dirlo a nessuno. Ma più egli lo raccomandava, più essi lo divulgavano **37**e, colmi di stupore, dicevano: <<Ha fatto bene ogni cosa; fa udire i sordi e parlare i muti>>.

7,32. Questo episodio presenta ed evidenzia le caratteristiche nella realtà di concretezza. Gesù effettua la guarigione secondo il protocollo per gli scongiuri per le malattie. **33.** Gesù vuol far capire al sordomuto che ha intenzione di guarirlo. Per gli antichi la saliva aveva qualità per guarire.

Seconda profezia della passione. Luca 9,44-45 (Matteo 17,22-23; Marco 9,30-32)

9-44 E mentre tutti erano pieni di stupore per tutte le cose che faceva, disse ai suoi discepoli: **44**Mettete nelle vostre orecchie queste parole: Il Figlio dell'uomo sta per essere consegnato nelle mani degli uomini>>. **45**Ma essi non comprendevano questo detto, ed era misterioso per loro, così da non poterlo intendere, ed avevano

9,44-45. Dal giorno in cui Pietro ha confessato che Gesù è il Cristo il Figlio del Dio vivente, il Maestro cominciò a dire apertamente agli apostoli che doveva andare a Gerusalemme e soffrire molto e venire ucciso e risuscitare il terzo giorno. Pietro protestò a queste parole, ma gli altri addirittura non lo comprendono.

Il tributo al tempio. Matteo 17,24-27

17-**24** Venuti a Cafarnao, si avvicinarono a Pietro gli esattori del didramma e gli dissero: <<Il vostro Maestro non paga il didramma?>>. **25**Rispose: <<Si>>. E mentre egli entrava in casa, Gesù lo prevenne dicendo: <<Che cosa ti pare, o Simone? I re di questa terra che riscuotono le tasse e i tributi? Dai propri figli o dagli atri?>>. **26**Rspose: <<Dagli altri>>. E Gesù gli disse: <<Quindi i figli sono esenti! **27**Ma perché non abbiano a scandalizzarsi, va al mare, getta l'amo e il primo pesce che viene prendilo, aprigli la bocca, e vi troverai uno statere. Prendilo dallo a loro per me e per te.

17,2-4. Secondo la prescrizione di Esodo 30,11-16; 38,25; 2 Cronache 24,6, ogni israelita che aveva compiuto i 20 anni di età, era tenuto a provvedere alle necessità del Tempio e del culto con una tassa annuale di mezzo siclo; nel periodo della cultura greca la somma equivaleva a 2 dramme greche = didramma. **27**. Pagando per so e per Pietro Gesù sottolinea ulteriormente la dignità in cui vede l'Apostolo; e questo un altro episodio importante del Vangelo dedicato a Pietro.

Umiltà cristiana. Marco 9,33-37 (Matteo 18, 1-5; Luca 9, 46-48)

9-**33** E vennero a Cafarnao. E quando fu in casa, chiese a loro: <<Di che cosa stavate discutendo per via?>>. **34**Ed essi tacevano. Avevano infatti per via discusso fra loro chi fosse il più grande. **35**E sedutosi, chiamò i Dodici e disse loro: <<Chi vuol essere il primo, sia l'ultimo di tutti e il servo di tutti>>. **36**E preso un bambino, lo collocò nel mezzo, ed abbracciandolo disse loro: **37**<<Chi accoglie uno di questi bambini nel mio nome, accoglie me; e chi accoglie me, non accoglie me, ma Colui che mi ha mandato>>.

9,36 sg. Questi versetti hanno l'affinità verbale con il versetto 35; ma hanno un contenuto proprio, diverso dell'argomento precedente: il bambino rappresenta i deboli, gli umili, e tutti quelli che hanno particolarmente bisogno di aiuto. Accoglierli e occuparsi di loro in nome di Gesù, cioè conforme al suo spirito e al suo precetto, è la più alta prestazione morale e religiosa del Nuovo Testamento. La semplicità e l'innocenza del bambino sta a significare il comportamento spirituale che deve contrassegnare i figli di Dio nei suoi rapporti con il Padre. Il bambino nella sua debolezza è sprovvisto di tutto e ha bisogno di cura e di tutela continua; e Gesù dichiara di apprezzare tali provvidenze fatte in suo nome come rivolte a se stesso. Di qui le opere cristiane e assistenza all'infanzia. Tipo come quella ideale realizzata da Santa Teresa del bambino Gesù.

L'esorcista straniero. L'uso del nome di Gesù. Marco 9,38-40 (Luca 9, 49-

5-38 Giovanni gli disse: <<Maestro abbiamo visto uno scacciare i demoni nel tuo nome e glielo abbiamo vietato perché non veniva dietro a noi>>. **39**E Gesù disse: <<Non impeditelo, perché non c'è nessuno che faccia un miracolo nel mio nome e subito dopo possa parlare male di me. **40**Chiunque vi darà un bicchiere d'acqua nel Nome, perché siete di Cristo, vi dico in verità che non perderà la sua mercede.

9,39. Variazione di <<glie lo abbiamo impedito>>. Sugli ebrei che facevano esorcismo nel nome di Gesù, esistevano esorcisti ufficiali nel mondo giudaico ai tempi del N.T.; qui sembra però trattarsi di mestieranti girovaghi, dediti alla magia. Ne è conferma la diffusa preoccupazione di liberarsi da ogni pratica di magia dopo la loro disfatta. Il nome di sommo sacerdote dato a Sceva uno di quelli che praticavano esorcismo per compenso si può spiegare in base alla sua appartenenza a una famiglia di Sommi Sacerdoti.

L'ASCESA VERSO GERUSALEMME Gesù respinto dai Samaritani. Luca 9,51-56

9-51 Ed avvenne che, avvicinandosi per lui il giorno della sua assunzione, si diresse risolutamente verso Gerusalemme, **52**e mandò dei messaggeri davanti a sé. E questi, andati, entrarono in un villaggio dei Samaritani a fare i preparativi per lui. **53**Ma non vollero riceverlo perché era diretto verso Gerusalemme. **54**Vedendo ciò, i discepoli Giacomo e Giovanni dissero: <<Signore, vuoi che diciamo che scenda un fuoco dal cielo e li consumi?>>. **55**Ma egli si voltò e li rimproverò. **56**E si avviarono verso un altro villaggio.

9,51. Letteralmente <<fece il viso duro per andare a Gerusalemme>>. Incomincia qui una lunga parte, tutta sotto il segno dell'ascesa a Gerusalemme, dove si compirà l'opera della salvezza. L'assunzione di cui si parla indica senza dubbio l'ascesa di Gesù al cielo, con la quale si ha anche la sottrazione violenta del Maestro ai suoi e al mondo, quindi la morte. Di qui la determinazione consapevole ed eroica di Gesù nel compiere la sua missione affidatagli dal Padre. **54.** Alcuni codici aggiungono <<come fece Elia >>: cfr. 2 Re, 1,10-12. **55.** Gesù li rimprovera i due discepoli perché non sapevano di quale spirito essi erano: perché il Figlio dell'uomo non è vento a perdere le anime degli uomini, ma a salvarle.

Le esigenze della vocazione apostolica. Luca 9,57-62 (Matteo 8,18-22)

9-57 E mentre andavano per la strada, un tale gli disse: <<Ti seguirò dovunque tu vada>>. **58**E Gesù gli disse: <<Le volpi hanno tane e gli uccelli del cielo hanno nidi, ma il Figlio dell'uomo non ha dove declinare il capo>>. **59**E disse a un altro: <<Seguimi>>. E quegli rispose: <<Signore, permettimi prima di andare a seppellire mio padre>>. **60**Ma gli disse: <<Lascia che i morti seppelliscano i loro morti; tu và e annunzia il Regno di Dio>>. **61**E un altro disse: <<Ti seguirò, o Signore, ma prima permettimi di congedarmi da quelli della mia casa>>. **62**E Gesù gli disse: <<Nessuno che mette mano all'aratro e poi si volge indietro, è adatto per il Regno di Dio>>.

9,57 Seg. Questi versi illustrano il tema della volontà risoluta e della perseveranza nella sequela di Cristo. 20. L'appellativo di Figlio dell'uomo ricorre circa 80 volte nel Vangelo, sempre sulla bocca di Gesù, per rappresentare se stesso. Tale titolo starebbe in relazione con Daniele 7,13-15, dove il Figlio dell'uomo è veduto <<venire sulle nubi del cielo>>, e gli fu data la sovranità, la gloria e il Regno affinché tutti i popoli, le nazioni e le lingue lo servono>>. Esso contiene una chiara allusione celeste di Gesù e alla sua dignità divina e messianica. Al tempo stesso tale titolo di sapore ebraico, attirava l'attenzione sull'umiltà della sua condizione umana. I due motivi sono confermati da una parte dalle sofferenze, l'umiliazione e la passione del Figlio dell'uomo; dall'altra i passi in cui se ne rivendica la potenza e l'autorità divina, la vittoria, la risurrezione, e la gloria presso il Padre. L'auto designazione di Gesù come Figlio dell'uomo ne indica quindi ad un tempo la natura e l'attività umana- divina. Questo titolo veniva citato perché era meno del titolo popolare di <<figlio di Davide>>, che poteva prestarsi a fraintendimenti di natura politica. Rivelava e al tempo stesso velava.

Rimprovero alle città impenitenti. Luca 10,13-16 (Matteo 11,20-24)

10-13 Guai a te, Chorazin, guai te, Betsaida! Perché se a Tiro e Sidone fossero stati compiuti i miracoli fatti tra voi, già da molto tempo si sarebbero convertiti vestendo il cilicio e sedendosi nella cenere. **14**Perciò nel giudizio si userà più tolleranza tra Tiro e Sidone, che con voi. **15**E tu Cafarnao, credi che sarai innalzata fino al cielo? Fino all'Ade sarai precipitata! **16**Chi ascolta voi ascolta me, e chi disprezza voi disprezza me. E chi disprezza me, disprezza Colui che mi ha mandato>>.

10,13 sg. Le città Betsaida e di di Corazin, di Cafarnao erano i luoghi nei quali Gesù aveva svolto più che altrove, la sua attività. Di questa attività vengono messe in particolare rilievo i miracoli, nei quali si era manifestato la potenza divina di Gesù. A queste città Gesù aveva offerto salvezza potenza e gloria. Ma esse non hanno corrisposto. Gesù sa che Tiro e Sidone, le due città pagane ritenute il centro peccaminoso e lo sfruttamento dei poveri, avrebbero fatto penitenza se avesse compiuto in esse i miracoli compiuti a Corazin a Betsaida e a Cafarnao. **15.**Quella di Gesù non è una minaccia ma un grido di dolore e di lamento.Frase citata in Isaia 14,13-15. (la tradizione cristiana applica il testo alla caduta di Satana).

La rivelazione del Vangelo ai semplici. Luca 10,21-24 (Matteo 11,25-30)

10 -21 In quello stesso istante esultò nello Spirito Santo e disse:

<<Io ti rendo lode, o Padre, Signore del

[cielo e della terra,

che hai nascosto queste cose hai dotti e ai

[sapienti

e le ha rivelate hai semplici! Si, o Padre,

[perché così è piaciuto a te.

22Ogni cosa è stata a me affidata dal Padre

[mio,

e nessuno conosce chi è il Figlio se non il

[Padre,

né chi è il Padre se non il Figlio,

e colui al quale il Figlio lo voglia rivelare>>.

23E rivolgendosi ai discepoli, in disparte, disse: <<Beati gli occhi che vedono ciò che voi vedete! **24**Vi dico che molti profeti e re hanno desiderato vedere quello che voi vedete, ma non lo videro, e udire quello che voi udite, ma non l'udirono>>.

10,21. Versetti di commossa intonazione lirica, che introducono nell'intimo di un rapporto misterioso che non si può definire a parole tra il Padre e il Figlio, e imprimono come in un sigillo di fuoco alla figura di Gesù un carattere sovrumano di mediatore tra Dio e L'umanità. **22sg.** Questo passo esprime l'alta coscienza che Gesù di se stesso. E i <<misteri del Regno>> sono svelati ai semplici discepoli, e nascosti ai sapienti scribi e Farisei. Con fare allusione al gioco della Legge, Gesù contrappone il suo insegnamento con quello dei maestri del giudaismo (cfr. Siracide 51,27).

Parabola del buon Samaritano. Luca 10,25-37

10-25 Ed ecco che un dottore della Legge si alzò per metterlo alla prova, dicendo: <<Maestro, che debbo fare per meritare la vita eterna?>>. **26**Ed egli disse: Che cosa sta scritto nella Legge? Come leggi?>>. **27**Quegli rispose dicendo: <<Amerai il Signore Dio tuo con tutto il cuore, con tutta la tua anima, con tutta la tua forza, e con tutta la tua mente, e il prossimo tuo come te stesso>>. **28**Ed egli a lui: <<Hai risposto bene; fai questo e vivrai!>>. **29**E quello, volendo giustificarsi, disse a Gesù: <<Ma chi è il mio prossimo?>>. **30**Gesù replicando disse: <<Un uomo discendeva da Gerusalemme a Gerico, e incappò nei briganti i quali lo spogliarono e ferirono e poi se ne andarono, lasciandolo mezzo morto. **31**Per caso, un sacerdote discendeva per quella strada e, vedutolo, passò oltre. **32**Similmente anche un levita, giunto in quel luogo, vide, e passò oltre. **33**Invece un Samaritano, che era in viaggio, passandogli accanto lo vide, e s'impietosì. **34**E, accostatosi, gli fasciò le ferite, versandovi olio e vino, e caricatolo sopra il suo giumento, lo portò all'albergo e si prese cura di lui. **35**E il giorno seguente, tratti fuori due denari, li diede all'albergatore, dicendo: Abbi cura di lui, e ciò che spenderai in più, te lo rifonderò al mio ritorno. **36**Chi di quei tre ti sembra che sia stato il prossimo di colui che è incappato nei ladroni?>>. **37**Quello rispose: <<Colui che gli ha usato misericordia>>. E Gesù gli disse: Và e fa anche tu così>>.

1,27 Cfr. (Deuteronomio 6,5 e Levitico 19,18. 29). **29.** La domanda sembra voler dire: Chi è esattamente l'oggetto della carità prescritto dalla Legge: il compatriota, il sacerdote, il pagano, il forestiero? Alla domanda teorica dello scriba, Gesù risponde con una lezione pratica della vita sulla condotta da lui insegnata. **30.** Da Gerusalemme (metri 750 sul livello del mare) scendeva a Gerico (metri 250 sotto il livello del mare) una strada lunga 28 Km., attraverso luoghi solitari e selvaggi. **32.** I leviti erano i membri della tribù di Levi, alla quale erano affidate le mansioni del culto: le funzioni sacerdotali vere e proprie venivano riservate, nella stessa tribù, ai discendenti della famiglia di Aronne fratello di Mosè. **33.** La scelta di un Samaritano, è perché ritenuta dai Giudei ateo e peccatore ed erano incapaci di atti caritatevoli. Come modello da imitare, allude, sulla bocca di Gesù, all'universalità della chiamata evangelica.

Marta e Maria. Luca 10,38-42

10-38 E mentre erano in cammino, entrò in un villaggio, ed una donna, di nome Marta, lo ospitò nella sua casa. **39**Ella aveva una sorella, di nome Maria, la quale sedutasi ai piedi del Signore, ascoltava la sua parola. **40**E Marta era tutta presa da molti servizi, e intervenne dicendo: <<Signore, non t'importa che mia sorella mi abbia lasciata sola a servire? Dille dunque che mi venga in aiuto>>. **41**E il Signore rispondendo, le disse: <<Marta, Marta, tu ti preoccupi e ti affanni per molte cose. Ma poche cose sono necessarie, anzi una sola. **42**Maria ha scelto la parte buona che non le sarà tolta.

10,38. Marta e Maria, sorelle di Lazzaro, presentate qui; secondo la tradizione dei padri della Chiesa e medioevale ha ravvisato in esse due tipi fondamentale della Chiesa cristiana, Marta, operosa che dedicava con zelo la sua attenzione nell'eseguire i preparativi per l'ospitalità, e Maria che si dedica all'attenzione e ammirazione delle meravigliose parole e alla contemplazione spirituale del volto di Gesù. **40.** Era tutta presa, letteralmente <<era divisa>>. **41.** Variazione <<Una sala casa è necessaria>>, <<poche cose sono necessarie>>. Con tono di benevole rimprovero Gesù fa osservare a Marta che sono sufficienti poche cose materiali, basti un solo piatto; anziché distrarsi, Maria ha scelto la parte buona di ascoltare la parola di Dio, e non ne deve essere distolta.

I discepoli chiedono di insegnarli a pregare. Luca 11,1

11-1 Ed avvenne che mentre si trovava in un luogo a pregare, quand'ebbe finito, uno dei discepoli gli disse: <<Signore, insegnaci a pregare, come anche Giovanni ha insegnato ai suoi discepoli>>.

Il <<Padre Nostro>>. Matteo 6,5-15; 6,1-4; (Luca 11,2-4)

6-5E quando pregate non fate come gli ipocriti che amano pregare in piedi nelle sinagoghe e negli incroci delle piazze per essere veduti dagli uomini. In verità vi dico: hanno già avuto la ricompensa. **6**Tu invece quando preghi entra nella tua camera, e chiudi la porta per pregare il Padre tuo nel segreto; e il Padre tuo che vede nel segreto ti ricompenserà. **7**Pregando poi, non fate tiritere come i pagani, i quali credono di venire ascoltati a furia di parole, **8**non fate dunque come loro; il vostro Padre sa ciò di cui avete bisogno prima che glielo chiediate. **9**Voi dunque pregate così:

Padre nostro che sei nei cieli

Sia santificato il tuo nome;

10venga il tuo Regno;

sia fatta la tua volontà,

come in cielo così sia fatta in terra.

11Dacci oggi il nostro pane quotidiano,

12e rimetti a noi i nostri debiti

Come noi li rimettiamo ai nostri debitori,

13e non ci esporre in tentazioni,

ma liberaci dal Maligno.

14Se voi infatti perdonate agli uomini le loro colpe, il vostro Padre celeste le perdonerà anche a voi; **15**ma se voi non le perdonerete agli uomini, il vostro Padre non perdonerà le vostre colpe.

6,6. Gesù non condanna la preghiera in comune, ma l'esibizione ambiziosa di mettersi in mostra nella preghiera**10**. In luogo di venga il tuo regno, alcuni testi dicono: <<Venga il tuo Spirito Santo su di noi e purifichi>>, che può essere un'autentica aggiunta battesimale. **11.** Quotidiano è la traduzione più comune e tradizionale del termini (epiousion) che significa verosimilmente <<necessario per l 'esistenza>>. Nella Chiesa antica si applicò spesso questo termine al pane eucaristico, da ciò la versione latina <<supersubstantialem>>. San Girolamo riferisce che nel I Vangelo aramaico dei Nazarei c'era il termine <<mabar>> che significa: <<domani>>, e il significato sarebbe: <<dacci oggi il nostro pane di domani>>, cioè il pane o il nutrimento della vita eterna. **12.**Debiti <<peccati>>.   **13.** Dal Maligno o dal male sono due termini possibili, perché secondo il Vangelo dietro ogni male si nasconde l'opera di Satana. La seconda versione ha prevalso nella Chiesa Cattolica per influsso della versione latina <<libera nos a malo>>. Alcuni codici aggiungono conclusione: <<Perché tuo è il Regno, la potenza e la gloria nei secoli; amen!>>.

Elemosina e digiuno. Matteo 6.1-4; 6,16-18

6-1 Guardatevi dall'ostentare la vostra giustizia davanti agli uomini per essere ammirati da loro, altrimenti non avrete meriti davanti al Padre vostro che è nei cieli. **2**Quando dunque fai l'elemosina, non suonare la tromba davanti a te, come fanno gli ipocriti nelle sinagoghe e nelle strade, per essere glorificati dagli uomini. In verità vi dico: Hanno già ricevuto la ricompensa. **3**Tu invece quando fai l'elemosina non sappia la tua sinistra ciò che fa la destra, **4**perchè la tua elemosina resti nel segreto; e il Padre tuo che vede nel segreto ti ricompenserà. **6 16**E quando digiunate non ostentate squallore nel volto come gli ipocriti che si sfigurano la faccia per far vedere agli uomini che digiunano; in verità vi dico: hanno già ricevuto la loro mercede. **17**Tu invece quando digiuni profumati la testa e lavati il volto **18**per non far vedere egli uomini che digiuni, ma al Padre tuo nel segreto ; e il Padre tuo, che vede nel segreto, ti ricompenserà.

6,1. Ostentare, letteralmente <<fare la vostra giustizia>>, per la quale s'intendono le tre opere fondamentali della pietà giudaica: elemosina, preghiera e digiuno. Secondo la morale di Gesù qualsiasi ricerca di sé deve lasciare il posto, nell'adempirle, alla persona di Dio e al prossimo. In queste parole in cui si riflette lo <<stile orale>> di Gesù

Parabola dell'amico importuno. Luca 11, 5-8

1-5 E disse loro: <<Se uno di voi ha un amico e va da lui a mezzanotte a dirgli: Amico, prestami tre pani, **6**perchè è passato da me un amico in viaggio, e non ho nulla da mettergli innanzi; **7**e se quelli da di dentro gli risponde: Non disturbarmi, la porta è già chiusa e i miei bambini sono nel giaciglio con me; ma non posso alzarmi per darteli; **8**vi dico che, se anche non si alzerà a darglieli perché gli è amico, si leverà a dargliene quanti gli ne accorrono almeno per la sua insistenza.

11,5-8. Gesù sembra voler insistere presso i suoi discepoli, e appena assegnato la preghiera del Padre, ne vuole confermare la potenza. Gesù svela il segreto di questa potenza nuova e buona che il Padre ci ha dato in dono. La parabola parla della potenza dell'amicizia. Un uomo povero di mezzi per sfamare i figli, và da un amico fraterno da non esitare a fargli visita in ore notturne a chiedere il sostentamento per i propri figli. Quest'uomo fa una preghiera audace fino alla sfrontatezza. All'amico gli sono cari i bambini che sono a letto con lui, ma gli sono cari anche quelli che nella notte celebrano lo splendore di una potenza d'amore, capace di annullare per la forza della preghiera tutte le barriere.

Efficacia della preghiera. Luca 11,9-13

11-9 Ed io vi dico: Chiedete e vi sarà dato; cercate e troverete; bussate e vi sarà aperto. **10**Perchè chi chiede riceve, chi cerca trova, e a chi bussa viene aperto. **11**E quale padre tra di voi, il figlio gli chiedesse un pesce, gli darebbe un serpente invece di un pesce? **12**o se gli chiedesse un uovo, gli darebbe uno scorpione? **13**Se dunque, voi, che siete cattivi, sapete dare cose buone ai vostri figli, quanto più che il vostro Padre del cielo darà lo Spirito Santo a coloro che gli lo chiedono?>>.

11,11. Gesù <<Se il figlio gli chiedesse un pane, gli darebbe una pietra? o un pesce, gli darebbe un serpente>>. Probabile allusione a un tipo di pesce velenoso del lago di Galilea, chiamato pesce <<serpente>> dai pescatori. **13.** Al posto di cose buone come si legge nel detto è il dono dello Spirito Santo, che è il dono per eccellenza di Cristo. In questi versetti Gesù non intende che qualsiasi cosa richiesta con fede verrà esaudita, ma il ricevere il dono dello Spirito Santo, il dono per eccellenza che da la salvezza. Gesù non vuole dare l'illusione che basti chiedere qualsiasi cosa a Dio per essere immancabilmente esauditi. La preghiera non deve essere un mezzo per fare pressione su Dio e ottenere che Egli ceda ai desideri umani. Solo la preghiera che apre l'uomo all'azione dello Spirito, un'azione che lo rende conforme hai desideri di Dio.

La regola d'oro. Matteo 7,12

7-12 Quindi: tutto quello che volete che gli uomini facciano a voi, fatelo anche voi a loro: questa è la Legge e i Profeti.

7,12. Dopo Gesù enunciò la famosa<< regola d'Oro>> nella quale indica la sostanza di tutta la Legge e i profeti. Il Maestro domanda hai suoi discepoli di stabilire la propria condotta verso gli altri in funzione di un amore sincero e generoso, come quello che nutrono verso se stessi. La tradizione cristiana da San Paolo a San Agostino, a San Tommaso ravvisa il punto d'incontro tra la legge naturale, scritta nel cuore dell'uomo, e la legge rivelata. Non fa quindi meraviglia ritrovare questa espressione, con varianti trascurabili, in tutte le grandi religioni: Confucianismo, Induismo, Buddismo, Islam. Si espone il tema in cui si definisce l'adempimento di Gesù di fronte alla legge e i profeti, cioè tutto l'Antico Testamento. Egli non è venuto per abolire la Legge, emanazione della volontà di Dio, ma neanche eseguirla materialmente; la porta a compimento, rivelandone le profonde esigenze, ne completa lo sviluppo e lo sublime con lo spirito del Vangelo, orientato verso l'amore di Dio e il prossimo.

Le due vie. Matteo 7,13-14

7-13 Entrate per la porta stretta, perché larga e spaziosa la via che porta alla perdizione, e sono molti quelli che vi passano; **14** quanto è stretta invece la porta e angusta la via che porta alla vita e quanto pochi sono quelli che la trovano.

7,13-14. La parola di Gesù non è qualcosa da comprendere e interpretare ma deve soprattutto diventare una scuola di vita da seguire.

Gesù e Beelzebul e le calunnie degli scribi. Luca 11,14-26 (Matteo 12,22-32; Marco 3,22-30)

11-14 E stava scacciando un demonio che era muto. Ed avvenne che uscito il demonio, quel muto cominciò a parlare, e le folle furono piene di meraviglia. **15**Ma alcuni di loro dissero: <<E' in nome di Beelzebul, capo dei demoni, che egli caccia i demoni>>. **16**Ed altri, per metterlo alla prova, gli chiedevano un segno dal cielo. **17**Ed egli, conoscendo i loro pensieri, disse loro: <<Ogni regno diviso in se stesso va in rovina, e una casa cade sull'altra. **18**Che se anche Satana è diviso in se stesso, come potrà sussistere al suo regno? Voi dite che io scaccio i demoni per mezzo di Beelzebul; **19**Ma se io scaccio i demoni per mezzo di Beelzebul i vostri figli per mezzo di chi li scacciano? Perciò essi stessi saranno i vostri giudici. **20**Ma se io scaccio i demoni col dito di Dio, è dunque giunto a voi il Regno di Dio. **21**Quanto un uomo forte, ben armato, monta la guardia alla sua dimora, tutti i suoi beni stanno al sicuro. **22**Ma se arriva uno più forte di lui, e lo vince, gli strappa via l'armatura nel quale confidava, e ne spartisce il bottino. **23**Chi non è con me, è contro di me; e chi non raccoglie con me, disperde. **24**Quando lo spirito impuro esce dall'uomo, si aggira per luoghi aridi in cerca di riposo e, non trovandone, dice: Ritornerò nella mia casa di dove sono uscito. **25**E venuto, la trova spazzata e adorna. **26**Allora va, e prende altri sette piriti peggiori di lui ed entrati vi dimorano, e la situazione finale di quell'uomo diventa peggio della prima>>.

11,14. Beelzebul (Propriamente Baal Zebul! = <<Baal il principe>>) era il nome di un'antica divinità cananea, che i giudei, in base al Salmo 95,5 che dice: tutti gli dei delle nazioni sono un nulla, ma il Signore ha fatto i cieli, qualificavano come

<<principe dei demoni>>. La forma Beelzebul della volgata latina, sembra derivata da una forma spregiativa = <<Baal delle mosche>>. **20.** Il dito di Dio, come <<la mani di Dio>>. Designazione della potenza vittoriosa di Dio. **24-26.** Questi passi servono da conclusione a tutta disputa con i Farisei: Gesù il forte che è venuto nel dominio di Satana e lo ha cacciato, infrangendo il suo potere. Ma questa generazione (i Farisei) non vuole riconoscere il Salvatore. Allora Satana dai luoghi aridi e deserti in cui è stato cacciato (per gli antichi semiti, cioè gruppo etnico derivante da Sem figlio di Noè, il deserto era l'abitazione dei demoni) ritorna a prendere possesso definitivo della sua preda. Quindi, Gesù non poteva dare una prospettiva peggiore agli avversari.

ELOGIO DELLA MADRE DI GESU'. La vera beatitudine. Luca 11,27-28

11-27 Ed avvenne che, mentre diceva questo, una donna dalla folla alzò la voce, e disse: <<Beato il grembo che ti ha portato, e le mammelle che hai succhiato!>>. Ed egli disse: **28**<<Beati quelli che ascoltano la parola di Dio e la custodiscono>>.

1,27-28. Maria fu perfetta nell'ascoltare la parola di Dio fin dalla concezione. In questo episodio si ravvisa forse l'adempimento delle predizioni di Elisabetta e di Maria stessa.

I Farisei chiedono un segno dal cielo. Matteo 16,1-3   (Marco 8,10-13)

6-1 avvicinatisi i Farisei e i Sadducei, gli chiesero, per metterlo alla prova, che mostrasse un segno dal cielo. **2**Ed egli rispose dicendo: <<Quando si fa sera dite: Bel tempo, il cielo è rosso; **3**e al mattino: Oggi burrasca, il cielo è rosso cupo! Sapete dunque interpretare l'aspetto del cielo, ma non i segni dei tempi?

6,1. I giudei invocano un segno prodigioso di carattere meteorico, tipo la caduta di un astro o di una stella (cfr. Isaia 7,11 sgg.). Gesù con linguaggio religioso tradizionale li chiama adulteri, perché vede in nella loro richiesta un senso di infedeltà cronica di Israele verso Dio, Sposo della nazione.

Il segno di Giona. Luca 11,29-32 (Matteo 12,40-42)

11-29 E mentre la folla si accalcava prese a dire: <<Questa generazione è una generazione malvagia, cerca un segno, ma segno non le sarà dato se non il segno di Giona. **30**Poichè come Giona fu un segno per Ninive , cosi anche sarà il Figlio dell'uomo per questa generazione. **31**La regina del Mezzogiorno sorgerà nel giudizio con gli uomini di questa generazione, e li condannerà; perché venne dalle estremità della terra per ascoltare la sapienza di Salomone, ed ecco che qui v'è più di Salomone. **32**I cittadini di Ninive risorgeranno nel giudizio con questa generazione, e la condanneranno; perché essi si convertirono alla predicazione di Giona, ed ecco che qui v'è più di Giona!

12,30. In Matteo Il segno di Giona, è spiegato in funzione della morte e risurrezione di Gesù; qui invece in Luca l'accostamento viene limitato al segno della predicazione impartita da Gesù ai contemporanei, come da Giona ai Niniviti, ma con esito diverso. Invece I tre giorni e tre notti nel cuore della terra sono da intendersi in maniera approssimativa. **32.** La visita della regina di Saba venuta a Gerusalemme dall'Arabia Felici (oggi Yemen) si legge in 1Re 10,1-13.

Seconda moltiplicazione dei pani. Matteo 15,29-39(Marco 8,1-9)

15-29 Allontanatosi di là, Gesù venne presso il mare di Galilea e, salito sul monte, si pose a sedere. **30**E si radunò attorno a lui molta folla recando con se zoppi, storpi, ciechi, sordi e molti altri malati e li deposero ai suoi piedi, ed egli li guarì, **31**onde la folla era piena di stupore al vedere i muti parlare, gli storpi risanati, gli zoppi camminare e i ciechi avere la vista. E glorificavano il Dio d'Israele. **32**Allora Gesù chiamò a sé i discepoli e disse: <<Sento compassione di questa folla, perché da tre giorni mi stanno dietro se non hanno da mangiare. Non voglio mandarli digiuno, affinché non abbiano a venire meno per istrada>>. **33**E i discepoli gli dissero: <<Dove potremmo trovare nel deserto tanti pani da sfamare una folla cosi grande?>>. **34**Ma Gesù disse loro: <<Quanti pani avete?>>. Risposero: <<Sette, e pochi pesciolini>>. **35**E dopo aver ordinato alla folla di sedersi per terra, **36**Prese i sette pani e i pesci, rese grazia, e li spezzò, e li dava ai discepoli, e i discepoli alla folla. **37**E mangiarono tutti, e furono saziati e dei pezzi avanzati portarono via sette sporte piene. **38**Quelli che avevano mangiato erano quattromila uomini senza contare le donne e i bambini. **39**E congedata la folla, salì sulla barca e andò nella regione di Magadan.

15,29-30. Questa seconda moltiplicazione dei pani è strettamente parallela alla prima; anche il luogo, la costa nordorientale non è lontano da quello in cui avvenne la prima moltiplicazione. Molti pensano che sia un duplicato dello stesso evento, ma ciò sembra escluso dalla presenza di tutti e due gli episodi in Matteo e marco, e inoltre una frase di Gesù, riferita in (Matteo 16,9) e (Marco 8,19) distingue i fatti. **39.** Magadan, variazione di Magdala che si trova sulla sponda occidentale del lago. Vi è stato un fraintendimento della parola <<dilmeonathe>> che in aramaico significa <<La terra della sua dimora>>, cioè Cafarnao.

A Gerusalemme per la festa delle capanne. Giovanni 7,1-13

7-1 Dopo questi fatti Gesù percorreva la Galilea; non voleva infatti più percorrere la Giudea, **2**Ora si avvicinava la festa dei Giudei, detta dei tabernacoli; **3**e i suoi fratelli gli dissero: <<Parti di qui, e và nella Giudea perché anche i tuoi discepoli vedano le opere che tu fai. **4**Nessuno infatti agisce di nascosto, se vuole venire riconosciuto pubblicamente. Se fai tali cose, manifestati al mondo!>>. **5**Neppure i suoi fratelli credevano in lui. **6**E Gesù disse loro: <<Il mio tempo non è ancora giunto, il vostro invece è sempre pronto. **7**Il mondo non può più odiare voi, odia me, perché io attesto contro di lui che le sue opere sono cattive. **8**Salite voi a questa festa; ad essa io non salgo ancora, perché il mio tempo non è ancora compiuto>>. **9**E dette loro queste cose, restava nella Galilea. **10**Ma saliti che furono i suoi fratelli alla festa, allora salì anch'egli; non palesemente, ma di nascosto. **11**I Giudei intanto lo cercavano durante la festa e dicevano: <<Dov'è quel tale?>>. **12**E si faceva sommessamente un gran parlare di lui tra la folla; gli uni dicevano: <<E' buono>>. Altri invece: <<No, ma inganna la gente>>. **13**Nessuno però ne parlava in pubblico, per timore dei Giudei.

7,1. La festa delle Capanne, era, insieme alla Pasqua a alla Pasqua e alla Pentecoste, una delle tre grandi solennità che obbligava gli Israeliti a presentarsi al tempio. Durava otto giorni (dal 15 al 22 Thisri = settembre-ottobre) ed aveva lo scopo di ringraziare Dio per i raccolti dell'anno, e di commemorare il soggiorno degli Ebrei nel deserto al tempo dell'Esodo (Levitico 23,34-36). Durante tutta la settimana si abitava in capanne improvvisate , si facevano processioni e fiaccolate e la festività assumeva l'aspetto festoso della sagra popolare. **3.** Fratelli, nel senso di cugini o parenti. **6.** Il tempo di salire a Gerusalemme, o il tempo della passione e della glorificazione, l'<<ora>> istante delle sofferenze da patire.

Gesù proclama la sua missione divina. Giovanni 7,12-39

7-14 Ma quando ormai si era a metà della festa, Gesù salì al Tempio e insegnava. **15**Ed i Giudei erano stupefatti e dicevano: <<Come mai costui conosce le lettere, senza averle imparate?>>. **16**E Gesù rispose loro, dicendo: <<La mia dottrina non è mia, ma di colui che mi ha mandato. **17**Chi vuol fare la volontà di lui, conoscerà se questa dottrina è di Dio, o se io parlo da me stesso. **18**Chi parla da se stesso, cerca la propria gloria, ma chi cerca la gloria di colui che l'ha mandato è veritiero, e non c'è ingiustizia in lui. **19**Mosè non vi ha forse dato la Legge? Ma nessuno di voi osserva la Legge! Perché cercate di uccidermi?>>. **20**Rispose la folla: <<Sei indemoniato! Chi cerca di ucciderti?>>. **21**Rispose Gesù, e disse loro: <<Un'opera sola ho compiuto, e tutti ne fate meraviglie. **22**Mosè vi ha dato la circoncisione – non che essa venga da Mosè, ma dai Patriarchi – e voi circoncidete un uomo di sabato. **23**Or se un uomo riceva la circoncisione di sabato per adempire la legge di Mosè, vi sdegnate contro di me perché di sabato ho risanato un uomo intero? **24**Non giudicate secondo le apparenze, ma con retto giudizio giudicate!>>. **25**Intanto alcuni di Gerusalemme dicevano: <<Non è costui che cercano di uccidere? **26**Ed ecco parla apertamente, e non gli dicono niente. Che abbiano riconosciuti davvero i capi, che è il Messia? **27**Ma costui sappiamo di dov'è; il Messia invece, quando verrà, nessuno saprà di dove sia>>. **28**Gesù allora, mente insegnava, gridò forte nel Tempio e disse: <<Si, mi conoscete e sapete di dove sono; ma io non sono venuto da me, e chi mi ha mandato è veritiero, e voi non lo conoscete. **29**Io lo conosco, perché vengo da Lui, e Lui mi ha mandato>>. **30**Allora cercarono di fermarlo, ma nessuno riuscì a mettergli le mani addosso, perché non era ancora giunta la sua ora. **31**E molti della folla cedettero in lui, e dicevano: <<Il Messia, quando verrà, potrà fare segni più grandi di quelli che ha fatto costui?>>. **32**I Farisei udirono la folla sussurrare queste cose a suo riguardo, e i Sommi Sacerdoti e i Farisei inviarono delle guardie per catturarlo. **33**E Gesù disse: <<Per poco tempo ancora sono con voi, poi vado da colui che mi ha mandato. **34**Voi mi cercherete, e non mi troverete; e dove sono io, voi non potete venire>>. **35**Dicevano perciò tra loro i Giudei: <<Dove mai sta per andare costui, che noi non potremo trovarlo? Andrà forse da quelli che sono dispersi tra i Greci e ammaestrerà i Greci? **36**Che parola è questa che ha detto: Mi cercherete e non mi troverete, e dove sono io voi non potrete venire?>>. **37**E nell'ultimo giorno, il grande giorno della festa, Gesù stando in piedi, dichiarò forte: <<Chi ha sete, venga a me e beva, **38**chi crede in me! Come disse la scrittura, fiumi di acqua viva sgorgheranno dal suo seno>>. **39**E questo disse riferendosi allo Spirito che avrebbero ricevuto quelli che credono in lui. Allora infatti non c'era ancora lo Spirito, perché Gesù non era ancora stato glorificato.

7,23. L'argomentazione di Gesù è sostenuta dal consenso della superiorità indiscussa della Legge della carità sulle indicazione della legislazione della Legge mosaica. La circoncisione fu imposta da Dio ad Abramo: cfr. Genesi 17,9-14. **26.** I capi: cioè i sommi sacerdoti. **28.** Si sapeva che il Messia doveva essere un discendente di Davide e nascere a Betlemme; conosceva ma l'opinione popolare attendeva una comparsa improvvisa, dopo l'esistenza in un luogo nascosto. Nella risposta Gesù riprende quest'idea e la svolge in suo favore. **30.** L'ora è quella stabilita da Dio per glorificare nel mistero pasquale, il suo Figlio. **35.** Allusione, che facevano i Giudei non senza una punta di orgoglioso disprezzo agli Ebrei della <<diaspora>> dispersi nel mondo pagano, soprattutto nell'Asia Minore ad Alessandria e a Roma. **37.** <<Chi ha sete venga a me e beva! Chi crede in me, come dice la scrittura, fiumi di acqua viva ...>>. Questa lettura presenta Cristo come fonte di vita eterna e come principio e datore dello Spirito Santo. La Scrittura citata potrebbe identificarsi col passo che menziona la roccia del deserto (cfr. Salmo 105,41) non espressamente dichiarata figura di Cristo, e con molti altri testi profetici che descrivono il Messia come donatore dello Spirito Santo. **38.** L'effusione dello Spirito avvenne infatti dopo la risurrezione e l'ascensione di Cristo, a cominciare dalla Pentecoste (Atti 2).

Diverse opinione di Gesù. Giovanni 7,40-53

7-40 All'udire queste parole, alcuni della folla dicevano: <<Questi è davvero il Profeta!>>. **41**Altri dicevano: <<Questi è il Messia!>>. Altri invece dicevano: Ma il Messia viene forse dalla Galilea? **42**Non dice forse la Scrittura che il Messia viene dalla stirpe di Davide e da Betlemme, il villaggio dove c'era Davide?>>. **43**E nacque dissenso tra la folla, a motivo di lui. **44**E alcuni di essi vollero arrestarlo, ma nessuno gli pose addosso le mani. **45**E le guardie tornarono dai Sommi Sacerdoti e i Farisei, e questi dissero loro: <<Perché non lo avete condotto?>>. **46**Risposero le guardie: <<Nessun uomo mai ha parlato come parla costui!>>. **47**Ma i Farisei replicarono loro: <<Vi siete forse lasciati ingannare anche voi? **48**C'è forse alcuno dei capi o dei Farisei che gli abbia creduto? **49**Ma questa gentaglia che non conosce la Legge, è maledetta!>>. **50**Disse allora Nicodemo, uno dei loro, che era andato da Gesù in precedenza: **51**<<La nostra Legge giudica un uomo prima di averlo ascoltato, e di sapere ciò che fa?>>. **52**Gli risposero e gli dissero: <<Saresti forse anche tu della Galilea? Studia e vedrai che non sorge profeta dalla Galilea>>. **53**E ciascuno tornò a casa sua.

7,41 43. Gesù aveva trascorso praticamente tutta la vita a Nazareth. Non tutti gli ascoltatori di Gesù vedano in lui il Cristo, alcuni ritengono impossibile tale riconoscimento per la sua provenienza dalla Galilea. **44-46.** La risposta delle guardie mette in risalto il fascino che emanava Gesù. Nella loro semplicità questi uomini sono presi da stupore e ammirazione delle parole che avevano udite da Gesù. **47-49.** L'arroganza dei farisei raggiunge il colmo quando considera maledetto il popolo che non conosce la Legge: si trattava di contadini, di analfabeti, di servi. **50 sg.** Non tutti i capi condividevano questo atteggiamento ostile dei Sommo Sacerdoti e dai farisei, Nicodemo dissentì dal giudizio dei suoi colleghi ed ebbe il coraggio di prendere le difese di Gesù appellandosi alla Legge di Mosè. I capi reagiscono alla contestazione di Nicodemo circa la legalità del loro atteggiamento e lasciano trasparire sdegno e irritazione.

La donna adultera. Giovanni 8,1-11

8-1E Gesù si avviò presso il monte degli Ulivi. **2**Allora si presentò di nuovo nel Tempio, e tutto il popolo si radunò da lui ed egli, sedutosi, li ammaestrava. **3**Allora gli scribi e i Farisei traggono innanzi una donna sorpresa in adulterio e, postala nel mezzo **4**gli dicono: <<Maestro, questa donna è stata colta in flagrante adulterio. **5**Ora, Mosè, nella Legge, ci ha comandato di lapidare queste tali. Tu che ne dici?>>. **6**Questo dicevano per metterlo alla prova, onde avere di che accusarlo. Allora, Gesù, chinatisi scriveva col dito per terra. **7**E siccome insistevano nell'interrogarlo, si drizzò e disse: <<Chi di voi è senza peccato, scagli per primo una pietra contro di lei>>. **8**E chinatosi di nuovo scriveva per terra. **9**Ed essi, udito questo, se ne andavano uno per uno, cominciando dai più vecchi. E rimase solo, con la donna che stava nel mezzo. **10**E Gesù sollevandosi le disse: <<Donna dove sono? Nessuno ti ha condannato?>>. **11**Ed ella: <<Nessuno, Signore>>. E Gesù le disse: <<Neanch'io ti condanno; và e dora innanzi non peccare più>>.

8,1. L'episodio della donna adultera manca nella maggior parte dei codici e delle versione antiche compreso il papiro di Bodmer II scoperto recente), è ignorato da molti Padri, è riportato tuttavia da alcuni codici e versioni autorevoli e sembra conosciuto nella Chiesa già all'inizio del 2° secolo (Eusebio, Storia Eccl. 3,39). La Chiesa cattolica lo considera ispirato come tutto il resto della Sacra Scrittura. Non è escluso che la omissione sia dovuta alla prassi severa della Chiesa antica contro i peccati commessi dopo il battesimo e in particolare contro l'adulterio. **3.** Si noti come gli scribi e i Farisei mettono in evidenza il peccato della donna adultera e si aspettano che Gesù non sappia dare una risposta. **5.** La Legge puniva con la morte la colpa di adulterio (Levitico 20,10; Deuteronomio 22,22). **6.** Alcuni codici aggiungono: <<i peccati di ciascuno di loro>>, ma evidentemente è un'interpretazione. **9.** Se ne andavano; alcuni codici aggiungono: <<turbati dalla coscienza>>, altri <<fino agli ultimi>>.

Nuove discussioni con i Giudei. Gesù la luce del mondo. Giovanni 8,12-20.

8-12 E Gesù parlò loro di nuovo, dicendo:<<Io sono la luce del mondo; chi segue me, non camminerà nelle tenebre, ma avrà la luce della vita>>. **13**Gli dissero allora i Farisei: <<Tu dai testimonianza a te stesso; la tua testimonianza non è vera. **14**Gesù rispose, e disse loro: <<Anche se io rendo testimonianza di me stesso, la mia testimonianza è vera, perché so di dove vengo e dove vado, ma voi non sapete di dove vengo e dove vado. **15**Voi giudicate secondo la carne; io non giudico nessuno. **16**E se anche io giudico, il mio giudizio è vero, perché non sono solo, ma siamo io e il Padre che mi ha mandato. **17**Nella vostra Legge sta scritto che la testimonianza di due persone è vera. **18**Ora sono io a rendere testimonianza di me stesso, e c'è anche il Padre che mi ha mandato a testimoniare di me>>. **19**Gli dissero allora: <<Dov'è tuo padre?>>. Rispose Gesù: <<Voi non conoscete né me né il Padre ; se conosceste me, conoscereste anche il Padre mio>>. **20**Queste parole Gesù le pronunziò nel Tesoro, insegnando nel Tempio. E nessuno lo arrestò, perché non era ancora giunta l'ore.

8,12. Nella notte tra il primo e il secondo giorno della festa si facevano grandi illuminazioni nel Tempio, per ricordare la nube luminosa che aveva guidato gli Ebrei nell'Esodo (Esoso 13,21). Gesù abbia fatto questa dichiarazione sulla luce in occasione di tale cerimonia, additando implicitamente l'adempimento nella sua persona, dell'ispirazione divina sulla luce messianica (cfr. Isaia 9,22-9,1). Nella simbologia ebraica la luce rischiara il cammino verso Dio, preserva dalle tenebre del male e dell'errore, conduce alla vita eterna, ed è fonte di felicità e gioia. **15.** Secondo la carne: secondo le apparenze. **17.** Nella vostra Legge (cfr. Deuteronomio 17,6; 19,15).

Ammonimento ai Giudei increduli. Giovanni 8,21-30

8-21 E disse di nuovo a loro: <<Io vado, e voi mi cercherete, ma morirete nel vostro peccato. Perché dove io vado, voi non potete venire>>. **22**Dicevano allora i Giudei: <<Vorrà forse uccidersi, che dice: Dove vado io voi non potete venire?>>. **23**E diceva loro: <<Voi siete di quaggiù; io sono di lassù; voi siete di questo mondo, io non sono

di questo mondo. 24 Vi ho detto che morrete nei vostri peccati; se infatti non crederete che io sono, morirete nei vostri peccati>>. 25Gli dissero allora: <<Tu chi sei?>>. Gesù disse loro: <<Proprio quello che vi dico. 26Avrei molte cose da dire e da condannare sul conto vostro; ma Colui che mi ha mandato è veritiero, ed io dichiaro al mondo le cose che ho udito da lui>>. 27Non capirono che egli parlava loro del Padre. 28Disse allora Gesù: <<Quando avrete innalzato il Figlio dell'uomo, allora conoscerete che io sono, e che non faccio nulla da me stesso, ma che vi dico le cose che il Padre mi ha inseg-nato. 29E colui che mi ha mandato è con me, e non mi lascia solo, perché io faccio sempre le cose che gli piacciono>>.30 queste sue parole, molti credettero in lui.

8 ,21. <<Io sono>> viene spiegato, io sono il Messia oppure il divino colui che rivelato a Mosè (Esodo 3,14), che designava il Dio d'Israele come l'unico vero tra gli dei di tutti i popoli; in tal modo Gesù si dichiara apertamente nella sfera di Iahvè, e si propone come l'unico e vero Salvatore del mondo. 25. Altri codici dicono <<perché dovrei dirvelo>>, <<quello che vi dico fin da principio>>. Nella versione volgata latina <<Sono il principio che vi parlo>>. 28. Innalzato, cioè crocifisso, presenta il calvario come l'esaltazione di Cristo; i fatti Pasquali saranno la risposta all'interrogativo dei Giudei del versetto 25.

GESU' E ABRAMO. Gesù ribatte la pomposa superbia dei Giudei.

Giovanni 8,31-59

8-31 Gesù allora prese a dire ai Giudei che avevano creduto in lui: <<SE perseverate nella mia parola, sarete davvero miei discepoli 32e conoscerete la verità, e la verità vi farà liberi>>. 33Gli fu risposto: <<Siamo stirpe di Abramo, e non siamo mai stati schiavi di nessuno. Come puoi dire: Diverrete liberi?>>. 34Gesù rispose loro: <<In verità, in verità vi dico: chiunque commette peccato, è uno schiavo. 35E lo schiavo non resta per sempre nella casa, ma il figlio vi dimora per sempre; 36se dunque il figlio vi farà liberi, sarete davvero liberi. 37So che siete stirpe di Abramo, ma cercate di uccidermi perché la mia parola non penetra in voi. 38Io vi dico quello che ho veduto presso il Padre; fate anche voi quello che avete udito>>. 39Gli risposero dicendo: <<Il nostro padre è Abramo>>. Gesù replicò loro: <<Se siete figli di Abramo, fate le opere di Abramo; 40ora invece cercate di uccidere me, che vi ho detto la verità che ha udito da Dio; Abramo non ha fatto cosi! 41 Voi fate le opere del padre vostro>>. Gli risposero: <<Noi non siamo nati da fortificazione, noi abbiamo un solo

Padre, Dio!>>. **42**Disse loro Gesù: <<Se Dio fosse vostro Padre, mi amereste, perché io sono proceduto e vengo da Dio; non sono venuto da me stesso, ma lui mi ha mandato. **43**Perchè non comprendete il mio linguaggio? **44**Voi siete progenie del diavolo, che è vostro padre, e volete fare i desideri del padre vostro. Egli è stato omicida fin da principio, e non si è attenuto alla verità, perché la verità non era in lui. Quando dice il falso, parla del suo, perché è bugiardo e padre della menzogna. **45**E a me voi non credete perché dico la verità. **46**Chi di voi può convincermi del peccato? Se vi dico la verità, perché non mi credete? **47**Chi è da Dio, ascolta le parole di Dio: e voi non le ascoltate perché non siete da Dio>>. **48**I Giudei risposero, e gli dissero: <<Non diciamo bene noi, che sei un samaritano e che hai un demonio?>>. **49**Rispose Gesù: <<Io non ho un demonio, ma onoro il Padre mio, e voi mi disonorate. **50**Ma io non cerco la mia gloria; v'è Uno che la cerca e che giudica. **51**In verità, in verità vi dico: Se uno osserva la mia parola non vedrà la morte in eterno>>. **52**Gli dissero i Giudei: <<Ora sappiamo che hai un demonio. Abramo è morto, come anche i profeti, e tu dici: "Chi osserva la mia parola non gusterà la morte in eterno". **53**Sei tu più grande del nostro Padre Abramo, il quale è morto? Ed anche i profeti sono morti; chi pretendi di essere?>>. **54**Rispose Gesù: <<Se fossi io a glorificare me stesso, la mia gloria sarebbe nulla; c'è il Padre mio che mi glorifica, del quale voi dite: "E' il nostro Dio!", **55**e non lo conoscete, ma io lo conosco. E se dicessi di non conoscerlo, sarei come voi, un bugiardo; ma lo conosco, e osservo la sua parola. **56**Abramo, vostro Padre, ha esultato nelle speranza di vedere il mio giorno; lo vide e ne gioì>>. **57**Gli dissero allora i Giudei: <<Non hai ancora cinquant'anni , e hai veduto Abramo?>>. **58**Rispose loro Gesù: <<In verità, in verità vi dico: Prima che Abramo fosse, io sono>>. **59**Allora presero delle pietre per scagliarle contro di lui; ma Gesù si nascose ed uscì dal Tempio.

8,34. Uno schiavo; variazione di <<Schiavo del peccato>>. **39.** Variazione <<Se foste figli di Abramo fareste le opere che ha fatto Abramo>>. **40.** Sulla base dei dati biblici relativi delle due donne, Agar e Sara (Genesi 16,17-21), si vuol dimostrare che i veri eredi della promessa fatta ad Abramo sono i cristiani; non è sufficiente essere figli di Abramo secondo la carne, bisogna esserlo secondo la promessa, che si ottiene mediante la fede. Per concludere il ritorno allo stato antico comporta la privazione all'eredità: Agar-Sara, Ismaele e Isacco, alleanza sinaitica—alleanza nuova, Gerusalemme terrena—Gerusalemme celeste, filiazione secondo la carne—filiazione secondo lo Spirito, schiavitù—libertà, persecutori—oppressi, espulsi—eredi, ecc. **43sg.** I Giudei non comprendono le parole di Gesù, perché non possono dargli ascolto, e ciò avviene perché i trovano sotto l'influenza del diavolo omicida e menzognero. Fu lui a introdurre la menzogna (cfr. Genesi 3,1 sg.) e la morte (Genesi 2,17) nel mondo. **48.** Un samaritano, cioè un empio. **56.** La gioia di

Abramo derivò dalla promessa di avere nella sua discendenza Uno nel quale saranno benedette tutte le genti (Genesi 12,13); egli vide perciò il giorno di Gesù come uno che <<saluto da lontano>> (Ebrei 11,13). **57.** Gli anni dati a Gesù dai Giudei è volutamente esagerata, Abramo era vissuto quasi due millenni prima di Cristo.

Guarigione di un cieco nato. Giovanni 9,1-41

9-1 E passando vide un uomo cieco dalla nascita; **2**e i discepoli lo interrogarono dicendo: <<Rabbi, chi ha peccato, lui o i suoi genitori, per nascere cieco?>>. **3**Rispose Gesù: <<Né lui né, i suoi genitori, hanno peccato, ma e cosi perché si manifestassero le opere di Dio in lui. **4**E' necessario che compiono le opere do Colui che mi ha mandato finché è giorno; poi viene la notte, quando nessuno può operare. **5**Finché sono nel mondo, sono la luce del mondo>>. **6**Detto questo sputò per terra, e fece del fango con lo sputo, e spalmò il fango sugli occhi del cieco, **7**e gli disse: <<Và a lavarti nella piscina di Siloe (che tradotto significa "inviato")>>. Quegli andò, si lavò e tornò che ci vedeva. **8**Allora i vicini, e quelli che lo avevano visto prima mendicante, dicevano: <<Costui non è quello che stava seduto a chiedere l'elemosina?>>. **9** Alcuni dicevano: <<E' lui>>; altri dicevano: <<No, ma gli rassomiglia>>. Ed egli diceva: <<Sono io!>>. **10**Allora gli chiesero: <<Come dunque ti sono stati aperti gli occhi?>>. **11**Egli rispose: <<Quell'uomo, che si chiama Gesù, fece del fango e mi spalmò gli occhi e mi disse: Và alla piscina di Siloe e lavati! Ed io sono andato e, dopo essermi lavato, ho acquistato la vista>>. **12**E gli dissero: <<Dov'è quel tale?>>. Rispose: <<Non lo so>>. **13**Condussero quello che era stato cieco dai Farisei. **14**Era sabato quando Gesù aveva fatto del fango e gli aveva aperto gli occhi. **15**Lo interrogarono di nuovo anche i Farisei, come avesse riacquistato la vista. Ed egli disse loro: <<Mi ha messo del fango sopra gli occhi, e mi sono lavato e ci vedo>>. **16**Allora alcuni dei Farisei dissero: <<Quest'uomo non viene da Dio, perché non osserva il sabato>>. Altri dicevano: <<Come può un peccatore operare segni cosi grandi?>>. E c'era dissenso tra essi. **17**Allora dissero di nuovo al cieco: <<Tu che dici di lui, dall'averti aperto gli occhi?>>. **18**Egli rispose: <<E' un Profeta!>>. Allora i Giudei non vollero credere a suo riguardo che egli fosse cieco e avesse riacquistato la vista, finché chiamarono i genitori di colui che aveva riacquistato la vista; 19e li interrogarono dicendo: <<E' questo il vostro figlio che voi dite essere nato cieco? Come mai adesso ci vede?>>. 20 I genitori risposero e dissero: <<Sappiamo che questi è il nostro figlio, e che è nato cieco; **21**come poi adesso ci veda, non lo

sappiamo, né sappiamo chi gli abbia aperto gli occhi; chiedetelo a lui ha la sua età, può riferire lui di se stesso>>. **22**Cosi dissero i suoi genitori, perché avevano paura dei Giudei; questi infatti avevano ormai stabilito che se qualcuno lo riconoscesse come Messia, venisse espulso dalla sinagoga. **23**Per questo i suoi genitori dissero: <<Ha la sua età, chiedetelo a lui!>>. **24**Allora chiamarono di nuovo l'uomo che era stato cieco, e gli dissero: <<Dà gloria a Dio! Noi sappiamo che quest'uomo è un peccatore>>. **25**Quegli rispose: <<Se sia un peccatore, non lo so; una cosa però so: che prima ero cieco, ed ora ci vedo>>. **26**Allora gli dissero di nuovo: <<Che cosa ti ha fatto? Come ti ha aperto gli occhi?>>. **27**Rispose loro: <<Ve lo già detto, e non mi avete ascoltato; perché volete udirlo di nuovo? Vorreste farvi suoi discepoli anche voi?>>. **28**Allora lo insultarono e dissero: <<Sii pure tu discepolo di colui, noi siamo discepoli di Mosè. **29**Noi sappiamo che a Mosè Dio ha parlato; ma costui non sappiamo di dove sia>>. **30**Rispose quell'uomo e disse loro: <<Proprio questo è strano, che voi non sapete di dove sia, eppure mi ha aperto gli occhi! **31**Si sa che Dio non ascolta i peccatori, ma se uno ha il timore di Dio e ne compie la volontà, Dio l'esaudisce. **32**Da che mondo e mondo, non s'è mai udito che uno abbia aperto gli occhi a un cieca nato. **33**Se egli non fosse da Dio, non avrebbe potuto far nulla>>. **34**Gli risposero e gli dissero: <<Sei nato carico di peccati e insegni a noi?>>. E lo cacciarono fuori. **35**Gesù seppe che l'avevano cacciato fuori, e trovatolo gli disse: <<Tu credi nel Figlio dell'uomo?>>. **36**Egli rispose e disse: <<E chi è, Signore, perché io possa credere in lui?>>. **37**Gliu disse Gesù: <<L'hai già veduto, è chi parla con te, è lui>>. **38**Ed egli disse: <<Io credo, o Signore!>>. E gli si prostrò innanzi. **39**E Gesù disse: <<Io sono venuto in questo mondo per un giudizio, affinché quelli che non vedano, e quelli che vedono, diventano ciechi>>. **40**Alcuni dei Farisei che erano con lui udirono queste parole, e gli dissero: <<Siamo forse ciechi anche noi?>>. **41**Gesù rispose loro: <<Se foste ciechi sareste senza colpa; ma siccome dite: Noi vediamo, il vostro peccato rimane.

9,1. Ogni commento guasterebbe il candore spirituale di questo racconto, condotto con fine senso di approfondimento e non senza umorismo dei personaggi che lo vivono. Collegandosi immaginariamente alle dichiarazioni di Gesù sulla luce, (8,12), ne sottolinea il valore con un gesto simbolico, e rivela il contrasto tra la cecità spirituale delle guide d'Israele e la fede semplice e sincera di un popolano. **2.** Il pregiudizio popolare considerava le malattie quale punizioni per i peccati. Ma trattandosi di un cieco fin dalla nascita, come ha potuto peccare? Prima di vedere la luce? O espia le colpe dei genitori? (cfr. Esodo 20,5; 34,7). **4sg.** Gesù paragona il tempo della sua attività pubblica a una giornata lavorativa, nella quale deve compiere le opere che Dio gli ha affidato, di essere cioè la luce del mondo. **6.** Gesù fa pire al cieco che lo guarirà, alla saliva si attribuivano virtù capaci di curare. **7.** Sulla piscina di Siloe cfr. 2Re 20,20; Isaia 8,6, che significa = (canale) <<inviante>>, o <<acqua>> <<inviata>>. Qui Gesù istituisce un accostamento tra il suo nome <<l'inviato>>, e quello della piscina, ed è probabile pure un'illusione all'acqua del battesimo, con la quale Gesù dona <<l'illuminazione>> (cfr. Efesini 5,14; Ebrei 10,32). La piscina si trova ai piedi dello sperone meridionale della collina su cui sorgeva il Tempio. **22.** Era una specie di scomunica inflitta in varie forme e gradazioni, che andavano dalla ammonizione, alla penitenza di un mese, al bando per tutta la vita con la confisca dei beni e l'interdetto da qualsiasi relazione sociale. **24.** "Da gloria a Dio", formula biblica di scongiuro, il cui senso è: l'uomo è invitato a dire la verità in coscienza. **39.** Quelli che vedono sono i Farisei i quali pretendono di possedere la verità.

Il buon Pastore. Giovanni 10,1-21

10-1 <<In verità, in verità vi dico: chi non entra nell'ovile delle pecore per la porta, ma vi si introduce da un'altra parte, è un ladro e un predone. **2**Chi invece entra per la porta, è pastore delle pecore. **3** A lui apre il guardiano, e le pecore ascoltano la sua voce, ed egli chiama le sue pecore per nome, e le conduce fuori. **4**E quando ha condotto fuori tutte le sue pecore, va innanzi a loro, e le pecore lo seguono, perché conoscono la sua voce. **5**Un estraneo invece non lo seguirebbero, ma fuggirebbero via da lui, perché non conoscono la voce degli estranei>>. **6**Tale parabola disse Gesù, ma essi non capirono di cosa parlasse loro. **7**Allora Gesù disse di nuovo: <<In verità, in verità vi dico: io sono la porta delle pecore. **8**Tutti quelli che sono venuti prima di me, sono ladri e predoni; ma le pecore non li hanno ascoltati. **9**Io sono la porta: chi passerà attraverso me, sarà salvo; entrerà e uscirà e troverà pascolo. **10**Il ladro non viene se non per rubare, uccidere e distruggere; io sono venuto perché abbiano la vita e l'abbiano in abbondanza. **11**Io sono il buon pastore. Il buon pastore offre la sua vita per le pecore. **12**Il mercenario invece, è chi non è pastore, colui al quale non appartengono la pecore, vede venire il lupo e abbandona le pecore, e fugge, mentre il lupo le rapisce e le disperde; **13**perchè è un mercenario e non gli importa delle pecore. **14**Io sono il buon pastore, e conosco le mie, e le mie conoscono me, **15**come il Padre conosce me ed io conosco il Padre; e offro la mia vita per le pecore. **16**Ed ho ancora altre pecore che non sono di questo ovile; anche quelle io devo radunare, ed ascolteranno la mia voce, e si avrà un solo gregge, un solo pastore. **17**Per questo il Padre mi ama: perché io do la mia vita, per riprenderla di nuovo. **18**Nessuno me la toglie, ma io la do da me stesso. Ho il potere di darla e il potere di riprenderla di nuovo. Tale mandato ho ricevuto dal Padre mio>>. **19**Sorse di nuovo dissenso tra i Giudei per queste parole; **20**molti di loro dicevano: <<Ha un demonio,

ed è fuori di sé; perché state ad ascoltarlo?>>. **21**Altri dicevano: <<Queste non sono parole di un indemoniato; può forse un demonio aprire gli occhi ai ciechi?>>.

10,1sg. Dopo aver ascoltato il tema di <<Gesù luce>> egli passa a quello di <<Gesù vita>>, sottolineando nuovamente con un miracolo dal valore simbolico . Il discorso di Gesù, sviluppa una duplice parabola allegoria di schietto calore palestinese; Gesù in contrasto con i Farisei cattivi pastori del popolo di Dio, si presenta come l'unico pastore che era stato predetto dai profeti capace di portarli veramente alla salvezza. Il pastore del gregge e la porta dell'ovile. Non è difficile stabilire una certa relazione con l'episodio precedente (una pecora, il cieco nato, scacciato dalla sinagoga dai falsi pastori d'Israele viene accolto dal buon pastore), ma più intimo e profondo è il rapporto con quello che segue: si delinea prossima la scomparsa di Cristo e la sua morte per la salvezza degli uomini. **8.** Qui vi è una dura presa di posizione contro i ceti dirigenti d'Israele biasimati da Dio e dalla e dalla coscienza dei loro sudditi. In una profezia di Ezechiele (34,1-24) nella cui luce si evidenzia tutta la simbologia del buon pastore, Dio dichiara che libererà il suo popolo ai pastori che <<pascono se stessi>> per affidarlo a un pastore scelto da lui stesso. **11.** Nella tradizione d'Israele, Dio era il pastore del suo popolo (Ezechiele 34,1; Salmo 22,1): applicando a se questo privilegio riconosciutogli, Gesù rivela conseguentemente il suo carattere e personalità come entità distinta dal mondo da lui creato. **16.** Gregge, cioè <<ovile>>. Definizione dell'universalismo e dell'unità del regno messianico di Gesù.

La lucerna del corpo. Luca 11,33-36 (Matteo 6,22-23)

11-33 Nessuno dopo aver acceso una lampada, la pone in un luogo nascosto, ma sopra il lucerniere, perché quelli che entrano vedano la luce. **34**La lucerna del corpo è il tuo occhio. Se il tuo occhi è semplice, anche tutto il tuo corpo è luminoso; ma se è malvagio, anche il tuo corpo è tenebroso. **35**Bada dunque che la luce che è in te non sia tenebra. **36**Che se il tuo corpo è tutto luminoso, senza avere alcuna parte di tenebra, sarà tutto luminoso come quando la lampada ti illumina con il suo splendore.

11,33. Si ignora il contesto storico di questo detto, che Gesù aveva iniziato e poteva far parte di un discorso polemico contro i Farisei e i Sadducei. La breve similitudine dell'occhio sano, limpido, e dell'occhio malato , torbido, viene applicato all'occhio dello spirito (la luce che è in te) è al discernimento della realtà spirituali; la cecità spirituale è peggiore di quella fisica. L'insegnamento di Gesù può venire inteso da chiunque <<abbia occhio chiaro e affetto puro>>. I ben disposti accolgono la parola di Cristo.

Contro i Farisei e i dottori della Legge. Luca 11,37-41.43.45-46.48-54

11-37 E mentre parlava, un fariseo lo invitò a pranzo con lui. Ed entrato, si assise. **38**E il fariseo vedendo questo si meravigliò che non avesse fatto le abluzioni prima del pranzo. **39**Allara il Signore gli disse: <<Voi farisei purificate, sì, l'esterno della coppa e del piatto, ma il vostro interno è pieno di rapine e di impurità. **40**Stolti! Colui che ha fatto l'esterno non ha forse anche fatto l'interno? **41**Piuttosto date in elemosina quel che c'è dentro, ed ecco, tutto sarà puro per voi. **45**E uno dei dottori della Legge replicò, dicendo: <<Maestro, dicendo questo, insulti anche noi>>. **48**Voi date così testimonianza e approvazioni alle opere dei vostri padri: essi li hanno uccisi, e voi costruite. **49**Per quello la sapienza di Dio ha detto: Manderò loro profeti e apostoli, e ne uccideranno, e ne perseguiteranno; **50**perché sia domandato conto a questa generazione del sangue di tutti i profeti, versati fin dall'inizio del mondo, **51**dal sangue di Abele fino al sangue di Zaccaria, che fu ucciso tra l'altare e il Tempio. Si, vi dico, ne sarà domandato conto a questa generazione! **53**E dopo che fu uscito di là, gli scribi e i Farisei incominciarono a essere molto irritati e a farlo pronunziare su molte cose, tendendogli insidie, **54**per prendere al laccio qualche parola dalla sua bocca.

11,37. Gesù si assise <<si sedette>> a mensa senza compiere le abluzioni che imponeva la tradizione farisaica, in base a un'interpretazione rigorosa di Levitico 15,11. **41.** Date in elemosina ciò che avete; la traduzione della Volgata latina (quod uperest elemosinam) è all'origine della frase comune <<dare il superfluo ai poveri>>, ciò non rispecchia il pensiero di Gesù, il quale intende di dividere e condividere ciò che abbiamo sia fuori di noi che dentro di noi. **51.** Due esempi di sangue innocente (Abele che è tratto dal primo libro della Bibbia, Genesi 4,10, e Zaccaria sacerdote e profeta che fu ucciso per ordine di Gioas nel Tempio stesso, tra l'altare e il santuario, e morì dicendo: <<Iahvè veda e faccia giustizia>> 2 Cronache 24,20-23). Questi libri facevano parte della raccolta dei libri sacri degli Ebrei. **53.** L'esito del discorso fu la rottura con gli scribi e i Farisei, con la minaccia di gravi avvenimenti.

I sette guai. Matteo 23,13-34.36 (Luca11,42-44.52; Marco 12,38-40)

23-13 Guai a voi, scribi e Farisei ipocriti che chiudete il Regno dei cieli davanti agli uomini; non entrate voi, e non lasciate entrare quelli che vorrebbero entrare. [14] **15**Guai a voi scribi e Farisei ipocriti, che percorrete il mare e la terra per fare un solo proselito, e quando c'è lo rendete figlio della Geenna il doppio di voi. **16**Guai a voi guide cieche, che dite: Se si giura per il Tempio non vale, ma se si giura per l'oro del Tempio si è tenuti. **17**Stolti e ciechi: chi è più grande, l'oro o il Tempio che santifica l'oro? **18**E dite : se si giura se si giura per l'altare non vale, a se si giura sopra l'offerta che vi sta sopra si resta obbligati. **19**Ciechi! Che cos'e più grande, l'offerta o l'altare che significa l'offerta? **20**Chi giura per l'altare, giura per l'altare e per tutto quello che vi sta sopra; **21**e chi giura per il Tempio, giura per il Tempio e per Colui che l'abita. **22**E chi giura per il cielo, giura per il trono di Dio e per Colui che vi è assiso. **23**Guai a voi, scribi e Farisei ipocriti, che pagate la decima della menta, dell'aneto e del cumino, e trasgredite le cose più gravi della Legge: la giustizia, la misericordia e la fede. Queste cose bisognava praticare, senza omettere quelle. **24**Guide cieche che filtrate il moscerino e ingoiate il cammello! **25**Guai a voi, scribi e Farisei ipocriti, che pulite l'esterno del bicchiere e del piatto mentre l'interno è pieno di rapina e d'intemperanza. **26**Fariseo cieco, monda prima l'interno del bicchiere, perché anche l'esterno ne divenga puro.! **27**Guai a voi, scribi e Farisei ipocriti, che rassomigliate a sepolcri imbiancati, belli da vedersi all'esterno, ma dentro pieno di ossa di morti e di ogni immondezza. **28**Cosi anche voi apparite giusti all'esterno davanti agli uomini, ma dentro siete colmi di ipocrisia e d'iniquità. **29**Guai a voi, scribi e Farisei ipocriti, che elevate tumuli ai profeti e adornate le tombe dei giusti, **30**dicendo: Se fossimo vissuto al tempo dei nostri padri non ci saremmo associati a loro per versare il sangue dei profeti; **31**e testimoniate cosi voi stessi di essere figli degli uccisori dei profeti. **32**Ma voi avete colmato la misura dei vostri padri. **33**Serpenti, razza di vipere, come potrete scampare alla condanna della Geenna? **34**Perciò, ecco, io vi mando dei profeti, dei sapienti e degli scribi, e voi alcuni li ucciderete e li crocifiggerete, altri li flagellerete nelle vostre sinagoghe e li perseguiterete di città in città. **36**In verità vi dico: Tutte queste cose ricadranno su questa generazione.

23,14. Alcuni codici riportano qui il versetto <<Guai a voi, scribi e Farisei ipocriti, che divorate le case delle vedove e fate vedere di pregare a lungo ; per questo subirete una condanna più severa>>. **34.** Si tratta a quanto pare, dei primi predicatori del Vangelo, i quali vengono qui menzionati con i nomi ebraici di profeti, sapienti e scribi.

Il lievito dei Farisei. Marco 8,14-21 (Matteo 16,5-12; Luca 12,1)

8-14 Ma i discepoli dimenticarono di prendere del pane e non avevano con sé sulla barca che un solo pane. **15**Eegli li ammoniva dicendo: <<Fate attenzione, guardatevi

dal lievito dei Farisei e dal lievito di Erode>>. **16**E quelli si dicevano l'un l'altro: Non abbiamo pane. **17**E accortosi disse loro: <<Di che cosa discorrete? Che non avete pane? Non intendete e non capite ancora? Avete il cuore indurito? **18**Avete occhi e non vedete, avete orecchie e non udite? E non vi ricordate? **19**Quando ho spezzato i cinque pani per i cinquemila, quante ceste colme di pezzi avete portato via?>>. Gli dissero: <<dodici>>. 20<<Quando ho spezzato i sette pani per i quattromila, quante sporte ripiene di pezzi avete portato via? >>. Gli dissero: <<Sette>>. 21E disse loro: <<Non capite ancora?>>.

8,15. Nella letteratura rabbinica, il lievito viene presentato spesso come un fermento di perdizione e malefico. Gesù adotta l'immagine del lievito dei Farisei per indicare il loro ipocrita formalismo; quello di Erode Antipa è l'immoralità.

TEMERE DIO E NON GLI UOMINI. Non abbiate timore Luca 12,2-7 (Matteo 10,26-31)

12-2 Non c'è nulla di nascosto che non debba essere svelato, né di segreto che debba essere conosciuto. 3Per questo, quello che avete detto all'oscuro sarà udito nella luce; e quello che avete detto all'orecchio nelle stanze, sarà proclamato sopra i tetti. 4E voi, miei amici, io dico: Non abbiate paura di quelli che uccidono il corpo, e dopo questo non possono più fare nulla. **5**Vi mostrerò io chi dovete temere: temete colui che, dopo aver ucciso, ha il potere di gettarvi nella Geenna. Si, ve lo dico, temete costui. **6**Cinque passeri non si vendono forse per due assi? Eppure neanche uno di essi è dimenticato davanti a Dio. **7**E anche i capelli del vostro capo sono tutti contati. Non temete, voi valete più di molti passeri.

12,2 sg. Il messaggio spigato da Gesù <<all'oscuro nelle tenebre>>, nella stretta e umile cerchia del discepoli, dovrà venire annunziato nella luce, con aperta pubblicità. Il medesimo pensiero ripete con altre parole: <<sopra i tetti>> il tetto basso e piatto delle case orientali diventa immaginariamente una tribuna dalla quale deve far eco la parola degli apostoli. Gesù fa le dovute raccomandazione ai suoi appostoli prima di mandarli in missione. Dice loro di non perdersi d'animo per le difficoltà che incontrano: che Dio stesso, infatti veglia su di loro. On l'annuncio del Vangelo, affidato alle loro cure, saranno i costruttori della nuova umanità. **6.** L'asse romano, piccola moneta di rame, all'epoca di Gesù valeva pochi centesimi.

Gli uomini al bivio. Luca 12,8-12   (Matteo 10,32-36)

12-8 E vi dico: Chiunque si dichiarerà per me davanti agli uomini, anche il Figlio dell'uomo si dichiarerà per lui davanti agli angeli di Dio; **9**Ma chi mi rinnegherà davanti agli uomini, sarà rinnegato davanti agli angeli di Dio. **10**E chiunque parlerà contro il Figlio dell'uomo potrà essere perdonato, ma chi bestemmia lo Spirito Santo non sarà perdonato. **11**E quando vi porteranno davanti alla sinagoga, alle autorità e ai magistrati, non preoccupatevi di come, e do cosa parlerete a vostra difesa, o di quello che dire; **12**Lo Spirito Santo vi insegnerà in quel momento quel che dovete dire>>.

12 ,8 Gesù pone gli uomini davanti a una decisione, per lui o contro di lui; di conseguenza il suo messaggio diventa una spada, che ha potere di scindere i più intimi vincoli familiari. Vengono qui adoperate le parole del profeta Michea 7,6. Ma dopo la decisione per lui o contro di lui, Gesù esige un'adesione senza compromessi che si manifesta nell'amore: un amore particolare, esclusivo, con nitidezza consapevole che proviene dall'alto: più dei genitori, più dei figli, più di se stessi e della propria vita. La risposta al messaggio evangelico si realizza cioè in una religiosa dipendenza e dedizione della propria vita al Salvatore, dal quale si intravede ormai la croce. **10.** Il peccato contro lo Spirito Santo è proprio di quelli che attribuiscono a Satana le opere compiute da Cristo chiudendo cosi volontariamente gli occhi alla luce.

Parabola del ricco insensato. Luca 12,13-21

12-13 E uno della folla gli disse: <<Maestro, dì a mio fratello che divida con me l'eredità>>. **14**Ma egli disse: <<Uomo, chi mi ha costituito giudice e mediatore sopra di voi?>>. **15**E disse loro: <<Guardatevi e tenetevi lontano da ogni avidità, perché anche se uno è nell'abbondanza, la sua vita non dipende dai suoi beni>>. **16**E disse loro una parabola: <<La campagna di un uomo ricco fruttò copiosamente. **17**Ed egli ragionava tra sé, dicendo: Che cosa farò, poiché non ho più dove riporre i miei raccolti? E disse: **18**Farò cosi: demolirò i miei granai e ne costruirò dei più grandi, e vi radunerò tutto il frumento e i miei beni; **19**poi dirò alla mia anima: Anima, hai molti beni in deposito, per molti anni; riposati, mangia, bevi e rallegrati. **20**Ma Dio gli disse: Questa notte stessa ti verrà richiesta la tua anima. E quello che hai preparato a chi andrà? **21**Cosi è di chi tesoreggia per sé, e non arricchisce davanti a Dio.

12,1,3sg. Questi passi contro l'avidità egoistica è l'attaccamento incondizionato ai beni della terra. L'esistenza è breve e problematica; Gesù nel Vangelo va contro ogni dissennata avidità e il successo ad ogni costo. **20-21.** Si tocca qui il centro del messaggio evangelico: primato dell'uomo sulle cose, e primato dei valori eterni (il Regno) per l'uomo.

IL REGNO DI DIO ANZITUTTO. Fiducia nella provvidenza. Matteo 6,24-34 (Luca 12,22-31; 16,13)

6-24 Nessuno può servire due padroni; odierà uno e amerà l'altro, o preferirà l'uno e disprezzerà l'altro: non potete servire Dio e a Mammone. **25**Per questo vi dico: non affannatevi per la vostra vita, di quello che mangerete o berrete e neanche per il vostro corpo, di quello che indosserete; la vita non vale più di del cibo e il corpo più del vestito? **26**Guardate gli uccelli del cielo! Non seminano e non mietano, né ammassano nei granai; e il vostro Padre celeste li nutre! E voi non contate più di essi? **27**E chi di voi, per quanto s'impegni, può aggiungere anche un solo cubito alla sua statura? **28**E perché vi affannate per il vestito? Osservate i gigli del campo come crescono? Non lavorano e non filano. **29**E io vi dico che neanche Salomone, con tutta la sua gloria, poteva ammantarsi come uno di loro. **30**Ora se Dio veste così l'erba, del campo che oggi c'è e domani si getta nel forno, non farà assai più di voi, uomini di poca fede? **31**Non affannatevi dunque dicendo: Che cosa mangeremo? Che cosa berremo? Che cosa indosseremo? **32**Sono i pagani che si preoccupano di queste cose; ma il vostro Padre celeste sa che avete bisogno di tutto questo. **33**Cercate prima il Regno e la sua giustizia e tutte queste cose vi saranno date in sovrappiù. **34**Non affannatevi dunque per il domani, perché il domani si preoccuperà di se stesso. E' sufficiente la pena che ogni giorno porta con sé.

6,24. Mammona: voce aramaica usata per indicare la ricchezza. Gesù è molto chiaro nella sua affermazione, ognuno dovrà fare la propria scelta e chiedersi chi e chiedersi chi porre al primo posto nella sua vita. Dio o il denaro? Cioè fare una scelta non solo con la testa, ma bensì una scelta di vita ben concreta che ha a che fare anche col suo modo di comportarsi. **25 27.** Gesù critica il fatto che le preoccupazioni per il cibo occupa impegna l'uomo per tutta la vita a procurarsi benessere, senza lasciare spazio a sperimentare e gustare la fraternità e l'appartenenza al Padre. **28-34.** Gesù dice di guardare le cose della natura perché così vedendo e i campi gli uomini ricordino la missione per cui sono venuti al mondo, lottare per il Regno di Dio e creare una comunione che possa garantire cibo e vestiti per tutti.

Il tesoro in cielo. Luca 12,32-34   (Matteo 6,19-21)

12-32 Non temere, o piccolo gregge, perché è piaciuto al Padre di dare a voi il Regno. **33**Vendete ciò che possedete, e datelo in elemosina; fatevi delle borse che non invecchiano, un tesoro che non venga meno nei cieli, dove i ladri non arrivano e la tignola non consuma **34**Perchè dov'è il vostro tesoro, la sarà anche il vostro cuore.

12,32 sg. La tradizione cristiana ha ravvisato in questi versetti il consiglio della povertà evangelica, come un mezzo per favorire l'ascesa verso Dio, considerato l'unico tesoro.

La vigilanza per il ritorno di Gesù. Luca 12,35-40   (Matteo 24,43-44)

12-35 Siano i vostri fianchi cinti e le lucerne accese; **36**E voi siete simili a uomini che aspettano il loro Signore, quando tornerà dalle nozze, per aprirgli subito, quando giunga e bussi. **37**Beati quei servi che il padrone troverà vigilanti al suo arrivo. In verità vi dico che si cingerà e li farà sedere e si metterà a servirli. **38**E se, giungendo alla seconda e alla terza vigilia, li troverà così, beati loro. **39**Sappiate anche che se il padrone di casa sapesse a che ora giunge il ladro, non si lascerebbe sfondare la casa. **40**Anche voi tenetevi pronti, perché nell'ora che non pensate, il Figlio dell'uomo verrà.

12,35. Gli orientali usavano stringere la tunica alla vita con una cintura di lana; la stessa cintura era così lunga che serviva a tirare su anche la tunica, quando questa era d'impaccio per il lavoro. **38.** Le vigilie delle notti decorrevano circa dalle 3 alle 6 del mattino.

Parabola del servo fedele. Luca 12,41-48 (Matteo 24,45-51)

12-41 E Pietro disse: <<Signore, questa parabola la dici per noi, o anche per tutti?>>. **42**E il Signore disse: <<E chi è dunque l'amministratore fedele e saggio, che il Signore porrà a capo della sua servitù, per distribuire a tempo debito la razione dei viveri? **43**Beato quel servo che il padrone, arrivando, troverà a fare così! **44**In verità vi dico, lo metterà a capo di tutti i suoi beni. **45**Ma se quel servo dicesse in cuor suo: il mio Signore tarda a venire, e incominciasse a percuotere i servi e le serve, a mangiare, a bere e ubriacarsi, **46**e venisse il Signore di quel servo nel giorno in cui non l'aspetta, e in un'ora che non sa, lo punirà duramente e gli assegnerà alla sorte degli infedeli. **47**Il servo che conoscendo la volontà del padrone, non avrà disposto o agito

conforme alla sua volontà, riceverà molte percosse; **48**ma quello che, non conoscendola, avesse compiuto cose meritevoli di percosse, ne riceverà poche. E a chiunque fu dato molto, sarà domandato molto; e a chi fu affidato molto, sarà richiesto molto di più.

12,41-44. La risposta di Gesù lascia intendere con discrezione il riferimento agli amministratori che egli lascerà con autorità nella sua casa; tali saranno i Dodici apostoli e i loro successori. Gesù intende sottolineare che il suo insegnamento è indirizzato prima di tutto per i responsabili della comunità cristiana e solo secondariamente anche ai suoi membri. Gesù passa direttamente alla vigilanza e alla fedeltà. E' chiaro che Gesù parla del ruolo dei discepoli in quanto guide (oikonomos = amministratori della comunità). In veste di responsabili dovranno veglioare con premura sulla comunità procurando il nutrimento spirituale ai fedeli loro affidati. Solo così avranno la ricompensa della parusia. **45-46.** Si ha qui una chiara allusione al ritardo della venuta del Signore. Anche in questo caso i responsabili vengono ammoniti a non lasciarsi andare all'inerzia deplorevole e alla disattenzione. Il Signore nonostante che ritarda, arriverà certamente in modo inaspettato, e castigherà i servi infedeli. **47-48.** Le parole di Gesù stabiliscono un rapporto di relazione tra il castigo e la conoscenza e la volontà di Dio.

L'età Messianica. Luca 12,49-59 (Matteo 10,34-36)

12-49 Sono venuto a gettare fuoco sopra la terra, e come vorrei che fosse già acceso! **50**C'è un battesimi che devo ricevere, e come sono nell'ansia finché non sia compiuto! **51**Pensate che io sia venuto a recare pace sopra la terra? No, vi dico, ma divisione. **52**Perchè d'ora innanzi se vi saranno cinque persone in una casa si divideranno tre contro due, e due contro tre; **53**si divideranno padri contro figlio e figlio contro padre, madre contro figlia, e figlia contro madre, suocera contro nuora, e nuora contro suocera>>. **54**E disse anche alle folle: <<Quando vedete una nuvola salire da ponente, subito dite: Viene la pioggia e così avviene. **55**E quando soffia il vento del sud, dite: Ci sarà caldo, e così avviene. **56**Ipocriti! Sapete discernere l'aspetto della terra e del cielo, e come non sapete discernere questo tempo? **57**E perché non giudicate da voi stessi quel che è giusto? **58**Quando vai col tuo avversario davanti all'autorità, cerca lungo la strada di liberarti da lui, affinché non ti trascini davanti al giudice, e il giudice ti consegni all'esecutore, e questi ti getti in prigione. **59**Ti dico che non ne uscirai prima di aver pagato fino all'ultimo spicciolo.

12,49. Altri testi dicono <<...e che desidero ancora se è già acceso?>> oppure <<come vorrei che si accendesse!>>. Di quale fuoco si tratta? Secondo alcuni l'immagine si riferisce allo Spirito Santo, per altri la carità, per gli altri alla divisione che la Parola di Gesù provocherà sulla terra. Si può intendere forse complessivamente nel senso di una fiaccola che illumina, riscalda attira a se e svela tutta la verità.

Invito alla conversione. Luca 13,1-5

13-1 In quel momento si presentarono alcuni a riferirgli di quei Galilei, dei quali Pilato aveva versato il sangue mescolandolo con quello dei loro sacrifici. **2**Ed egli rispondendo, disse loro: <<Pensate che quei Galilei fossero più peccatori di tutti i Galilei, per aver subito tale torto? **3**No, vi dico, ma se non vi convertirete, perirete tutti allo stesso modo. **4**O quei diciotto, sui quali cadde la torre di Siloe e li uccise, pensate forse che fossero più colpevoli di tutti gli abitanti di Gerusalemme? **5**No, vi dico, ma se non vi convertirete, perirete tutti allo stesso modo

13,1 sg. Di questo episodio non si conosce nulla oltre a quello che qui si narra. Si sa che i movimenti che aspettavano il Messia, come liberatore dello straniero occupante erano frequenti in quel periodo, e che i romani annientavano brutalmente tali manifestazioni. Gesù ne trae una lezione morale: per lui non c'è rapporto definitivo di colpevolezza tra colpevolezza e calamità, come pensavano i contemporanei, bensì un invito decisivo alla penitenza e alla conversione. **5.** L'appello alla conversione che risuona nella voce di Gesù è molto forte, addirittura severo. Il rifiuto della salvezza è una questione seria e grave, con una drammatica conseguenza che Gesù non esita a chiamare "Morte". Riconoscersi peccatori, fare penitenza, cambiare vita segni sinceri del nostro amore a Dio e ai fratelli: è questo il cammino cui è chiamato il discepolo di Gesù Cristo, in ogni momento della vita.

Parabola del fico sterile. Luca 13,6-9

13-6 E diceva questa parabola:<<Un tale aveva un fico piantato nella sua vigna, e venne a cercarvi frutti, ma non ne trovò: **7**Allora disse a quello che lavorava la vigna: Ecco, sono tre anni che vengo a cercare frutti su questo fico, ma non ne trovo. Lo taglierò; perché sta a sfruttare la terra? **8**Ma quegli, rispondendo, gli disse: Signore, lascialo almeno quest'anno, perché gli zappi attorno e metta del concime, **9**caso mai porti frutto nel futuro; se no lo taglierai.

13,6. La parabola del fico infruttuoso dimostra la necessità della conversione e tragica necessità del castigo; rimane tuttavia la speranza di un perdono, sempre possibile per chi sa utilizzare il tempo lasciato a tal fine. Se il popolo d' Israele non si converta sarà esclusa dal Regno di Dio.

Guarigione della donna curva di sabato. Luca 13,10,17

13-10 E stava insegnando in una sinagoga di sabato. **11**Ed ecco una donna che aveva uno spirito di infermità da diciotto anni, ed era curva, e non poteva raddrizzarsi in nessun modo. **12**Gesù, vedutala, la chiamò a sé e le disse: <<Donna, sei libera della tua infermità>>, **13**e le impose le mani. E subito si raddrizzò e cominciò a glorificare Dio. **14**Allora il capo della sinagoga, sdegnato perché Gesù aveva operato quella guarigione di sabato, rivolgendosi alla folla disse: <<Ci sono sei giorni nei quali si deve lavorare; venite dunque in essi a farvi curare, e non in giorno di sabato>>. **15**E il Signore gli rispose, dicendo: <<Ipocriti, non slega forse ciascuno di voi, di sabato, il suo bue o l'asina dalla mangiatoia, per condurlo a bere? **16**E costei, che è figlia di Abramo, e che Satana ha legato già da diciotto anni, non doveva essere sciolta da tal vincolo in giorno di sabato?>>. **17**Aqueste parole, tutti i suoi avversari arrossivano, e tutta la folla esultava per tutte le opere gloriose compiute da lui.

13,16. Nel pensiero di Gesù, anche le malattie sono effetto dell'opera di Satana nel mondo.

Parabola del chicco di senape. Luca 13,18-19 (Matteo 13,31-32; Marco 4,30-32)

13-18 Diceva dunque :<<A che cosa è simile il Regno di Dio, e a che cosa lo paragonerò? **19**E' simile a un chicco di senape, che un uomo ha preso e gettato nel suo orto; e crebbe e divenne un arbusto grande, e gli uccelli del cielo hanno preso dimora tra i suoi rami>>.

13,19 Cfr. Ezechiele 17,13; 31,6; Questa breve parabola allude alla destinazione universale del Regno di Dio, il quale dovrà accoglier tutti gli uomini. E' il seme che Gesù ha seminato nel mondo.

Parabola del lievito. Luca 13,20-21 (Matteo 13,33)

13-20 E di nuovo disse: <<A chi paragonerò il Regno di Dio? **21**E' simile al lievito che una donna ha preso e nascosto in tre di staia di farina, finché sia tutto fer, **20-21.** Il lievito nel mondo giudaico è simbolo di superbia e alterigia, indica corruzione o ipocrisia. Tre stadi corrispondono a 60 o 70 Kg di farina.

IL NUMERO DEGLI ELETTI. Il rifiuto dei giudei e la chiamata dei pagani. Luca 13, 22-30

13-22 Ed attraversava città e villaggi, insegnando e dirigendosi verso Gerusalemme. **23**Ed un tale gli chiese: <<Signore, sono pochi quelli che si salvano?>>. Ed egli rispose loro: **24**<<Sforzatevi di entrare per la porta stretta, perché molti, ve lo dico io, cercheranno di entrarvi, ma non vi riusciranno. **25**Quando il padrone di casa si alzerà e chiuderà la porta, dicendo: Signore, aprici! M a egli, rispondendo, vi dirà: Non so d'onde voi siate. **26**Allora comincerete a dire: Noi abbiamo mangiato e bevuto in tua presenza, e tu hai insegnato nelle nostre piazze! **27**Ma egli vi dirà: Non so d'onde voi siate. Allontanatevi dame voi tutti, operatori di iniquità! **28**Ci sarà pianto e stridore di denti quando vedrete Abramo, Isacco e Giacobbe e tutti i profeti del Regno di Dio, e voi cacciati fuori! **29**E verranno da oriente e da occidente, da settentrione e da mezzogiorno e prenderanno posto nel Regno di Dio. **30**Ecco, vi sono ultimi che saranno primi, e primi che saranno ultimi>>.

13,24. Anziché rispondere alla domanda che gli viene rivolta, essendo un problema fortemente discusso e non risolto nelle scuole rabbiniche, Gesù risponde in modo da imprimere nella mente di chi ascolta il dovere urgente di ciascuno di convertirsi prima che sia troppo tardi, preannunziando che gli ultimi ad essere chiamati, cioè i pagani, precederanno gli Ebrei, benché primi ad essere chiamati e testimoni della sua predicazione. Gesù afferma, che la porta del nuovo mondo che è il Regno di Dio, è una sola e stretta, lo è non per ridurre il numero dei salvati, ma perché indica con chiarezza Cristo, che è lui il solo punto di passaggio tra le forze del male di questo mondo e quelle di un Regno da lui instaurato ed elaborato a misura d'uomo. Quel passaggio è stretto perché indica il posto che Cristo ha scelto, l'ultimo posto, il posto di uno che è vento per servire. Cristo non si merita, si accoglie. **27. Cfr.** Salmo 6,9; I miei occhi si consumeranno nel dolore invecchiando fra tanti miei oppressori. **29. Cfr.** Isaia 49,12; che cita: <<Ecco, questi vengono da lontano ed ecco, quelli che vengono da mezzogiorno e da occidente e quelli della regione di Sinim>>.

L'insidia di Erode. Luca 13,31-33

13-31 In quel momento arrivarono alcuni Farisei a dirgli: <<Parti e allontanati da qui, perché Erode vuole ucciderti>>. **32**E disse loro: <<Andate a dire a quella volpe: Ecco, io scaccio demoni e opero guarigioni oggi, domani, e il terzo giorno finirò. **33**Ma è necessario che oggi, domani e il giorno seguente io faccia la mia strada, perché non può essere che un profeta muoia fuori Gerusalemme.

13,31. Si può pensare che Erode che aveva fatto assassinare il Battista, per sbarazzarsi della presenza indesiderata di Gesù nelle sue terre, abbia fatto circolare la minaccia di ucciderlo; si spiegherebbe il nomignolo di volpe datogli da Gesù. **32 sg.** Oggi domani e il terzo giorno è un'espressione popolare semitica per indicare un tempo non molto lungo.

Lamento su Gerusalemme. Luca 13,34-35 (Matteo 23,37-39)

13-34 Gerusalemme, Gerusalemme, che uccidi i profeti e lapidi quelli che ti sono inviati, quante volte ho voluto raccogliere i tuoi figli come un gallina come una gallina raccoglie i suoi pulcini sotto le ali, e non l'avete voluto! **35**Ecco, la vostra casa vi viene abbandonata! E io vi dico: Non mi vedrete finché direte: Benedetto colui che viene nel nome del Signore!>>.

13,34 sg. L'immagine delle ali materne, è classica nella Bibbia, ricorre qui nella forma più affettiva e dispiaciuta per Gesù. L'esclamazione quante volte rivela che Gesù ha parlato ed operato ripetutamente nella città Santa. La minaccia contro essa viene detta con le parole terribili di Geremia 22,5. L'acclamazione del Salmo 117,26, con la quale terminano le parole di Gesù, lascia però intravedere una futura conversione; sarà quella cui accenna San Paolo in Romani 11,25-33?

DICHIARAZIONE SUPREMA. La festa della Dedicazione. Giovanni 10,22-42

10-22 Si celebrava in quei giorni a Gerusalemme la festa della Dedicazione. Era d'inverno. **23**E Gesù camminava nel Tempio, sotto il portico di Salomone. **24**Allora i Giudei gli si fecero attorno e gli dissero: <<Fino a quanto terrai sospeso il nostro animo? Se tu sei il Messia, diccelo apertamente>>. **25**Gesù rispose loro: <<Ve l'ho detto e non credete; le opere che io faccio nel nome del Padre mio, sono esse che attestano per me; **26**ma voi non credete, perché non siete delle mie pecore. **27**Le mie pecore riconoscono la mia voce, ed io le conosco, ed esse mi seguono. **28**Ed io do loro la vita eterna, e non periranno mai, e nessuno le strapperà dalla mia mano. **29**Il Padre mio che me l'ha date è più grande di tutti, e nessuno può strappare nulla dalla mano del Padre mio. **30**Io e il Padre siamo una cosa sola>>. **31**I Giudei presero di nuovo le pietre per lapidarlo. **32**Gesù rispose loro: <<Molte opere buone vi ho messo innanzi, da parte del Padre mio; per quale di esse mi volete lapidare?>>. **33**Gli risposero i Giudei: <<Non ti lapidiamo per un'opera buona, ma per la bestemmia, e perché tu, che sei uomo, ti fai Dio>>. **34**Rspose loro Gesù: <<Ma non è scritto nella

Legge: io ho detto: voi siete dèi? **35**Se ho chiamato dèi coloro ai quali è stata indirizzata la parola di Dio (e la scrittura non può essere annullata) **36**potete voi dire: Tu bestemmi! A me che il Padre a santificato e mandato nel mondo, per il fatto che ho detto: Sono figlio di Dio? **37**Se non faccio le opere del Padre mio, non credetemi; **38**ma se le faccio, non volendo credere a me, credete alle opere, affinché sappiate e riconosciate che il Padre è in me, ed io sono nel Padre>>. **39**Allora cercarono di nuovo di afferrarlo, ma egli sfuggi dalle loro mani. **40**E andò di nuovo al di là del Giordano, nel luogo dove prima Giovanni battezzava, e quivi si fermò. **41**E vennero da lui molti e dicevano: <<Giovanni non ha fatto nessun segno, ma tutto quello che ha detto di costui era vero>>. **42**E Qui molti cedettero in lui.

10,22. La festa della Dedicazione (greco: <<Encenia>> = rinnovamento) che si celebrava dal 15 al 22 Kislev (= Dicembre) ricordava la purificazione del Tempio fatta da Giuda Maccabeo fatta nel 165 a.C. , in seguito alle profanazioni di Antioco Epifane (1 Maccabei 4,36-39). **23.** Cadeva dunque d'inverno, il che spiega perché Gesù si trovi nel portico di Salomone situato all'est, a difesa contro i venti del deserto. **27-28.** Gesù Pastore è uno con il Padre, e con le sue pecore. Queste sono eredità del Padre, ma affidate al Figlio per essere custodite dalla sua mano sicura. Per rimane unite a Lui, loro Re e capo, esse devono prestare ascolto docile e obbedienza pronta alla sua voce. La vocazione all'unita con il Padre e il Figlio, comprende anche i pagani, anch'essi destinatari della vita eterna. Fra l'indifferenza e il rumore del mondo, Gesù il vero pastore fa intendere la sua voce e dona alle sue pecore la vera vita. Anche lassù l'agnello, con il Padre, pascola una folla innumerevole per la festa eterna. **29.** Variazione di <<Quello che il Padre mi ha detto, è più prezioso di tutto>>. **30.** Sembra riferirsi anzitutto nel contesto, alla potenza e alla volontà; ma s'intravede il mistero di unità più profonda e sostanziale. I Giudei comprendono il peso di tale dichiarazione (versetto 33) e Gesù afferma solennemente più volte proclamandosi figlio di Dio (versetto 36), e su questa titolo si gioca la sua vita terrena. **34-36.** Legge, variazione <<vostra Legge>>. Nel Salmo 81 (82),6 Dio è rappresentato come un giudice supremo che rivolgendosi a dei magistrati usa con loro l'appellativo di elohim = dèi. Con una serie di prove Gesù conclude che, se già semplici uomini possono ricevere nomi divini, a maggior diritto egli può rivendicare a sé la qualifica di Figlio di Dio.

Guarigione di un uomo affetto di un male del sangue in giorno di sabato

Luca 14,1-6

14-1 Ed avvenne che, mentre entrava il sabato in casa di uno dei capi dei Farisei a prendere cibo, essi lo stavano ad osservare. **2**Ed ecco davanti a lui un idropico. **3**E

Gesù rivolgendosi ai dottori della Legge ai Farisei, disse: <<E' permesso di sabato curare, o no?>>. Ma essi tacquero. **4**Ed egli, avvicinatolo, lo guarì e lo congedò. **5**poi disse a loro: <<Chi di voi se un figlio o un bue gli cade in u pozzo, non lo ritrarrebbe subito in giorno di sabato?>>. **6**E non potevano rispondere nulla a queste parole.

14,1-6. Gesù esamina attentamente lo rapporto tra fede e abitudini, fra norme e libertà, fra regole e Dio. Il rischio dice Gesù, è di perdere la ragione finale di esistenza su questa terra. Egli richiama i Farisei al senso profondo del rispetto del riposo al sabato. Perciò le minuziose prescrizioni che stabiliscono i passi che si potevano compiere il sabato avevano fatto perdere l'orientamento del bene, la libertà del cuore. Guarire un ammalato era un gesto d'amore.

La scelta dei posti. Luca 14,7-11

14-7 E intanto che gli invitati sceglievano i primi posti disse loro una parabola, così: **8**<<Quando sei invitato a nozze da qualcuno, non metterti a sedere nel primo posto, per timore che sia stato da lui invitato un altro più ragguardevole di te, **9**e venendo colui che ha invitato te e lui, abbia a dirti: Cedi il posto a costui. Allora tu comincerai ad arrossire ed occupare l'ultimo posto. **10**Ma quando sei invitato, và a sederti all'ultimo posto, perché quando venga chi ti ha invitato, abbia a dirti: Amico, Sali più in su. Allora sarai onorato agli occhi di tutti i commensali. **11**Perchè chiunque si esalta sarà umiliato, e chi si umilia sarà esaltato>>.

14,7.sg. Gesù osserva e riflette come gli invitati sceglievano i primi posti e non sottolinea tanto l'azione nel guardare con gli occhi, quanto quello di essere attento quando ci si trova in una situazione del genere.

La scelta degli invitati. Luca 14,12-14

14-12 E disse anche a chi l'aveva invitato: <<Quando offri un pranzo o una cena, non invitare i tuoi amici, né i tuoi fratelli, né i tuoi parenti, né i vicini ricchi, perché non avvenga che anch'essi invitano te e ti venga reso il contraccambio. **13**Ma quando fai un convito, invita poveri, storpi, zoppi, ciechi; **14**e sarai beato perché non hanno da contraccambiarti; riceverai infatti ricompensa alla risurrezione dei giusti>>.

14,12-14. Anche durante un pranzo Gesù si prende cura degli infelici e degli affamati, sostenendo la loro causa in casa dei ricchi. Gesù dice che l'amore o è gratuito o non è amore. La ricompensa promessa da Gesù non consiste nell'avere qualcosa, ma la comunione con Dio nel suo Regno eterno.

Parabola degli invitati scortesi. Luca 14,15-24 (Matteo 22,1-14)

14-15 Udendo queste cose, uno dei commensali disse: <<Beato chi mangerà il pane nel Regno di Dio!>>. **16**Ed egli disse: <<Un uomo diede una grande cena e chiamò molti; **17**e mandò il suo servo, all'ora della cena, a dire agli invitati: Venite, perché è ormai pronti. **18**Ma tutti, ad una voce, cominciarono a scusarsi. Il primo gli disse: Ho acquistato un campo e devo andarlo a vedere; ti prego, abbimi per scusato. **19**E un altro disse: Ho comprato cinque paia di buoi, e vado a provarli; ti prego abbimi scusato. **20** E un altro disse: Ho preso moglie, perciò non posso venire. **21**E presentatosi il servo, riferì queste cose al suo signore. Allora il padrone di casa, adiratosi, disse al suo servo: Esci in fretta per le piazze e per le via della città e porta qui poveri, storpi, ciechi e zoppi. **22**E il servo gli disse: Signore, è stato fatto ciò che hai ordinato, ma c'è ancora posto. **23**E il Signore disse al servo: Esci per le strade e per le siepi, e sollecitali ad entrare, affinché la mia casa si riempia. **24**Perchè io vi dico: Nessuno di quegli uomini che erano stati invitati assaggerà la mia cena>>.

14,16 g. L' insegnamento di questa parabola è analoga a quella di prima: l'imbanditore della cena è Dio, che convoca gli uomini al Regno messianico. Gli invitati che rifiutarono di aderirvi dietro pretesti terreni: ma il loro diniego, conforme a uno schema secondo gli eventi biblici, diviene occasione di un'ulteriore manifestazione di grazia. Cioè quelli rifiutati vengono sostituiti dai pagani. Nella parabola il punto di vista Matteo si riferisce spontaneamente ai ceti dirigenti del Giudaismo; in questo di Luca il significato è più universale. Nella tradizione biblica la veste indica un ruolo, la dignità, rappresenta le qualità spirituali ed etiche. Dunque per Matteo è vero che l'annuncio va rivolto a tutti e che tutti possono far parte della chiesa, buoni e cattivi, ma ad ognuno è richiesto il vestito adatto, cioè la coerenza con la propria fede, una coerenza tra la fede e la vita, tra il nostro dire e il nostro fare, le nostre parole e le nostre opere. Possiamo dire che la veste rappresenti la FEDELTÀ, una fedeltà attiva richiesta a tutti i credenti.

LE DISPOSIZIONE DEI SEGUACI DI GESU'. Come seguire Gesù. Luca 14,25-33 (Matteo 10,37-39)

14-25 C'era in cammino con lui molta folla ed, egli voltatosi disse loro: **26**<<Se uno viene a me e non odia suo padre, la madre, la sposa, i figli, i fratelli e le sorelle, e perfino la propria vita, non può essere mio discepolo. **27**Chi non porta la sua croce e viene dietro a me, non può essere mio discepolo. **28**Chi di voi, volendo edificare una torre, prima non si metta a sedere e calcola la spesa, se ha di che portarla a termine? **29**Affinchè non avvenga che, poste le fondamenta e non potendo portarla a termine, tutti quelli che vedono comincino a beffarlo, dicendo: **30**Costui a cominciato a costruire, ma non ha potuto arrivare al termine. **31**Ora quale re, per partire per battersi in guerra con un altro re, non sieda prima a consigliarsi se possa con diecimila uomini affrontare chi viene incontro con ventimila? **32**Se no, mentre l'altro è ancora lontano, manda un'ambasciata a sollecitare la pace. **33**Così chiunque di voi non rinunzia ha tutto quello che ha, non può essere mio discepolo.

14,25. Questa sezione contiene vari insegnamenti circa le disposizioni necessarie per essere discepolo di Gesù. Egli li formula in una visione di illuminate esigenze del discepolato: è necessaria una volontà risoluta a superare anche i vincoli familiari, una generosità disposta ad accettare le sorti del Maestro (croce), il coraggio di saper rinunciare a tutto piuttosto che lasciare incompiuta l'opera iniziata. In questa prospettiva (<<sarebbe più vergognoso una volta incominciato non portare a termine l'opera che non averla proprio iniziata>>). Qui Gesù invita ad una riflessione prima di essere così temerari. **26.** Odiare, nella Bibbia, equivale al nostro <<amar meno>>. Alcuni autori traducono quindi conformi al senso: <<...e non mi preferisce a ciò che gli è più caro>>.

Il sale della terra. Luca 14,34-35   (Matteo 5,13; Marco 9,50)

14-34 Il sale è buono; ma se anche il sale diventa insipido, che cosa gi si darà sapore? **35**Non serve a essere gettato né sulla terra né sul concime: lo si getta via! Chi ha orecchie da intendere, intenda!>>.

14,34-35. La natura del sale è composta da acqua, aria e un po' di terra. Ha la proprietà di asciugare il liquidi e gli organi corruttibili e di preservare i cadaveri. Qui Gesù si confronta con i suoi discepoli con il sale, perché era stato rigenerato da acqua e spirito. E vivere una esistenza spirituale e non secondo la carne divenne, sale di uomini che vivono nel mondo conservati per quelli che li seguono, invitandoli alla pratica della virtù.

LA TRILOGIA DELLA MISERICORDIA. La pecorella smarrita. Luca 15,1-7 (Matteo 18, 12-14)

7-1 E si avvicinavano a lui tutti i pubblicani e i peccatori ad ascoltarlo; **2**e i Farisei e gli scribi mormoravano, dicendo: <<Costui riceve i peccatori e mangia con loro>>. **3**Allora disse loro questa parabola: **4**<<Chi di voi avendo cento pecore, se ne perde una, non lascia le novantanove nel deserto e va dietro la perduta, finché non la trovi? **5**E trovatola, se la mette in spalla pieno di gioia, **6**e va a casa, chiama i vicini e gli amici dicendo loro: Rallegratevi con me, perché ho trovato la mia pecora che era perduta. **7**Così, vi dico, ci sarà più gioia in cielo per un peccatore che si converte, che non per novantanove giusti i quali non hanno bisogno di conversione.

15,1. Qui Gesù ci parla di una trilogia del perdono e della misericordia che è tra le cose più belle del Nuovo Testamento. Egli non giustifica il suo atteggiamento ai peccatori, ma, scagliandosi sui suoi accusatori, stabilisce il mistero del peccato e dell'amore misericordioso e imprevedibile di Dio. **7.**Vi è più gioia <<nel senso che il peccatore era in pericolo mortale e si è ravveduto.

La dramma perduta. Luca. 15,8-10

15-8 O quale donna avendo dieci dramme, se ne perde una, non accende una lucerna e scopa la casa e cerca attentamente finché la trovi? **9**E trovatala, chiama le amiche e le vicine, dicendo: Rallegratevi con me perché ho trovato la dramma che avevo perduto. **10**Così, vi dico, v'è gioia davanti agli angeli di Dio per un solo peccatore che si converte>>.

15,8. La dramma greca equivaleva al denaro. Gesù dice: Voi capite che ci si affanna per ritrovare una moneta, e non capite che Dio fa molto di più per recuperare un'anima, che vale infinitamente di più di una moneta? Ciò che da valore all'uomo è l'amore che Dio ha per esso.

Il figlio prodigo. Luca 15,11-32

15-11 E disse: <<Un uomo aveva due figli. **12**E il più giovane di loro disse al padre: Padre, dammi la parte di beni che mi spetta. E il padre divise tra loro le sostanze. **13**E dopo molti giorni, il figlio più giovane radunò ogni cosa e partì per un paese

lontano, e là dissipò le sue sostanze con una vita dissoluta. **14**Quando ebbe speso tutto, avvenne in quel paese una grande carestia ed egli cominciò a trovarsi nel bisogno. **15**Allora andò ad attaccarsi a un cittadino di quel paese, che lo mandò nei suoi campi a pascolare i porci. **16**Bramava riempirsi il ventre delle ghiandole che mangiavano i porci, ma nessuno gliene dava. **17**Allora rientrò in sé e disse: Quanti salariati di mio padre abbondano di pane, ed io qui muoio di fame! **18**Mi alzerò, andrò da mio padre, e gli dirò: Padre ho peccato contro il cielo e contro di te; **19**non sono più degno di essere chiamato tuo figlio! Trattami come uno dei tuoi salariati! **20**E alzatosi, si incamminò verso suo padre. Mentre egli stava ancora lontano, il padre lo vide e si commosse e, messosi a correre, gl si gettò al collo e lo baciò. **21**E il figlio gli disse: Padre, ho peccato contro il cielo e contro di te; non sono più degno di essere chiamato tuo figlio. **22**E il padre disse ai servi: Presto, portate qui la veste più bella e rivesti telo, e mettetegli l'anello al dito, e i calzari ai piedi; **23**prendete il vitello grasso, uccidetelo e mangiamo e facciamo festa, **24**perchè questo mio figlio era morto ed è tornato in vita, era perduto ed è stato ritrovato. E incominciarono la festa. **25**Ora il figlio più anziano si trovava nei campi. E quando, di ritorno, fu vicino alla casa e udì la musica e le danze, **26**chiamò un servo e si informò che cosa fosse tutto questo. **27**E quello gli disse: E' arrivato tuo fratello, e tuo padre ha ucciso il vitello grasso perché lo ha riavuto sano e salvo. **28**Allora montò in furia, e non voleva entrare. E il padre uscitogli incontro, lo pregava. **29**Ma egli, rispondendo, disse al padre: Ecco io ti servo da tanti anni e non ho mai trasgredito un tuo comando, e tu non mi hai dato un solo capretto per fare festa con i miei amici. **30**Ma quando è arrivato questo tuo figlio che ha divorato i tuoi beni con le meretrici, gli ai ucciso il vitello grasso. **31**Ed egli gli disse: Figlio, tu sei sempre con me e tutte le cose mie sono tue; **32**ma bisognava fare festa e rallegrarsi, perché questo tuo fratello era morto ed è tornato in vita, era perduto ed è stato ritrovato>>.

15,1sg. In questa bellissima parabola la scena è dominata dal padre, il cui amore è incompreso sia dal figlio perduto, che non pensa di essere accettato dal padre sia dal figlio buono che rappresenta il cieco attaccamento ai beni terreni. All'atteggiamento misericordioso del padre verso il figlio ritornato, espressione della misericordia divina, viene opposto nel rancore del figlio maggiore, l'atteggiamento ingeneroso dei Farisei e degli scribi. Per questo la parabola viene anche intitolata: la parabola del figlio perduto e del figlio fedele, sui quali grandeggia la figura del Padre. Qui Gesù mette in risalto la gioia di Dio nel perdonare e accogliere alla sua mensa il figlio che con un atto di umiltà trova il coraggio di tornare dal padre. La parabola è un messaggio all'umanità; ripensando all'Eucarestia che rappresenta il banchetto aperto a tutti gli uomini che riconoscono la divina misericordia e avvicinandosi ad essa con cuore pentito e umiliato. **15.** I porci erano per gli Ebrei animali impuri.

L'USO DELLA RICCHEZZA

Parabola dell'amministratore infedele. Luca 16,1-8

16-1 Diceva poi anche ai discepoli: <<C'era un uomo ricco che aveva un amministratore, il quale fu accusato dinanzi a lui di dissipare i suoi beni. **2**Allora lo chiamò e gli disse: Che cos'è questo che odo di te? Rendi conto della tua amministrazione, perché non potrai più amministrare. **3**E l'amministratore disse fra sé: Che cosa farò adesso che il mio signore mi toglie l'amministrazione? A zappare non ho la forza, a mendicare mi vergogno. **4**Ho pensato che cosa farò, perché quando io venga tolto dall'amministrazione, mi accolgono nelle loro case. **5**E chiamati a sé, uno ad uno, i debitori del suo signore, disse al primo: **6**Quanto devi al mio signore? Quegli rispose: Cento barili d'olio. Gli disse: Prendi la tua ricevuta, siedi presto e scrivi cinquanta. **7**Poi al secondo disse: Tu quanto devi? Rispose: Cento misure di frumento. Gli disse: Prendi la tua ricevuta e scrivi ottanta. **8**E il signore lodò quell'amministratore iniquo perché aveva agito con avvedutezza. Perché i figli di questo mondo nell'agire con i propri simili sono più avveduti dei figli della luce.

16,1sg. La parabola dell'amministratore infedele scaltro è una delle più difficili del Nuovo Testamento. Gesù non giustifica le frodi dell'amministratore, ma ne loda soltanto l'abilità la sola qualità che viene proposta ad esempio; ma sembra far capire ai suoi ascoltatori una lezione di prudenza e di saggezza nell'uso dei beni terreni. I beni, la vita sono doni di Dio da condividere con i fratelli. Con la morte si passa dall'amministrazione dei beni di Dio alla partecipazione della sua vita. La misericordia donata in terra sarà ricambiata in cielo.

Consigli sull'uso della ricchezza. Luca 16,9-12

16-9 Ed io vi dico: Fatevi degli amici con l'iniqua ricchezza, perché quand'essa vi lasci, quegli vi accolgono nei padiglioni eterni. **10**Chi è fedele nelle cose minime, è anche fedele nel molto; e chi è ingiusto nel poco, è ingiusto anche nel molto. **11**Se dunque non siete stati fedeli nell'ingiusta ricchezza chi vi affiderà quella vera? **12**E se non siete stati fedeli nella ricchezza altrui, chi vi darà la nostra?

16,9sg. Questi consigli sull'uso della ricchezza s' inquadrano in un antitesa tra terra e cielo, vita presente e futura, beni materiali e beni spirituali. Iniqua viene detta la ricchezza letteralmente <<mammona di iniquità>>, perché potenzialmente, e spesso realmente tale.

Varie sentenze. Ipocrisia dei Farisei. Luca 16,14-18

16 -14 I Farisei che erano attaccati al danaro, all'udire tutte queste cose, si facevano beffa di lui. **15**Ed egli disse loro: <<Voi vi proclamate giusti davanti agli uomini, ma Dio conosce i vostri cuori; perché ciò che è eccelso per gli uomini è abominio davanti a Dio. **16**La legge e i profeti vanno fino a Giovanni; da allora c'è il lieto annunzio del Regno di Dio, e ognuno gli fa violenza. **17**E più facile passino il cielo e la terra che venga a cadere un solo apice della Legge. **18**Chiunque rimanda la propria moglie, e ne sposa un'altra, commette adulterio; e chi sposa una donna ripudiata da un uomo, commette adulterio>>

16,16. Il popolo d'Israele si aspettava che un profeta redivivo annunziasse la venuta del Messia. E Gesù ripete ai Farisei fino all'inverosimile, che il Messia è davanti a loro, ma essi si ostinano a non credergli e a perseguitarlo.

Parabola del ricco e del povero. Luca 16,19-31

16-19 <<C'era un uomo ricco, il quale vestiva di porpora e di bisso, e tutti i giorni se la godeva splendidamente. **20**E c'èra un povero di nome Lazzaro, il quale giaceva alla porta di lui, carico di ulceri, **21**bramoso di sfamarsi di quello che cadeva dalla mensa del ricco; e persino i cani venivano a lambire le sue piaghe. **22**Or avvenne che il povero morì, e fu portato dagli angeli nel seno di Abramo. Morì anche il ricco, e fu sepolto. **23**E nell'Ade, tra i tormenti, levando gli occhi vide di lontano Abramo, e Lazzaro nel suo seno. **24**E alzando la voce disse: Padre Abramo, abbi pietà di me e manda Lazzaro a intingere nell'acqua la punta del dito per ristorare la mia lingua, perché soffro in questa fiamma. **25**Ed Abramo disse: Figlio, ricordati che hai ricevuto i tuoi beni nella tua vita, e Lazzaro similmente i mali; ora invece lui è consolato e tu soffri. **26**E oltre tutto questo, tra voi e noi è scavato un grande abisso, cosicché quelli che di qui vogliono andare da voi e non possono, né da li possono venire da noi. **27**E disse: Ti prego allora, padre, di mandarlo nella casa di mio padre; **28**ho infatti cinque fratelli; a scongiurali che non abbiano da venire anch'essi in questo luogo di

tormento. **29**Ma Abramo disse: Hanno Mosè e i Profeti; ascoltino quelli. **30**Ed egli: No, padre Abramo; se andrà da loro uno dei morti, si convertiranno! **31**Ma egli rispose: Se non ascoltano Mosè e i Profeti non si lasceranno persuadere neanche se uno risuscita dai morti>>.

16,19. Questa parabola è l'unica in cui un personaggio di fantasia abbia un nome: Lazzaro cioè Eleazaro. **22.** Nel seno di Abramo, cioè al posto d'onore della comunione celeste, che è immagine delle beatitudine eterne. **23.** Con il termine greco Ade, si indica il termine sheol ebraico, soggiorno dei giusti e dei Patriarchi, che all'epoca di Gesù veniva distinta dalla Geenna, riservata ai peccatori. Secondo il libro di Esdra gli abitanti di queste due regioni, situate l'una di fronte all'altra, potevano vedersi, il che doveva contribuire ad aumentare la gioia degli uni e la sofferenza degli altri.

Lo scandalo. Matteo 18,6-11 (Marco 9,43-49; Luca 17,1-2)

18-6 Chi invece scandalizza anche uno solo di questi piccoli che credono in me, sarebbe bene per lui che gli si appendesse una macina d'asino al collo, e lo si gettasse nell'abisso del mare. **7**Guai al mondo per gli scandali! E' inevitabile che avvengano scandali, ma guai all'uomo dal quale viene lo scandalo. **8**Che se la tua mano o il tuo piede ti è occasione di scandalo, taglialo e gettalo via da te; è meglio per te entrare nella vita monco o zoppo, che avere due mani o due piedi ed essere gettato nel fuoco eterno. **9**E se il tuo occhio ti è occasione di scandalo, strappalo e gettalo via da te; è maglio per te entrare nella vita con un occhio solo, che avere due occhi ed essere gettato nella Geenna del fuoco. **10**Guardatevi dal disprezzare uno di questi piccoli, perché vi dico che i loro angeli del cielo vedono sempre la faccia del Padre mio che è nei cieli. [**11**E' venuto infatti il figlio dell'uomo a salvare ciò che era perduto].

18,6. Questo versetto sullo scandalo sono i discepoli di Gesù. A sua volta il termine <<scandalo>> evoca i versetti 7-9. **9.** La Geenna era una vallata a sud di Gerusalemme, un'immagine popolare dell'Inferno, a motivo dei rifiuti che vi bruciavano continuamente. **10.** Questa parola venne assunta dalla tradizione cristiana per fondare la dottrina degli Angeli custodi, già accennati nell'Antico Testamento (cfr. Salmo 90 (91), 11.   **11.** <<Il Figlio dell'uomo è venuto infatti a salvareciò che era perduto>> questo versetto manca nei codici.

Lezione fraterna. Matteo 18,15-18 (Luca 17,3-4)

18-15 Se il tuo fratello commette una colpa, và e ammoniscilo tra te e lui solo; se ti ascolterà avrai guadagnato il tuo fratello; **16**se non ti ascolterà, prova a prendere con te uno o due, perché ogni cosa sia regolata sulla parola di duo o tre testimoni. **17**Se non ascolterà questi, dillo alla comunità. E se non ascolterà neanche la comunità, sia per te come il pagano e il pubblicano. **18**In verità vi dico: Tutto quello che legherete sopra terra sarà legato in cielo e tutto quello che scioglierete sopra la terra sarà sciolto anche nel cielo.

18,15. Variazione <<una colpa contro di te>>. **16. cfr.** Deuteronomio 19,15, (un testimone non avrà valore contro alcuno, per qualsiasi colpa, e per qualsiasi peccato. **17.** Letteralmente <<dillo alla chiesa>> cioè alla comunità organizzata dei fedeli di Cristo, intesa qui già come una frazione locale, mentre in 16,18 essa appare come una realtà universale. Pubblicano cioè << peccatore>>. **18.** Legare e sciogliere, tale potere promesso solo a Pietro in 16,19, viene esteso al gruppo dei Dodici, ai quali sembra principalmente rivolgere qui il discorso, in qualità di capi della Chiesa.

La preghiera in comune. Matteo 18,19-20

18-19 Così pure in verità vi dico: se due di voi sopra la terra si accorderà per domandare qualche cosa, il Padre mio che è nei cieli la concederà a loro. **20**Là infatti dove si trovano due o tre radunati nel mio nome, io mi trovo in mezzo a loro.

18,19 sg. Gesù ci svela il potere della preghiera di gruppo ed è sufficiente un piccolo gruppo, di due o tre persone. Se ci si accorda sulla richiesta e se si è riuniti nel suo nome lui, allora, è presente e vivo; e li con la sua potenza per portare la pace, la consolazione, la speranza, la salvezza.

Il perdono delle offese. Matteo 18,21-22

18-21 Allora Pietro gli si avvicino e gli disse: <<Signore, quante volte dovrò perdonare al fratello che pecca contro di me? Fino a sette volte?>>. **22**E Gesù gli disse: <<Ti dico: non fino a sette volte, ma settanta volte sette.

18,22. Cioè sempre.

La fede. Luca 17,5-6

17-5 E gli apostoli dissero al Signore: **6**<<Aumentaci la fede!>>. E il Signore disse:<<Se aveste fede quanto un chicco di senape, potreste dire a questo sicomoro: Sradicati e piantati nel mare, e vi ascolterebbe.

18, 21 sg. Gesù fa due ammonimenti agli apostoli che trattano la fede e l'umiltà. Solo con molta fede in Dio è possibile giungere al punto di avere amore così grande da rendere l'uomo capace di perdonare fino a settanta volte sette (cioè sempre), in una giornata il fratello che gli pecca contro.

Il dovere. Luca 17,7-10

17-7 E chi di voi, abbia un servo ad arare o al pascolo, gli direbbe quanto rientri dal campo: Vieni subito e mettiti a tavola; **8**e non gli direbbe piuttosto: Preparami da mangiare, e cingiti e servimi, finché abbia mangiato e bevuto e dopo potrai mangiare e bere tu? **9**Si tiene in obbligo verso il suo servo, per aver fatto ciò che gli era stato ordinato? **10**Così anche voi quando avete compiuto tutto quello che vi è stato ordinato, dite: Siamo poveri servi; abbiamo fatto quello che dovevamo>>.

17,7 sg. <<Poveri servi >>che devono gratitudine al loro padrone. Con questa parabola Gesù insegna la gratitudine, la gratitudine è fare qualcosa senza avere nulla in cambio. La gratitudine è segno dell'amore del Padre (Dio) verso i suoi figli.

Parabola del servo spietato. Matteo 18,23-35

18-23 Per questo il Regno dei cieli è simile a un re che ha voluto fare i conti con i suoi servi. **24**Incominciato il conteggio, gli si presentò un debitore di mille talenti. **25**Ma non avendo egli da restituire, il sovrano ordinò che fosse venduto, lui con la moglie, i figli e tutto quello che possedeva per venire ripagato. **26**Ora quel servo, gettatosi a terra lo supplicava dicendo: Signore, abbi pazienza con me e ti restituirò ogni cosa. **27**Impietositosi, il padrone di quel servo lo rimandò e gli condonò il debito. **28**Ora quel servo nell'uscire trovò un altro servo come lui che gli doveva cento denari e, afferratolo lo soffocava dicendo: Rendimi quello che devi! **29**Gettatoso a terra, quell'altro servo lo supplicava dicendo: Abbi pazienza con me, e ti restituirò. **30**Ma egli non volle, e andando seno lo fece gettare in carcere, fino a che restituisse il debito. **31**Alla vista quello che accadeva, gli altri servi furono addolorati e andarono a denunciare al loro padrone l'accaduto. **32**Allora il padrone lo fece chiamare e gli disse: Servo malvagio, io ti ho condonato tutto quel debito perché me ne hai pregato. **33**Non dovevi anche tu aver pietà del tuo conservo, così come io ho avuto pietà di te? **34**E, sdegnato, il padrone lo consegnò agli aguzzini finché non avesse pagato tutto quello che gli doveva. **35**Così anche il vostro Padre celeste farà di voi, se non perdonerete ciascuno il proprio fratello nel vostro cuore>>.

18,24sg. Mille talenti rappresenta una somma favolosa. Il <<talento>> (ebraico kikkar) era la misura di peso ebraico la più alta; nella parabola di Gesù viene indicata a simbolo di una somma altissima. La parabola del servo spietato, che dà la regalità all'insegnamento di Gesù sulla comunione fraterna, termina con le parole: <<Così anche il Padre mio celeste farà a ciascuno di voi, se non perdonerete di cuore al vostro fratello>>. Ed è proprio li, nella profondità del cuore che tutto si lega e si scioglie. Non è nelle nostre possibilità non sentire più e dimenticare l'offesa; ma il cuore che si offre allo Spirito Santo trasforma la ferita in comprensione e purifica la memoria trasformando l'offesa in intercessione. La preghiera trasfigura il discepolo conformandolo al suo Maestro. **28-35.** Cento denari, una somma talmente piccolissima in confronto a mille talenti. Il perdono è il culmine della preghiera cristiana. E' la condizione necessaria alla Riconciliazione dei figli di Dio con il loro Padre e degli uomini tra di loro, non c'è ne limite ne grandezza a questo perdono effettivamente divino.

I dieci lebbrosi. Luca 17,11-19

17-11 Ed avvenne che mentre era in cammino verso Gerusalemme, attraversava la regione di confine tra la Samaria e la Galilea. **12**Ed entrando in un villaggio, gli vennero incontro dieci lebbrosi i quali, fermatisi di lontano, **13**Alzarono la voce dicendo: <<Gesù maestro, abbi pietà di noi!>>. **14**E vedendoli, disse loro: <<Andate a presentarvi ai sacerdoti>>. Ed avvenne che mentre andavano, furono mondati. **15**Allora uno di loro, vedendosi guarito, ritornò indietro glorificando Dio a gran voce; **16**e gli si getto hai piedi per ringraziarlo. E questi era un samaritano. **17**E Gesù, rispondendo disse: <<Non sono stati mondati tutti e dieci? E i nove dove sono? **18**Non si è trovato chi tornasse a dar gloria a Dio, all'infuori di questo straniero?>>. E gli disse: **19**<<Alzati e và; la tua fede ti ha salvato>>.

17,14. Cfr. Levitico 13,49. Le persone che sospettavano di avere la lebbra, si presentavano dal sacerdote e facevano visionare l'indumento che copriva la parte malata; il sacerdote custodiva l'oggetto che aveva la macchia per sette giorni. Al settimo giorno dava il responso; se la macchia si allargava era lebbra maligna, quindi immonda, invece se non si allargava, l'oggetto veniva lavato e se la macchia scomparirà, si laverà una seconda volta e sarà mondo.

La venuta del regno di Dio. Luca 17,20-21

17-20 Interrogato dai Farisei quando verrà il Regno di Dio, rispose loro dicendo: <<Il Regno di Dio non viene in modo da attirare gli sguardi; **21**né si dirà: Eccolo e qui, o là. Perché, ecco, il Regno di Dio è in mezzo a voi>>.

17 **,20.** I Farisei credevano che il Regno di Dio si manifestasse con mirabile festa straordirariam-ente trionfante. <<In mezzo a voi>>, come realtà presente e operante, come realtà spirituale e non se ne deve aspettare una manifestazione subitanea e sfolgorante.

IL GIORNO DEL FIGLIO DELL'UOMO. Luca 17,22-37 (Matteo 24,17-18.23.26-28.37-41; Marco 13,15-16.21)

17-22 E disse ai discepoli: <<Verranno giorni quando desidererete vedere anche uno solo dei giorni del Figlio dell'uomo, ma non lo vedrete. **23**E vi diranno: Eccolo è qua, o eccolo là; non andate, e non li seguite. **24**Perchè come il lampo, guizzando, brilla da un capo all'altro del cielo, cos' sarà il Figlio dell'uomo nel suo giorno. **25**Ma prima è necessario che soffra molto, e venga riprovato da questa generazione. **26**E come avvenne al tempo di Noè, cos' sarà nei giorni del Figlio dell'uomo: **27**mangiavano, bevevano, prendevano moglie, prendevano marito, fino al giorno in cui Noè entrò nell'arca, e venne il cataclisma e li uccise tutti. **28**Come avvenne anche al tempo di Lot: Mangiavano, bevevano, comperavano, vendevano, piantavano, costruivano; **29**ma nel giorno in cui Lot uscì da Sodoma piovve fuoco e zolfo dal cielo, e li uccise tutti. **30**Così sarà nel giorno il Figlio dell'uomo si rivelerà. **31**In quel giorno, chi si troverà sulla terrazza mentre i suoi vasi sono in casa, non discenda a prenderli; così pure chi si trova nel campo, non ritorni indietro. **32**Ricordate la moglie di Lot. **33**Chi cerca di salvare la propria vita la perderà, ma chi la perderà la farà vivere. **34**Vi dico: in quella notte due si troveranno in un letto; l'uno verrà preso e l'altro sarà lasciato; **35**due donne macineranno nello stesso luogo, l'una verrà presa e l'altra lasciata

[**36**]>>. **37**E i discepoli gli chiesero: <<D'ove, o Signore?>>. Ed egli disse loro: <<Dove sarà il corpo la si raduneranno gli avvoltoi>>.

17,22. Ai giorni attuali del Figlio dell'uomo (Geaù), di cui i discepoli sono spettatori, ne succederanno altri cioè (il giorno per eccellenza, corrispondente al <<giorno di Iahvè>> della predicazione profetica, cfr. Amos 5,18), nel quale il figlio dell'uomo farà trionfare la giustizia. San Paolo, sostituisce al <<giorno>> del Vecchio Testamento il termine greco <<Parusia = venuta>>. Sotto la stretta delle persecuzioni, i discepoli sospireranno quel giorno, ma dovranno attendere a lungo. In questi versetti Gesù distingue nettamente con le sue parole, ciò che riguarda la fine di Gerusalemme (21,6-14), e ciò che riguarda la venuta gloriosa del Signore alla fine dei tempi. **32.** Genesi 19,26. La moglie di Lot, violando un ordine di Dio, si voltò indietro e guardare la distruzione di Sodoma e Gomorra e fu punita trasformandosi in una statua di sale. **30-36.** Per aiutare gli apostoli a capire e affrontare le sofferenze, Gesù si serve di paragono tratti dalla vita. Solo la persona che è stata capace di darsi completamente agli altri si sente realizzato nella vita. Perde la vita chi la conserva solo per sé. Con questo consiglio Gesù da la conferma della più profonda esperienza umana. La fonte della vita si trova nel dono della vita. **37.** In questo versetto misterioso Gesù evoca la profezia di Ezechiele che è ripresa dall'apostolo Giovanni nell'Apocalisse, in cui il profeta si riferisce alla battaglia vittoriosa finale contro le forze del male. Gli animali rapaci e gli avvoltoi saranno inviati a mangiare la carne dei cadaveri (Ezechiele 39,4.17-20; Apocalisse 19,17-18). Altri pensano che si tratti della valle di Giosafat, dove avverrà il Giudizio finale secondo la profezia di Gioele (Galati 4, 2-12).

PERSEVERANZA NELLA PREGHIERA

Parabola del giudice e della vedova. Luca 18,1-8

18-1 E diceva loro una parabola riguardo al dovere di pregare sempre, senza mai stancarsi: **2**<<C'era in una città un giudice, che non temeva Dio e non aveva riguardo di nessuno. **3**E c'era una vedova in quella città, la quale veniva da lui a dirgli: Fammi giustizia del mio avversario. **4**Ed egli, per un certo tempo non voleva; ma poi disse tra sé: Anche se non temo Dio e non ho riguardo di nessuno, **5**le farò giustizia perché almeno questa vedova non mi dia più fastidio e non venga alla fine a schiaffeggiarmi>>. **6**E il Signore disse: <<Avete udito quello che dice il giudice iniquo. **7**E Dio non farà giustizia ai suoi eletti che gridano a lui giorno e notte, e sarà forse tardo con loro? **8**Vi dico che farà loro giustizia prontamente. Ma il Figlio dell'uomo, alla sua venuta, troverà fede sopra la terra?>>.

18,1 sg. L'insegnamento orienta la nostra riflessione sulla preghiera. Quale atteggiamento assumere quanto si prega, perché essa è un'impresa rischiosa ma attraente è una fiammella che si accende nell'oscurità. La qualità fondamentale della vedova che chiede al giudice di farle giustizia è la sua insistenza che vince l'ostilità, l'indifferenza e la durezza di cuore. **8.** La seconda parte del versetto 8 circa il venir meno nella fede potrebbe rapportarsi con l'<<apostasia>> prevista per allora da san Paolo (2 Tessalonicesi 2,3), che può essere il rifiuto del Vangelo o il venir meno nell'ambito della Chiesa. L'uomo iniquo, colui che è certa la perdizione, riceverà poi il nome di anticristo e non si può stabilire se sia un personaggio singolo o una serie continua di emissari di Satana. La domanda di Gesù è se abbiamo fede in chi abbiamo fede. Essa è la scelta consapevole e libera di un'esperienza di vita, con una persona viva, Gesù!

Il Fariseo e il pubblicano. Luca 18,9-14

18-9 E disse, per alcuni che presumevano di essere giusti e disprezzavano gli altri, questa parabola: **10**<<Due uomini salirono al Tempio per pregare: l'uno fariseo e l'altro pubblicano. **11**Il fariseo, in piedi, pregava così tra sé: Dio, io ti ringrazio che non sono come gli altri uomini, ladri, ingiusti, adulteri, o anche come quel pubblicano; **12**digiuno due volte la settimana, pago le decima di tutto ciò che acquisto. **13**Il pubblicano invece, fermatosi a distanza, non ardiva neppure alzare gli occhi al cielo, ma si batteva il petto dicendo: Dio, abbi pietà di me peccatore! **14**Vi dico, questi è disceso a casa sua giustificato, a differenza dell'altro. Perché chi si esalta sarà umiliato e chi si umilia sarà esaltato>>.

18,10. Salirono al tempio, perché questo si trovava sul luogo più alto della città. Il racconto immortala due tipi di comportamento religioso. I protagonisti sono scelti tra due classi opposte della società Giudaica, per sottolineare il contrasto.

ATTIVITA' DI GESU' IN GIUDEA

La questione del divorzio. Matteo 19,1-12   (Marco 10,1-12)

1 -1 Ed avvenne che quando Gesù ebbe terminato questi discorsi, partì dalla Galilea e andò verso i confini della Giudea, al di là del Giordano. **2**E lo seguì molta folla e quivi li guarì. **3**E gli si avvicinarono dei Farisei per metterlo alla prova e gli dissero: <<E' lecito ad un uomo rimandare la propria donna per qualunque motivo?>>. **4**E egli rispose: << Non avete letto che il Creatore da principio maschio e femmina li creò e disse: **5**Per questo l'uomo lascerà suo padre e sua madre e si unirà a sua moglie e i due saranno una carne sola. Quello che Dio ha congiunto, l'uomo non lo divida>>. **6**Cosicché non sono più due, ma una carne sola. Quello che Dio ha congiunto, l'uomo non lo divida>>. **7**Gli dicono: <<Perché allora Mosè dispone che si dia un atto di divorzio e la si rimandi?>>. **8**Risponde loro: <<Per la durezza del vostro cuore Mosè vi ha permesso di rimandare le mogli, ma da principio non fu così. **9**E io vi dico: Chiunque rimanda la propria donna (non considero il caso della fornicazione) e ne sposa un'altra, commette adulterio, e chi sposa una ripudiata commette adulterio>>. **10**Gli dicono i discepoli: <<Se questa è la condizione dell'uomo verso la donna, non conviene sposarsi>>. **11**Ed egli rispose loro: << Non tutti comprendono questa parola, ma solo quelli ai quali è dato. **12**Vi sono infatti degli eunuchi che sono tali fin dal seno della madre, e vi sono eunuchi che sono stati resi tali per il Regno dei cieli. Chi può capire capisca.

9,3-7. La domanda dei farisei non viene riferita circa la possibilità del divorzio --- legalmente permessa da Deuteronomio 24,1 ogni qualvolta sopravvenisse <<qualcosa di spiacevole senso di onestà o di pudore>>, ma intende conoscere il parere di Gesù in merito all'interpretazione della cosa <<spiacevole>> che legittimava la separazione; al tempo di Gesù vi erano due scuole che si dividevano la questione: i seguaci del Rabbino Shammai riconoscevano quale motivo legittimo solo l'adulterio, per quelli di Hillel erano sufficienti anche cause molto minori, come per esempio se la donna avesse bruciato il cibo. Si chiede dunque a Gesù se qualunque motivo autorizzasse lo scioglimento del vincolo matrimoniale. Ma la sua risposta va al la delle controversie di vecchie tradizioni, richiamandosi al testo fondamentale di Genesi 1,27 che afferma categoricamente l'indissolubilità delle nozze. La legge di Mosè non autorizzò il divorzio, ma cercò di limitarne le conseguenze. **12.** Questo linguaggio di Gesù indica una possibilità di una rinuncia al matrimonio in vista del Regno dei cieli.

Gesù e i bambini. Luca 18,15-17 (Matteo 19,13-15; Marco 10,13-16)

19-15 Gli portavano anche i bambini perché li toccasse; e i discepoli, vedendoli, li sgridavano. **16**Ma Gesù li chiamò a sé, dicendo: <<Lasciate che i bambini vengano a me e non impediteli, perché di chi è come loro è il Regno dei cieli. **17**In verità vi dico: Chi non accoglie il Regno di Dio come un bambino, non entrerà in esso>>.

18 ,17. Come l'ingenuità, la purezza, di un bambini.

Gesù e il giovane ricco. Luca 18,18-27(Matteo 19,16-26; Marco 10,17-27)

18-18 E un notabile lo interrogò dicendo: <<Maestro buono, che debbo fare per meritare la vita eterna?>>. **19** E Gesù gli disse: <<Perché mi dici buono? Nessuno è buono all'infuori di uno: Dio. **20**Conosci i comandamenti: Non commettere adulterio, non uccidere, non rubare, non attestare il falso, onora tuo padre e tua madre>>. **21**E quegli rispose: <<Tutto questo lo osservato fin dalla giovinezza>>. **22**E Gesù, udito questo, gli disse: <<Una cosa ancora ti manca: Vendi tutto quello che possiedi, e distribuiscilo ai poveri, e avrai un tesoro nei cieli; poi vieni e seguimi!>>. **23**Ma quegli, all'udire ciò, divenne molto triste, perché era ricchissimo. **24**E Gesù, vedendolo divenire così triste, disse: <<Quant'è è difficile per quelli che possiedono ricchezza, entrare nel Regno di Dio! **25**E più facile che un cammello passi per la cruna di un ago, che un ricco entri nel Regno di Dio>>. **26**Allora quelli che ascoltavano, dissero: <<E chi può salvarsi?>>. **27**Ed egli rispose: <<Ciò che non è possibile per gli uomini, è possibile a Dio>>.

18,20. Gesù indica al giovane i comandamenti come la prima condizione irrinunciabile per avere la vita eterna: è certo, però, che l'impegno manifestato dal giovane nel rispetto di tutte le esigenze morali dei comandamenti costituisce terreno fertile sul quale può germogliare e maturare il desiderio della perfezione. E Gesù stesso che prende l'iniziativa e chiama a seguirlo, e aggiunge il precetto della carità, cioè vendere tutto e donarlo ai poveri per poi seguirlo, elevandola a un'importanza sconosciuta fino allora. Gesù chiede di seguirlo e di imitarlo sulla strada dell'amore, di un amore che si dona ai fratelli per amore di Dio. Ma quel ricco cominciò a grattarsi la testa, e la cosa non gli piacque. E Gesù gli disse: Come puoi affermare che hai osservato la Legge e i profeti? Sta scritto nella Legge: Amerai il prossimo tuo come te stesso, ed ecco molti tuoi fratelli figli di Abramo sono sporchi e muoiono di fame, mentre la tua casa trabocca di molti beni e non ne esce nulla per loro! **24-25.** Dopo <<difficile>>, alcuni codici aggiungono: <<per coloro che fanno affidamento sul denaro>>. Il cammello e la cruna sono designazioni proverbiali in Palestina rispettivamente del più grande animale e del più piccolo foro. In sostanza Gesù voleva dire: E' molto difficile e praticamente impossibile essere ricchi e non essere schiavi della ricchezza; prescindendo evidentemente dall'aiuto divino (versetto 26), con il quale tutto diventa possibile (cfr. Genesi 18,14 **27**. Cfr. Genesi 18,24; sono le parole memorabili della promessa fatta ad Abramo.

La ricompensa per il distacco. Matteo 19.27-30 (Marco 10,28-31; Luca 18,28-30)

19-27 Allora Pietro prese la parola e disse: <<Ecco noi abbiamo lasciato tutto e ti abbiamo seguito; che cosa ne avremo?>>. **28**E Gesù disse loro: <<In verità vi dico: Voi che mi avete seguito, nella nuova creazione, quando il Figlio dell'uomo si assiderà sul trono della sua gloria, sederete anche voi sui dodici troni a giudicare le dodici tribù d'Israele. **29**E chiunque lascerà case, o fratelli, o sorelle, o padre, o madre, o sposa, o figli per il mio nome, riceverà il centuplo e avrà in eredità la vita eterna>>. **30**Molti dei primi saranno gli ultimi, e gli ultimi, primi.

19,28 sg. Pietro è come cercasse una ricompensa, e Gesù con la sua risposta vuole far capire a Pietro e ai suoi compagni che, per il fatto di stare con lui hanno già ricevuto il centuplo. Essi infatti già fanno parte di quel mondo nuovo, di quella rigenerazione di tutte le cose, che con Gesù è già in atto e che avrà il suo compimento nella sua passione morte e risurrezione. Nella nuova creazione, letteralmente <<nella rigenerazione>>: si tratta della fase gloriosa del Regno dei cieli, quale sarà alla fine dei tempi. Le dodici tribù indicano la Chiesa nuovo popolo eletto, gli apostoli sono come i Patriarchi del nuovo popolo di Dio. Le parole di Gesù si trasformano fin qui in uno stile del genere apocalittico, del quale è spesso difficile distinguere l'immagine dalla realtà.

La Risurrezione di Lazzaro. Giovanni 11, 1-44

11-1 C'era allora ammalato un certo Lazzaro di Betania, villaggio di Maria e di Marta, sua sorella. **2**Maria era quella che cosparse il Signore d'unguento, e gli asciugò i piedi con i suoi capelli; suo fratello Lazzaro era ammalato. **3**Le sorelle mandarono a dirgli: <<Signore, ecco, colui che ami è ammalato>>. **4**All'udire questo, Gesù disse: <<Questa infermità non è per a morte, ma per la gloria di Dio, perché sia glorificato il Figlio di Dio>>. **5**Gesù voleva bene a Marta, a sua sorella e a Lazzaro. **6**Ma udito che era ammalato, continuò a restare nel luogo dove si trovava. **7**E dopo disse ai discepoli: <<Andiamo di nuovo in Giudea!>>. **8**I discepoli gli dissero: <<Rabbì, poco fa i Giudei cercavano di lapidarti, e tu ci vai di nuovo?>>. **9** Gesù rispose:<<Non sono forse dodici le ore della giornata? Se uno cammina di giorno, non inciampa, perché vede la luce di questo mondo; **10**ma quando uno cammina di notte, inciampa perché non c'è luce su di lui>>. **11**Così parlò, e poi disse loro: <<Il nostro amico Lazzaro s'è addormentato; ma io vado a svegliarlo>>. **12**Gli dissero i discepoli: <<Signore, se si è addormentato, guarirà>>. **13**Gesù parlava della sua morte; essi invece pensarono che si riferisse al dormire del sonno. **14**Allora Gesù disse loro apertamente: <<Lazzaro è morto; **15**ed io sono contento per voi di non essere stato là, affinché crediate. Su andiamo da lui>>. **16**Allora Tommaso detto Didimo, disse ai suoi compagni: <<Andiamo anche noi a morire con lui!>>. **17**Arrivato dunque Gesù, lo trovò che era già da quattro giorni nel sepolcro. **18**Betania distava circa quindici stadi da Gerusalemme **19**e molti Giudei erano, venuti da Marta e Maria per consolarle del fratello. **20**Marta dunque, come udì che veniva Gesù, gli andò incontro; Maria stava seduta in casa. **21**E Marta disse a Gesù: <<Signore, se tu fossi stato qui, mio fratello non sarebbe morto. **22**Ma anche adesso tutto quello che chiederai a Dio, Egli te lo darà>>. **23**Le dice Gesù: <<Tuo fratello risorgerà>>. **24**Gli rispose Marta: <<So che risorgerà nella risurrezione, nell'ultimo giorno>>. **25**Gesù le disse: <<Io sono la risurrezione e la vita; chi crede in me ancora morto vivrà; **26**e chi vive e crede in me vivrà in eterno. Lo credi questo?>>. **27**Gli risponde: <<Si, o Signore, io credo che tu sei in Messia, il figlio di Dio che deve venire nel mondo>>. **28**Dopo queste parole se ne andò, e chiamò di nascosto Maria, sua sorella dicendo: <<C'è il Maestro e ti chiama>>. **29**Ella, udito questo, si alza in fretta e va da lui. **30**Gesù non era ancora entrato nel villaggio, ma si trovava ancora nel luogo dove gli era venuta incontro Marta. **31**Allora i Giudei che erano in casa con lei a consolarla, al vedere Maria alzarsi in fretta ed uscire, le andarono dietro pensando: <<Va al sepolcro, a piangervi>>. **32**Maria dunque, giunta dov'era Gesù, al vederlo gli si gettò ai piedi, dicendogli: <<Signore, se eri qui, mio fratello non sarebbe morto!>>. **33**Gesù allora vedendola piangere, e piangere i Giudei che erano venuti con lei, fremette nello spirito, si turbò e disse: **34**<<Dove l'avete messo?>>. Gli dicono: <<Signore, vieni a vedere!>>. **35**Gesù scoppiò in pianto. **36**Dissero allora i Giudei: <<Vedi come gli voleva bene?>>. **37**Ma alcuni di loro dicevano: <<Non poteva costui che aprì gli occhi al cieco nato, far si che egli non morisse?>>. **38**Intanto Gesù, fremendo di nuovo in se stesso, giunse al sepolcro; era una grotta contro la quale era addossata una pietra. **39**Dice Gesù: <<Levate la pietra!>>. Gli rispose Marta, sorella del morto: <<Signore già emette fetore, perché è di quattro giorni>>. **40**Le dice Gesù: <<Non ti ho detto che, se credi, vedrai la gloria di Dio?>>. **41**Levarono dunque la pietra. E Gesù alzò gli occhi e disse: <<Padre, ti ringrazio che mi hai ascoltato. **42** Io lo sapevo che sempre mi dài ascolto, ma l'ho detto per il popolo che mi sta attorno, perché credano che tu mi hai mandato>>. **43**E detto questo, disse con voce forte: <<Lazzaro, vieni fuori!>>. **44**Il morto uscì, con i piedi e le mani fasciate dalle bende, e il volto coperto da un sudario.

1 ,1. La risurrezione di Lazzaro è <<il più grande e il più significativo miracolo di Gesù>>. Nel piano generale del Vangelo essa sottolinea il discorso su Gesù – vita e figlio di Dio, e indica l'occasione che determina il Sinedrio a decretare la morte di Gesù. Ne anticipa l'adempimento la risurrezione. Betania, oggi el-Azaricjeh, in memoria di Lazzaro, era situata sul pendio orientale del monte degli ulivi, a circa 3 Km. da Gerusalemme. In passato questa Maria era stata identificata con <<la peccatrice di Luca 7,37>>, e questa con Maria di Magdala (Luca 8,2). Ma l'identificazione trovò risonanza nella festa liturgica di S. Maria Maddalena (22luglio). **9 sg.** Qui ritorna il paragone della vita eterna di Gesù con una giornata lavorativa (Giov. 9,4); finché non arrivi l'ora delle tenebre non c'è da temere; si può camminare senza pericolo fino alla dodicesima ora della giornata. Finché non viene l'ora delle tenebre della passione di Cristo, non c'è pericolo. **16.** Didimo <<cioè Tommaso>> non è un soprannome, ma la traduzione greca dell'aramaico Tomà = gemello . Questo apostolo doveva per natura essere diffidente e restio a credere. **25.** <<Io sono la risurrezione e la vita>>. Gesù aveva dichiarato di essere fonte di una vita che non può venir meno; qui aggiunge che la vita divina, comunicata a quelli che credono, comporta la risurrezione finale dei corpi. **41.** Variazione di <<Alzò gli occhi in alto>>, <<al cielo>>.

I Sinedrio decide la morte di Gesù. Giovanni11,45-57 (Matteo 26,1-5; Marco 14,1-2; Luca 22,1-2)

11-45 Molti dei Giudei venuti da Maria, alla vista di quello che aveva compiuto, cedettero in lui. **46**Altri invece andarono dai Farisei, e riferirono loro quel che Gesù aveva fatto. **47**Allora i Sommi Sacerdoti e i Farisei radunarono il sinedrio e dicevano: <<Che dobbiamo fare? Quest'uomo opera grandi segni. **48**Se lo lasciamo fare, tutti crederanno in lui, e verranno i Romani e distruggeranno la nostra terra e la nazione>>. **49**Ma uno di loro, di nome Caifa, che era Sommo Sacerdote in quell'anno, disse loro: <<Voi non capite niente, **50**e non pensate come sia meglio che muoia un solo uomo per il popolo, e non perisca tutta la nazione>>. **51**Questo non lo disse da sé, ma essendo Sommo Sacerdote profetò che Gesù sarebbe morto per la nazione; **52**e non per quella nazione soltanto, ma anche per radunare i figli di Dio dispersi. **53**Da quel giorno deliberarono di ucciderlo. **54**Gesù pertanto non andava più apertamente tra i Giudei, ma partì di là per una località vicina al deserto, una città di nome Efraim, e quivi dimorava con i suoi discepoli. **55**Era vicina la Pasqua dei Giudei, e molti salirono a Gerusalemme dalla regione, per purificarsi prima della Pasqua. **56**E cercavano Gesù, e dicevano fra loro nel Tempio: <<Che vi pare? Che non venga per la festa?>>. **57**E i Sommi Sacerdoti e i Farisei avevano dato ordine che se alcuno sapeva dove si trovava, lo denunziassero, per catturarlo.

11,50 Variazione <<meglio per noi>> <<...per voi>>.
Caifa intendeva con le sue parole sacrificare la vita del profeta agli interessi politici della nazione; si ravvisa una profezia inconscia, derivante dalla sua qualifica si Sommo Sacerdote. Sulla redenzione universale di Gesù essa rappresenta come un'opera di unificazione umana – divina. **54.** Efraim si trovava ai margini del deserto della Giudea a 25 Km da Gerusalemme **55**. I Giudei cominciavano ad affluire a Gerusalemme alcuni giorni prima, al fine di praticare la purificazione richiesta dalla Legge per la celebrazione della Pasqua. (cfr. Numeri 9,10; 2 Cronache 30,17-18).

L'ATTIVITA' SALVIFICA A GERUSALEMME. Terzo annunzio della passione. Luca 18,31-34   (Matteo 20,17-19; Marco 10,32-34)

18-31 Poi prese i dodici con sé, disse loro: <<Ecco, saliamo a Gerusalemme, e si compirà ogni cosa scritta dai profeti sul Figlio dell'uomo. **32**Sarà infatti consegnato alle genti, schernito, dileggiato, sputacchiato, **33**e dopo averlo flagellato, lo uccideranno; e il terzo giorno risorgerà>>. **34**Ma essi non compresero nulla di queste cose, e quella parola restava oscura per loro e non capivano ciò che veniva detto.

18,31. Per la terza volta Gesù afferma il termine misterioso , di morte e di gloria versi il quale tende la sua esistenza, secondo un disegno preordinato e voluto.

La domanda dei figli di Zebedeo. Marco 10,35-45 (Matteo 20,20-28)

10-35 E gli si avvicinarono Giacomo e Giovanni, i figli di Zebedeo, dicendogli: <<Maestro, vorremmo che quello che ti chiediamo, tu c'è lo concedessi>>. **36**Egli disse loro: <<Che cosa volete che vi faccia?>>. Gli dissero: **37**<<Dàcci di sedere nella tua gloria uno alla tua destra e uno alla tua sinistra>>. **38**E Gesù disse loro: <<Non sapete quello che domandate; potete bere il calice che io bevo, o ricevere il battesimo che io sto per subire?>>. Gli risposero: <<Lo possiamo>>. **39**E Gesù disse loro: <<Il calice che io bevo lo berrete, e il battesimo che io ricevo lo subirete; **40**ma quando a sedere alla mia destra o alla mia sinistra, non dipende da me concederlo, ma toccherà a coloro per i quali è stato preparato>>. **41**All'udire questo, cominciarono a sdegnarsi con Giacomo e Giovanni. **42**Allora Gesù, chiamateli a sé, disse loro: <<Sapete bene che coloro che sono ritenuti principi dei pagani spadroneggiano su di essi, e i loro grandi esercitano il potere su di essi. **43**Fra voi

invece non è così; ma chi vuol essere grande tra di voi si farà vostro servitore, **44**e chi vuole essere tra di voi il primo sarà il servo di tutti. **45**Il Figlio dell'uomo non è venuto infatti per essere servito, ma per servire e dare la propria vita per il riscatto di tutti>>.

10,5. Giovanni e Giacomo sognavano un avvenire di gloria e di potenza nel Regno che attendono tra breve sulla terra; diversa è la prospettiva immediata di Gesù, che ha invitato i suoi seguaci a prendere la croce (Marco 16,24). Bere il calice è un'immagine frequente nel nell'A. T. dove il vino della coppa di Iahvé significa l'ira divina. Salmo 74 (75),9; Isaia 51 17; 22. **38.** Il dolore che attende Gesù viene presentato con l'immagine del calice e del battesimo, nel quale dovrà completamente essere sommerso e sepolto nella sofferenza (Isaia 43,2; Salmo 42,8; 69,2e sg.). **45.** Questo detto svela il significato profondo della morte di Cristo: essa rappresenta il riscatto di molti, cioè dell'umanità. E' certo che il riscatto riguarda la servitù del peccato e della morte conseguentemente al peccato, ma in quali termini la si debba pensare, non risulta ancora chiaramente da questa parola di Cristo che certamente precede la sua passione e fa capire come se avesse coscienza di realizzare la missione del servo di Iahvé descritta in Isaia 53. Egli non affronterà la morte serenamente, come i soldati e i martiri, ma questo sarà il mezzo (sacrificale) del riscatto in sostituzione e in favore di molti che da sé stessi non potrebbero liberarsi. Nel caso presente si contrappone il solo Gesù, che offre la propria vita, ai <<molti>> che ne beneficiano. I n questa morte salvatrice culmina il <<sevizio>> fatto da Gesù all'umanità.

Il cieco di Gerico. Marco 10,46-52   (Matteo 20,29-34; Luca 18,3543)

10-46E giungono a Gerico. E mentre partiva da Gerico insieme ai discepoli e molta folla, il figlio di Timeo, Bartimeo, cieco sedeva lungo la strada mendicando. **47**E al sentire che c'era Gesù Nazareno, cominciò a gridare e a dire: <<Figlio di Davide, Gesù, abbi pietà di me>>. **48**Molti lo sgridavano per farlo tacere, ma egli gridava più forte: <<Figlio di Davide, abbi pietà di me!>>. **49**E Gesù si fermò e disse: <<Chiamatelo!>>. E chiamano il cieco dicendogli: <<Coraggio! Alzati, ti chiama!>>. **50**Ed egli, gettato via il mantello, balzò in piedi e venne da Gesù. **51**E rispondendogli Gesù disse: <<Che vuoi che ti faccia?>>. E il cieco a lui: <<Rabbuni, che io veda!>>. **52**E Gesù gli disse: <<Và, la tua fede ti ha salvato>>. E subito vide, e lo seguiva, per la strada.

10,46. All'uscita da Gerico, prima di iniziare la lunga salita che porta a Gerusalemme, avviene l'incontro con il cieco Bartimeo. **51.** Rabbuni in aramaico è forma reverenziale di Rabbi = mio padrone e quindi mio Maestro.

La conversione di Zaccheo Luca 19,1

19-1 Ed entrato in Gerico, l'attraversava. **2**Ed ecco un uomo di nome Zaccheo, un capo dei pubblicani e ricco; **3**egli cercava di vedere Gesù, chi fosse, ma non gli riusciva a motivo della folla, essendo piccolo di statura. **4**E correndo innanzi salì su un sicomoro, per poterlo vedere, dovendo egli passare di là. **5**Or quando giunse sul luogo, Gesù guardò in alto e gli disse: <<Zaccheo, discendi in fretta perché oggi devo fermarti a casa tua. **6**E discese in fretta, o lo accolse pieno di gioia. **7**A tal vista, tutti presero a mormorare dicendo: <<E' andato ad alloggiare da un peccatore!>>. **8**Ma Zaccheo, risoluto, disse al Signore: <<Ecco, Signore, la metà dei miei beni la do ai poveri; e se ho commesso frode ai danni di qualcuno, restituisco il quadruplo>>. **9**E Gesù rispose: <<Oggi la salvezza è giunta in questa casa, perché anch'egli è figlio di Abramo; **10**Il Figli dell'uomo è venuto infatti a cercare e salvare quello che era perduto>>.

19,2. L'agire di Zaccheo sembra un caso dell'uso della ricchezza. Era un capo dei pubblicani o degli esattori della tasse, che a Gerico, città di transito, dovevano essere numerosi e fari lauti guadagni. **8.** La Legge di Esodo 211,37 imponeva per alcuni furti la restituzione del quadruplo. **9.** Figlio di Abramo, quindi erede delle promesse divine di salvezza fatte al Patriarca.

Parabola dei talenti. Luca 19,11-28   (Matteo 25,14-30)

19-11 Mentre stavano ad ascoltare queste cose, Gesù aggiunse una parabola perché era ormai vicino a Gerusalemme ed essi pensavano che il Regno di Dio dovesse manifestarsi da un momento all'altro. **12**Disse dunque: <<Un uomo nobile partì per una terra lontana per ricevere un regno e ritornare. **13**E chiamati dieci servi, consegnò loro dieci mine, dicendo: <<Trafficate finché io torni. **14**Ma i suoi cittadini lo odiavano , e gli inviarono dietro una delegazione a dire: Non vogliamo che costui venga a regnare su di noi. **15**Ed avvenne che al ritorno, ricevuto il regno, fece chiamare i servi ai quali aveva consegnato il denaro, per vendere quando ciascuno avesse guadagnato trafficando. **16**Si presentò il primo e disse: Signore, la tua mina ha fruttato dieci mine. **17**E gli disse: Bene, servo buono; poiché ti sei mostrato fedele in una cosa piccolissima, abbi potere su dieci città. **18**E venne il secondo, e disse: La tua mina, Signore, ha fruttato cinque mine. **19**E disse anche a questo: Anche tu stà a capo di cinque città. **20**E venne anche l'altro e disse: Signore, ecco la tua mina, che ho tenuta riposta in un fazzoletto, **21**perché avevo paura di te che sei

un uomo severo: Prendi quello che non hai messo, e mieti quello che non hai seminato. **22**Gli rispose: Ti giudico dalle tue parole servo malvagio! Sapevi che sono un uomo severo, che prendo quello che non ho messo e mieto quello che non ho seminato? **23**E perché non hai consegnato il mio denaro alla banca? Alla mia venuta l'avrei riscosso con interessi! **24**E disse ai presenti: Toglieteli la mina e datela a chi ne ha dieci! **26**Vi dico: A chiunque ha, sarà dato; ma a chi non ha, sarà tolto anche quello che ha. **27**E quei miei nemici che non volevano che io avessi a regnare su di loro, conduceteli qui e uccideteli davanti a me. **28**E detto questo, Gesù proseguì innanzi, salendo verso Gerusalemme>>.

19,11 sg. Lo scopo della parabola è di insegnare che l'avvento glorioso del Regno di Dio, che la folla desiderava e sperava imminente, al momento dell'arrivo di Gesù a Gerusalemme, è ancora lontano. Prima di instaurare gloriosamente il Regno, Gesù deve patire; nel frattempo subirà l'opposizione di molti; i suoi discepoli devono restare fedeli, impegnandosi con dono ricevuti ad assolvere gli impegni assunti al servizio di Dio, al quale si dovrà rendere conto. **13.** La mine era una moneta greca, pari a cento dramme **14.** E' possibile uno spunto di avvenimenti storici contemporanei: Nel 4 a.C. , alla morte di Erode, il figlio Archelao intraprese un viaggio a Roma per sollecitare da Augusto la corona regale; ma dietro di lui partì una delegazione di 50 Giudici per opporsi alla sua investitura, chiedendo l'annessione alla provincia della Siria. **15.** Quindi l'uomo che parte è Gesù, che dopo la sua ascensione si sottrae agli occhi dei discepoli. Egli affida a ciascuno di cui dovrà rendere conto alla fine. **26.** La retribuzione sarà proporzionata ai meriti e ai demeriti; è indispensabile un impegno nei doni ricevuti; la ricompensa sarà infinitamente superiore all'opera. L'abuso di fiducia del servo pigro sarà punito. L'amministratore fedele sulla terra sarà gratificato di funzione infinitamente superiore nel cielo.

L'unzione di Betania. Giovani 12,1-11   (Matteo 26,6-13; Marco 14,3-9)

12-1 Allora Gesù, sei giorni prima della Pasqua, venne a Betania dove c'era Lazzaro che Gesù aveva risuscitato dai morti. **2**E qui gli prepararono un banchetto: Marta serviva, Lazzaro era uno dei commensali, **3**e Maria presa una libbra d'unguento di nardo, autentico e prezioso, unse i piedi di Gesù e glieli asciugò con i suoi capelli. Tutta la casa si riempì del profumo dell'unguento. **4**E Giuda Iscariota, uno dei suoi discepoli, il quale stava per tradirlo, disse: **5**<<Perché quest'unguento non si è venduto per trecento denari da dare vai poveri?>>. **6**Questo disse non perché gli importasse dei poveri, ma perché era ladro e, tenendo la borsa, portava via quello che vi mettevano. **7**Allora Gesù disse: <<Lasciala fare; l'ha conservato per il giorno della mia sepoltura. **8**I poveri li avete sempre con voi, ma non avrete sempre me>>.

9Intanto una gran folla di Giudei seppe che egli era colà, e venne non solo per Gesù, ma anche ma anche per vedere Lazzaro che egli aveva risuscitato dai morti. **10**Ed i Sommi Sacerdoti deliberarono di sopprimere anche Lazzaro, **11**perchè molti dei Giudei se ne andavano a motivo di lui, e credevano in Gesù.

11,2 sg. L'indicazione sei giorni prima della Pasqua (anche se si celebrava alla sera del 14 nisan = marzo) corrisponde alla data dell'8 nisan. Incomincia così l'ultima settimana di vita di Gesù. Il banchetto ebbe luogo nella casa di Simone il lebbroso. Una libbra romana equivaleva a grammi 327,45; l'estratto di nardo genuino veniva dall'India. Anziché versare poche gocce sulla testa secondo l'uso, Maria effuse tutto il profumo sui piedi di Gesù. Due erano le opere buone per i Giudei: <<l'elemosina>> e le <<opere di carità>>, tra le quali il seppellimento dei morti; infatti quest'ultima era considerata superiore a l'elemosina. Il gesto di Maria , che quel clima di vigilia angosciosa metteva in relazione con la sepoltura era quindi più degna dell'opera dell'elemosina. **7.** Variazione di <<Lasciala, l'ha conservato per il giorno della mia sepoltura>>. Gesù vede nel gesto la anticipazione delle onoranze al suo cadavere. (cfr. 19,38 sg.)

Ingresso messianico a Gerusalemme. Luca 19,29-37 (Matteo 21,1-7; Marco 11,1-7)

19-29 E quando fu a Betfage e a Betania presso il monte degli ulivi, mandò due discepoli dicendo: **30**<<Andate nel villaggio di fronte; entrando, troverete legato un puledro, sul quale nessuno si è mai seduto; slegatelo e conducetelo qui. **31**E se qualcuno vi chiede: Perché lo slegate? Direte così: Il suo Signore ne ha bisogno>>. **32**E partiti quelli che erano stati inviati, trovarono come aveva detto loro. **33**E mentre slegavano il puledro, i padroni dissero loro: <<Perché sciogliete il puledro?>>. **34**Essi risposero: <<Il suo Signore ne ha bisogno>>. **35**E lo condussero da Gesù, e gettati i loro mantelli sul puledro vi fecero salire Gesù. **36**E mentre andava innanzi stendevano i mantelli sulla strada. **37**Ed avvicinatosi alla discesa del monte degli Ulivi, tutta la folla dei discepoli cominciò a esultare e lodare Dio a gran voce, per tutti i prodigi che avevano veduto.

19,29. Gesù si avvicinava alla fine del lungo pellegrinare di predicazione, che dalla Galilea lo ha portato nella Perea, a Gerico, e su fino al monte degli ulivi, dove si apre alla vista il panorama di

Gerusalemme luogo geografico e ideale del Vangelo. **36.** Cfr. Zaccaria 9,9, il Messia sarà un re di pace mite e umile, Gesù realizza questa profezia nel suo trionfale ingresso a Gerusalemme.

Accoglienza di Gesù a Gerusalemme. Giovanni 12,12-13.15-19 (Matteo 21,8-11; Marco11,8-11)

12-12 Il giorno seguente, la gran folla che era venuta per la festa, udito che Gesù veniva a Gerusalemme, **13**prese dei rami di palme, e gli uscirono incontro gridando:

> Osanna!
>
> Benedetto colui che viene nel nome del Signore,
>
> il re d'Israel
>
> **15**Non temere figlia di Sion!
>
> Ecco il tuo re che viene,
>
> assiso sopra un puledro d'asino.

16Queste cose i discepoli non le compresero dapprima; ma quando Gesù fu glorificato, si ricordarono che tali cose erano state scritte di lui, e che essi gliele aveva fatte. **17**La gente che era stata con lui quando chiamò Lazzaro dal sepolcro e lo ridestò dai morti, gli rendeva testimonianza. **18**Per questo la folla gli venne incontro, avendo udito che aveva compiuto quel segno. **19**I Farisei allora dissero tra di loro: <<Vedete che non concludiamo niente? Ecco che tutto il mondo gli è andato dietro>>.

12,12 sg. Le palme sono un omaggi e simbolo di vittoria; perché morendo Gesù avrebbe vinto la morte, e mediante il legno della croce, avrebbe riportato vittoria sul diavolo principe della morte. La parola ebraica Osanna esprime un sentimento di ammirazione affettuosa. **13.** Cfr. Salmo 118,25-29 il re d'Israele è l'erede di Davide predetto e atteso; cfr. 2 Samuele 7,12-16. **15.** Le parole di questo versetto sono tratto da Isaia 62,11, dove figlia di Sion è un'indicazione letteraria fatta dal profeta degli abitanti di Gerusalemme, o di tutto il popolo d'Israele

I farisei invitano Gesù a sgridare gli apostoli Luca 19,39-40

19-39 Alcuni Farisei tra la folla gli dissero: <<Maestro, sgrida i tuoi discepoli!>>. **40**Ma rispose dicendo: <<Vi dico che se questi tacessero, grideranno le pietre>>.

Il fico seccato. Marco 11,12-14 (Matteo21,18-19)

11-12-14 La mattina seguente, mentre uscivano da Betania, ebbe fame. **13**E avendo visto da lontano un fico che aveva molto fogliame, si avvicinò, se mai vi trovasse qualche cosa; ma giuntovi sotto non trovò nient'altro che foglie. Non era infatti la stagione dei fichi. **14**E rivolgendosi ad esso, gli disse: <<Mai più in eterno alcuno pos sa mangiare frutto da te!>>. E i discepoli l'udirono.

11,12-14. Il lunedì della passione, Gesù ebbe realmente fame e cercò di soddisfare quel bisogno materiale. Quella stessa fame che ebbe dopo essere tentato dal diavolo nel deserto, egli il creatore di tutte le cose, mancò del pane quotidiano, e non trovando frutto pronunciò la condanna di quell'albero. L'episodio narrato ha valore simbolico, Gesù deplora la sterilità spirituale dei Giudei, di quel tempo.<< Pianta sterile e castigata>>.

La potenza della fede. Marco 11,20-26 (Matteo 21,20-22)

11-20 mattina, passando, videro quel fico seccato fino alle radici. **21**E Pietro, ricordatosi, gli disse: <<Rabbi, guarda: il fico che hai maledetto è secco>>. **22**E Gesù rispondendo disse loro: <<Se avete fede in Dio, **23**in verità vi dico: chi dicesse a questo monte: Levati e gettati nel mare, senza dubitare nel suo cuore, ma credendo che ciò che dice avverrà, gli sarà accordato. **24**Per questo vi dico: Tutto quello che domandate nella preghiera, abbiate fede di riceverlo e vi sarà accordato. **25**E quando vi mettete a pregare, se avete qualcosa contro alcuno perdonate, perché anche il Padre vostro nei cieli perdoni a voi le vostre colpe>>. [26]

11,22. Variazione <<Abbiate fede in Dio>>. **25.** Il riferimento sottolinea l'efficacia della preghiera sostenuta da una fede ardente. **26.** Alcuni codici recano il versetto 26: ma se voi non perdonate, neanche il Padre vostro che è nei cieli perdonerà voi le vostre colpe.

Il pianto su Gerusalemme. Luca 19,41-44

19-41 E quando fu vicino, alla vista della città, pianse su di essa, dicendo: **42**<<Se avessi compreso anche tu, in questo giorno, ciò che è per la tua pace! Ma è rimasto nascosto ai tuoi occhi. **43**Verranno giorni sopra di te, e i tuoi nemici ti cingeranno con una trincea e ti avvolgeranno e ti stringeranno da ogni parte; **44**e abbatteranno te, e i tuoi figli dentro di te, e non lasceranno in te pietra sopra pietra, perché non hai riconosciuto il tempo in cui sei stata visitata>>.

19,44. Dio l'aveva infatti visitata mediante Cristo, per colarla di doni del Messia, ma essa non ha voluto riconoscere in lui l'inviato di Dio.

La questione sull'autorità di Gesù. Luca 20,1-8 (Matteo21,23-27; Marco 11,27-33)

20-1 Ed avvenne che, un giorno, mentre ammaestrava il popolo nel Tempio e gli annunziava la buona novella, si presentarono i Sommi Sacerdoti e gli scribi con gli anziani e, rivolgendosi a lui, gli dissero: **2**<<Dì a noi con quale autorità fai queste cose, o chi è stato a darti questa autorità>>. **3**E rispondendo disse loro: Vi farò anch'io una domanda, voi rispondetemi: **4**Il battesimo di Giovanni era dal cielo, o dagli uomini?>>. **5**Ed essi ragionavano tra sé dicendo: Se diciamo <<dal cielo>> risponderà: <<Perché non gli avete creduto?>>, **6**e se diciamo<< dagli uomini!>> tutto il popolo ci prenderà a sassate, perché è convinto che Giovanni sia un profeta. **7**E risposero di non sapere donde fosse. **8**E Gesù disse loro: <<Neanche io vi dico con quale autorità faccio queste cose>>.

20,1-8. Al suo entrare nel tempio, una delegazione del sinedrio si fece incontro a Gesù, ed esige che egli prova a dichiarare il suo mandato e da chi avesse ricevuto l'autorità. Era giunto il primo passo dei cospiratori, forse speravano di ridurlo al silenzio e liberarsi di lui, facendolo apparire agli occhi del popolo come un impostore e falso profeta, ma rimasero delusi. Gesù si appello al Battista che aveva testimoniato dell'autorità, e la sua divina missione che essi non potevano negare, anche se fossero molto astuti per confessarla.

Parabola dei due figli. Matteo 21,28-32

21-28 Che ve ne pare? Un uomo aveva due figli; e rivoltosi al primo disse: Figlio va oggi a lavorare sulla vigna. **29**Ed egli rispose: Si, signore, ma non andò. **30**E rivoltosi al secondo gli disse la stessa cosa. Ed egli rispose: Non ne ho voglia, ma poi, pentitosi, andò. **31**Chi dei due ha compiuto la volontà del padre? Dicono: <<L'ultimo>>. E Gesù disse loro: In verità vi dico: Il pubblicani e le prostitute vi precedono nel Regno di Dio. **32**Si è presentato a voi Giovanni colla via della giustizia e non gli avete creduto; ma i pubblicani e le prostitute gli hanno creduto; ma voi, pur vedendo, non vi siete pentiti per credere a lui.

21,32. Nella parabola raccontata da Gesù, l'antitesi era tra i ceti dirigenti del popolo e le sue categorie più disprezzate.

Parabola dei vignaioli omicidi. Luca 20,9-19 (Matteo 21,33-45; Marco 12,1-12)

20-9 E prese a dire al popolo questa parabola: <<Un uomo piantò una vigna, e l'affidò a degli agricoltori e si allontanò per molti anni. **10**A suo tempo, mandò un servo da quegli agricoltori perché gli dessero una parte dei frutti della vigna. Ma essi lo percossero, rimandandolo a mani vuote. **11**E mandò di nuovo un altro servo, ma percossero e insultarono anche questo, rimandandolo a mani vuote. **12**E mandò ancora un terzo, ma quelli, dopo averlo ferito, cacciarono anche lui. **13**Disse allora il padrone della vigna: Che cosa farò? Manderò il mio figlio, il diletto, forse in lui avranno riguardo. **14**Ma quegli agricoltore, al vederlo, presero a ragionare tra sé dicendo: Questi è l'erede; uccidiamolo, così l'eredità sarà nostra! **15**E cacciatolo fuori della vigna, l'uccisero. Che cosa farà adesso il signore della vigna? **16**Verrà e ucciderà quegli agricoltori, e affiderà ad altri la vigna>>. Udendo questo, dissero: <<Non sia mai!>>. **17**Ed egli fissandoli, disse: <<Che cos'é dunque questo che sta scritto:

La pietra che i costruttori hanno scartato

È diventata testata d'anglo?

18Chiunque urta contro quella pietra si sfracellerà, e a chi essa cade addosso, lo schiaccerà>>. **19**E gli scribi e i Sommi Sacerdoti cercarono di mettergli addosso le mani in quel momento, ma ebbero paura del popolo. Avevano capito infatti che quella parola l'aveva detta per loro.

20,9. In questa parabola Gesù contrappone Israele, personificato nei suoi capi, con i pagani. Il padrone è Dio; la piantagione della vigna e le cure che ad essa dedicate, trattasi della celebre allegoria di Isaia 5,1 e sg. , si riferiscono al popolo d'Israele, che Dio ha scelto e gratificato in un modo tutto particolare. I capi di Israele sono personificati nei vignaioli, hai quali Dio ha affidato la propria vigna, perché la coltivassero e ne portassero i frutti, i servi sono i profeti, il figlio è Gesù ucciso fuori delle mura di Gerusalemme; ad altri al quale la vigna sarà affidata, sono i pagani, mentre il castigo preannuncia l'imminente catastrofe d'Israele. Il tema del rifiuto di Israele, che circola in tutto il Vangelo, riceve qui una traduzione combattuta tra sofferta e minacciosa. **13.** Il figlio diletto è la parabola- chiave della parabola, non c'è soltanto un'allusione alla storia dei rapporti di Dio con Israele, né una profezia della passione imminente ma è la spiegazione teologica di questa storia e di questa passione, della quale rivela il segreto. Dio ama talmente la sua vigna, che ha deciso di sacrificare per essa ciò che ha di più caro, il figlio diletto. **17.** Nella celebre allegoria della pietra d'angolo tratta dal salmo 117 (118), 22, Gesù è la pietra che i costruttori hanno scartato, ma in seguito alla sua risurrezione diverrà la pietra d'angolo, che unisce insieme i due muri.

Il tributo a Cesare. Luca 20,20-26   (Matteo 22,15-22; Marco 12,13-17)

20-20 Mandarono per osservarlo delle spie, che si atteggiassero a persone oneste e lo cogliessero in parola, per consegnarlo all'autorità e al potere del governatore. **21**E lo interrogarono dicendo: <<Maestro, sappiamo che insegni con rettitudine, e non guardi in faccia a nessuno, ma insegni secondo verità e la via di Dio. **22**E' lecito pagare a noi il tributo a Cesare, o no?>>. **23**Ed egli comprendendo per bene la loro malizia, disse loro: **24**<<mostratemi un denaro: Di chi è l'immagine e l'iscrizione?>>. Risposero: <<Di Cesare>>. **25**Ed egli disse loro:<<Rendete dunque ciò che è di Cesare a Cesare, e ciò che è di Dio a Dio>>. **26**E non poterlo cogliere in parola davanti al popolo; e meravigliati della sua risposta, tacquero.

20,20. Le spie erano i partigiani della dinastia di Erode, apertamente favorevoli ai romani. I Farisei, pur essendo contrari a loro, se ne servono per l'intenzione di demandare alle autorità romane le parole ostili che, pensavano Gesù avrebbe pronunciato. **24.** Questa frase segna in teoria la fine della società antica, e getta le basi di una nuova visione dello stato. Per il mondo antico lo Stato appare come l'espressione unitaria della realtà politica e religiosa, alla quale è dovuto tutto l'ossequio dell'uomo. Dopo che Gesù ha tracciato la linea di separazione tra podestà terrena e quella celeste, la prima anche se riconosciuta legittima delle sue assegnazioni, non ha più il diritto di richiedere all'uomo la seconda che è l'ossequio totale dello spirito. La moneta d'argento recava l'immagine dell'imperatore Tiberio. **25.** In caso una risposta affermativa da parte di Gesù, sarebbe stata additato dal popolo come un sostenitore dell'imperatore pagano; la risposta negativa sarebbe servita come accusa presso l'autorità romana.

La risurrezione dei morti. Luca 20,27-40 (Matteo 22,23-33; Marco 12,18-27)

20-27 Ed avvicinatisi alcuni Sadducei, i quali negano che vi sia risurrezione, presero a interrogarlo dicendo: **28**<<Maestro, Mosè ha scritto per noi: Se a qualcuno muore un fratello che abbia moglie, ma non abbia figli, suo fratello si prende la vedova e susciti prole al fratello. **29**Or c'erano sette fratelli; e il primo, dopo aver preso moglie, morì senza figli. **30**Allora la prese il secondo, **31**e poi il terzo, e così tutti e sette; e morirono senza lasciare figli. **32**Da ultimo morì anche la donna. **33**Orbene, nella risurrezione, quella donna di chi sarà moglie? Poiché tutti e sette l'hanno avuto in moglie>>. **34**E Gesù disse loro: <<I figli di questo mondo prendono moglie e marito; **35**ma quelli che saranno giudicati degni dell'altro mondo e della risurrezione dei morti, no prenderanno né moglie né marito; **36**piché non possono più morire, sono eguali agli angeli, e, come figli della risurrezione, sono figli di Dio. **37**E che i morti risorgono, lo ha indicato anche Mosè nel passo del roveto, quando chiama il Signore Dio di Abramo, Dio di Isacco e Dio di Giacobbe. **38**Egli non è Dio dei morti, ma di vivi; perché tutti vivono per lui>>. **39**E alcuni risposero dicendo: <<Maestro, hai parlato bene>>. **40**E non osavano fare più alcuna domanda.

20,27. I Sadducei negavano al contrario dei Farisei, l'immortalità dell'anima, la risurrezione dei corpi e l'esistenza degli angeli. **28. Cfr.** Deuteronomio 25,5e sg. E' la famosa legge del Levirato (da levir = cognato), destinata ad assicurare la continuazione della famiglia e dei suoi beni. **34.** Come figli di questo mondo, come figli della risurrezione nel versetto 36, sono modo di dire ebraici per esprimere l'appartenenza al mondo terrestre e al mondo celeste.

Il primo dei comandamento. Marco 12,28-34 (Matteo 22,34-40)

12-38 Ed accostatosi uno degli scribi che li aveva uditi discutere e aveva visto come aveva risposto bene a loro, l'interrogò: <<Qual è il primo di tutti i

comandamenti?>>. **29**Gesù rispose: <<Il primo è: Ascolta Israele. Il Signore Dio nostro è l'unico Signore; **30**amerai dunque il Signore Dio tuo con tutto il cuore, con tutta la tua anima, con tutta la tua mente e con tutta la tua forza. **31**Il secondo è questo: Amerai il prossimo tuo come te stesso. Non c'è altro comandamento maggiore di questi>>. **32**E lo scriba gli disse: <<Hai detto bene, Maestro, secondo verità; è unico e non v'è altro all'infuori di lui; **33**e amarlo con tutto il cuore, e con tutta la mente e con tutta la forza e amare il prossimo come se stesso val più che non tutti gli olocausti e i sacrifici>>. **34**E Gesù vedendo che aveva risposto saggiamente,gli disse: <<Non sei lontano dal Regno di Dio>>. E nessuno più aveva il coraggio di interrogarlo.

12,29. Citazione di Deuteronomio 6,4-5. La parola iniziale "Ascolta"indicava la formula della preghiera quotidiana degli Ebrei che ripeteva appunto questi versetti. **31 sgg.** Era vivo nel Giudaismo il problema di ridurre molteplici prescrizioni della Legge (248 positive e 365 negative), ad alcune norme basilari. La novità sta nell'avere indicato come fondamento, insieme al grande precetto dell'amore di Dio di Levitico 6,5, il precetto dell'amore del prossimo, Levitico 19,18, dichiarandolo simile al primo. L'amore presso Dio e il prossimo diventa il fondamento sul quale poggia tutta la condotta religiosa e morale dell'uomo. <<Ama il prossimo tuo (letteralmente: il tuo vicino) come te stesso: Bisogna amarli tutti e due, Dio e il vicino, cioè non l'uomo in generale, ma l'uomo che la vita mi fa incontrare in ogni caso particolare. Ma in maniera diversa: nel <<vicino>> devo amare il mio simile al quale devo dare testimonianza d'amore come desidero che sia data a me stesso; Dio devo amarlo con tutta la mia anima e con tutte le mie forze. Unendo i due comanda menti Gesù mette in evidenza la verità dell'Antico Testamento secondo la quale Dio e l'uomo non sono rivali>>.

Il Messia figlio e Signore di Davide. Matteo 22,41-46(Marco 12,35-37 Luca 20,41-44)

22 1 Trovandosi radunati i Farisei, Gesù li interrogò **42**dicendo: <<Quale è il vostro pensiero sul Messia? Di chi è figlio?>>. Gli dicono: <<Di Davide >>. **43**Disse loro: <<Ma come allora Davide, sotto l'influsso dello Spirito, lo chiama Signore dicendo:

44Ha detto il Signore al mio Signore: Siedi alla mia destra,

finché ti abbia posto i nemici sotto i piedi? **45**Se dunque Davide lo chiama Signore, come può essere suo figlio?>>. **46**E nessuno era in grado di rispondergli parola, e da quel giorno nessuno ebbe più il coraggio di interrogarlo.

22,41sgg. Citando il Salmo 109 (110),1, Gesù intende innalzare la concezione davidica del Messia a un piano superiore, di ordine divino. Pur essendo discendente di Davide secondo la natura umana, egli possiede un carattere divino, che lo mette al di sopra di Davide. Egli è Dio.

Gesù e le colpe dei Farisei. Matteo 23,1-12 (Marco 12,38-40; Luca 20,45-47)

23-1 Allora Gesù si rivolse alla folla e ai discepoli dicendo: **2**Sulla cattedra di Mosè si sono assisi gli scribi e i farisei. **3**Tutto quello che vi dicono, fatelo e osservatelo, ma non imitatene le opere, perché dicono e non fanno. **4**Legano dei fardelli pesanti, e li addossano sulle spalle degli uomini, ma loro non vogliono muoverli neppure con un dito. **5**Tutte le opere loro le fanno per essere ammirate dagli uomini: allargano le loro filatterie e allungano le frange; **6**amano i primi posti nei conviti, e i primi seggi nelle sinagoghe, **7**e i saluti nelle piazze e sentirsi chiamare <<Rabbi>> dalla gente. **8**Ma voi non fatevi chiamare Rabbi, perché una solo è il vostro maestro e voi siete tutti fratelli. **9**E non chiamate nessuno vostro padre sulla terra, perché uno solo è il vostro Padre quello del cielo. **10**E non fatevi chiamare guide, una sola è la vostra guida, il Messia. **11**Il più grande tra di voi divenga vostro servo; **12**chi invece si innalzerà sarà abbassato e chi si abbasserà sarà innalzato.

23 ,1. Anche questo discorso adotta il criterio della conoscenza e della verità, ce il discorso della montagna sulle beatitudini. **2.** Gli scribi e i Farisei pretendono di essere i depositari della Legge. **4.** Fardelli pesanti: alcuni codici dicono: <<e difficili da portare>>. **5.** Filatterie, in ebraico <<tephillim>>, erano piccole scatole contenenti alcune parole sacre, fissate con strisce di pergamena o cuoio (soprattutto Esodo 13,1-10. 11,16 e Deuteronomio 6,4-9. 11,13-21) che portavano legate sulla fronte e sulla mano sinistra, interpretando alla lettera Deuteronomio 6,8, per dimostrare il loro attaccamento alla Legge. **7.** Rabbi, parola aramaica = <<mio maestro>> era il titolo che di solito gli scribi usavano per essere chiamati Dottori della Legge. Anche Gesù riceve spesso tale titolo dai suoi discepoli. **8-10.** L'attribuzione di<< Maestro>>, <<Padre>>, <<Guida>> si addicono in verità solo a Dio (e al Messia cioè a Cristo). Quindi ogni applicazione terrena che pure è riconosciuta nelle Chiese cristiane, da intendersi come acquisizione di un diritto e relativo.

L'ANNUNZIO DELLA MORTE E DELLA VITTORIA

L'omaggio dei pagani. Giovanni 12,20-36

12-20 Or c'erano alcuni Greci tra quelli che erano saliti alla festa per adorare. **21**Questi si avvicinarono a Filippo, che era di Betsaida di Galilea, e gli chiesero: <<Signore vorremmo vedere Gesù>>. **22**Filippo va a dirlo ad Andrea, e poi Andrea e Filippo lo dicono a Gesù. **23**E Gesù risponde loro dicendo: <<E' giunta l'ora in cui sarà glorificato il Figlio dell'uomo. **24**In verità, in verità vi dico: Se il chicco di frumento caduto in terra non muore, rimane solo; se invece muore, porta molto frutto. **25**Chi ama la sua vita la perda, e chi odia la sua vita in questo mondo, la conserva per una vita eterna. **26**Chi mi serve mi segua, e dove sono io, là sarà anche il mio servo. Se uno mi serve, il Padre mio lo onorerà. **27**Adesso l'anima mia è turbata, e che dirò? Padre, salvami da quest'ora! Ma è per questo che sono giunto a quest'ora! **28**Padre, glorifica il tuo nome>>. Venne allora una voce dal cielo: <<Lo glorificato, e di nuovo lo glorificherò!>>. **29**La folla che era presente, all'udire diceva che era stato un uomo. Altri dicevano: <<E' un angelo che gli ha parlato>>. **30**Gesù rispose e disse: <<Questa voce non è venuta per me, ma per voi. Ora avviene il giudizio di questo mondo; ora il principe di questo mondo sarà gettato fuori. **32**Ed io, quando sarà innalzato da terra, attirerò tutti a me>>. **33**Questo diceva alludendo di quale morte avrebbe dovuti morire. **34**Allora la folla gli rispose: Noi abbiamo appreso dalla Legge che il Messia rimane in eterno; come dunque tu dici che il Figlio dell'uomo deve essere innalzato? Chi è questo figlio dell'uomo?>>. **35**Disse loro Gesù: << Ancora per poco tempo la luce rimane tra voi. Camminate mentre avete la luce, perché non vi sorprendono le tenebre; chi cammina nelle tenebre non sa dove vada a finire. **36**Mentre avete la luce credete nella luce, per diventare figli della luce>>. Queste cose disse Gesù, poi se ne andò e si nascose da loro.

1 ,20. Greci, cioè persone pagane non romane e non ebree, aderenti spiritualmente a credere in un solo Dio; ve n'erano di diverse categorie: <<Nuovi seguaci al monoteismo>>, << timorati di Dio >>, <<adoratori di Dio>>. **24.** Il linguaggio del chicco di frumento è stato talora accostato a quelli di alcuni Misteri della cultura Greca (Osiride), nei quali la simbologia del grano serviva per esprimere la rinascita del dio a nuova vita. Quindi è possibile un accostamento verbale; in realtà però nei << miti ellenistici i processi della natura sono stati trasformati in storie umane; nel cristianesimo la storia sta all'inizio , e gli avvenimenti della natura servono solo come immagini per dar valore della drammatica storia della salvezza passata per il Golgotha>>. **25.** L'esperienza di Gesù viene dichiarata esemplare per i suoi discepoli; come il loro Maestro devono rinunziare a se stessi, morendo spiritualmente, cioè morire a se stessi per entrare nella gloria. Questo principio si svilupperà nella dottrina della <<imitazione di Cristo>>. **27.** Istante di agonia spirituale che evoca la scena del Gethsemani; ma è un lampo, poi tutta la passione si svolge nell'atmosfera sacrale dell'olocausto e nel presagio della gloria. **31.** Gettato fuori; variazione <<gettato a terra>>. L'opera redentrice di Gesù viene rappresentata in modo combattuto come un corpo a corpo con Satana, principe di questo mondo. La morte di Gesù libererà gli uomini dalla sua schiavitù. **32.** Tutti; variazione di <<tutto>>. Sul trono della sua croce Gesù apparirà come centro di attrazione e di salvezza universale; è il tema del capitolo 10,15-16 ed è la risposta di Gesù ai Greci che desiderano conoscerlo. **34.** Secondo le profezie, il Regno del Messia non avrà più fine, 2 Samuele 7,12 e sgg. La Legge e la Bibbia che annunziavano il regno eterno del Messia. Sul titolo di figlio dell'uomo vedere nota di Matteo 8,20-35 e sgg.   **35-36.** L'ultima parola di Gesù alla folla è un invito a profittare della luce, e a credere prima che sia troppo tardi.

Incredulità dei Giudei. Giovanni 12,37-50

12-37 Ma sebbene avesse compiuto tanti segni davanti a loro, non credevano in lui; **38**Affiché si adempisse la parola detta dal profeta Isaia:

> Signore, chi ha creduto alla nostra parola?

> Ed a chi è stato rivelato il braccio del Signore?

39E non potevano credere, per la ragione che Isaia aveva ancora detto:

> 30Ha reso ciechi i loro occhi,

> e indurito il loro cuore,

> perché non vedano con gli occhi,

> e non comprendono col cuore, e non si convertano

> ed io non li risani.

31Questo disse Isaia quando vide la gloria di lui e parlò di lui. **42**Tuttavia, anche tra i capi. Molti cedettero in lui, ma non li dichiaravano a motivo dei Farisei, per non venire espulsi dalla sinagoga; **43**amavano infatti la gloria degli uomini più della gloria di Dio. **44**Ma Gesù gridò e disse: <<Chi crede in me, non in me crede, ma in Colui che mi ha mandato; **45**e chi vede me, vede Colui che mi ha mandato. **46**Io sono venuto come luce nel mondo, affinché chiunque crede in me non rimanga nelle tenebre. **47**E se uno sente le mie parole e non le osserva, io non lo giudico; perché non sono

vento per giudicare il mondo, ma per salvare il mondo. **48**Chi mi respinge e non accetta le mie parole, ha chi lo giudica; la parola da me annunziata, sarà essa a giudicarlo nell'ultimo giorno. **49**Perchè io non ho parlato da me, ma il Padre che mi ha mandato, lui mi ha ordinato che cosa dire e che cosa dichiarare. **50**Ed io so che il suo comandamento è vita eterna. Le cose dunque che io dico, le dico come il Padre le ha detto a me>>.

12,38. Cfr. Isaia 53,1. <<Chi ha creduto a ciò che abbiamo udito?>>. In ogni caso si tratta di credere al significato salvifico della morte di Cristo. **39.** Non potevano perché opponevano a Cristo un'ostinata e cattiva volontà. **40.** E' il celebre testo di Isaia 6,9 e sg. . in cui tutto è attribuito a Dio, anche quando, come qui egli permette quello che è voluto dagli uomini. **41.** Allusione alla visione inaugurale di Isaia 6,1-3. , interpretata come visione profetica della gloria di Cristo. **44-50.** E' una breve sintesi del messaggio di Cristo.

L'obolo della vedova. Luca 21,1-4   (Marco 12,41-44)

21-1 Alzati gli occhi, vide i ricchi che gettavano le loro offerte nel Tesoro. **2**E vide pure una vedova povera che stava gettando due spiccioli, **3**e disse: <<In verità vi dico che questa vedova povera, ha gettato più di tutti. **4**Perchè tutti costoro hanno gettato in dono del loro superfluo, questa invece della sua miseria ha gettato tutto il suo avere>>.

21 ,1. La sala del tesoro, che si trovava nel recinto del Tempio, conteneva nella parte esterna 13 buche, nella quali i fedeli gettavano le offerte destinate al culto. **2.** Due spiccioli, in greco <<lepta>>; il Lepton era la moneta greca più piccola.

DISCORSO ESCATOLOGICO. INTRODUZIONE

Predizione della rovina del Tempio. Marco 13,1-4 (Matteo 24,1-3; Luca 21,5-7)

13-1 E mentre usciva dal Tempio un discepolo gli disse: <<Maestro, guarda quali massi e quali costruzioni!>>. **2**E Gesù gli rispose: <<Vedi queste grandi costruzioni? Non rimarrà qui pietra su pietra, che non venga distrutta>>. **3**E mentre era seduto sul monte degli ulivi, di fronte al Tempio, Pietro, Giacomo, Giovanni e Andrea lo interrogarono in disparte: 4<<Di' a noi quando accadrà questo, e quale sarà il segno che staranno per compiersi tutte queste cose>>.

13,1 sg. E' un discorso di chiaro stile profetico, con elementi apocalittici. Esso è un problema antico ed ancora in parte insoluto nella storia dell'interpretazione della Bibbia. Mentre per alcuni, Gesù parlerebbe soltanto della fine del mondo, altri alla fine di Gerusalemme. Maggiori consensi ottiene l'opinione che si trovano qui fuse le due prospettive: quella della fine di Gerusalemme (avvenuta nell'anno 70 d.C.) e quella della fine del mondo. La prima parte riguarderebbe l'avvenimento principalmente l'evento prossimo della fine di Gerusalemme, la seconda invece la fine remota del mondo. Le due catastrofi appaiono fuse e contrapposte, l'una all'altra. Queste cose di presentare le cose corrispondono in modo profondo alle prospettiva Biblica, che vede tra i due avvenimenti un rapporto essenziale, per cui il primo è annuncio e figura del secondo. La fine di Gerusalemme segnava la cessazione di un'Alleanza e di un'epoca della storia, sostituita da un'epoca nuova e da un'Alleanza nuova. Un evento simile, anche se di proporzioni molto maggiori, si realizzerà soltanto alla fine quando scomparirà l'era attuale, per realizzare l'instaurazione gloriosa del Regno di Dio. Questi discorsi escatologici fatti da Gesù, (cioè ciò che riguarda la fine dei tempi) non sono minacce fatte per impaurire, ma descrizioni della realtà profonda delle cose viste dalla parte di Dio: <<Tutto passa, Dio solo resta>>. E per questo che i discepoli sono invitati a non temere e non rimanere turbati dagli eventi drammatici lungo la storia, infatti tutta la storia corre incontro al Signore che viene a giudicare il mondo, cioè a fare verità su di esso. Gesù non dice in quale anno, in quale mese, il giorno e l'ora della fine del mondo, come alcune sette pretendono di sapere, ma il mondo volendo o nolente: essere il riepilogo conclusivo in Cristo.

L'INIZIO DEI DOLORI. I segni precursori. Luca 21,8-19 (Matteo 24,4-14; Marco 13,5-8; Giovanni 16,1-3)

21-8 E disse: << State attenti a non lasciarvi incannare. Poiché si presenteranno molti sotto il mio nome dicendo: "Sono io" e "il tempo è giunto" ; non seguiteli. 9E quando udirete parlare di guerre e di insurrezioni, non lasciatevi sgomentare. Devono infatti accadere prima queste cose, ma non è subito la fine>>. 10Allora diceva loro: <<Si solleverà popolo contro popolo, e regno contro regno, 11e vi saranno in vari luoghi terremoti, pestilenze e carestie; vi saranno anche segni grandi e paurosi nel cielo. 12Ma prima di tutte queste cose, vi metteranno addosso le mani e vi perseguiteranno, consegnandovi alle sinagoghe e alle prigioni, trascinandovi davanti a re e principi, a motivo del mio nome. 13Questo vi accadrà perché mi rendiate testimonianza. 14Ricordatevi però di non preoccuparvi della vostra difesa; 15io vi darò lingua e sapienza, alla quale non potranno resistere, ne controbattere

tutti i vostri avversari. **16**Sarete traditi perfino dai genitori e dai fratelli, da parenti e da amici, e ne metteranno a morte tra di voi; **17**e sarete in odio a tutti a motivo del mio nome. **18**ma neppure un capello del vostro capo perirà. **19**Con la vostra perseveranza guadagnerete le vostre anime.

21,11 sg. Terremoti, carestie, alcuni codici aggiungono : <<pestilenze>>. Gesù avvisa i suoi discepoli che saranno perseguitati, ma come i dolori del parto pur essendo molto strazianti, non sono segno di morte, bensì di vita. Non sono motivi di timore ma di speranza!

Le persecuzioni future. Matteo 10,19

10-19 Ecco io vi mando come pecore in mezzo ai lupi, fatevi dunque prudenti come i serpenti e semplici come le colombe.

10,16. Gesù mette in guardia i discepoli come presentarsi per dargli testimonianza. Prudenti come serpenti e semplice come colombe. La parola prudente, è la traduzione greca della parola ebraica <<arum astuto>>. Il serpente è l'animale più astuto con capacità di intuito nello scorgere il pericolo e pronto a evitarlo. La semplicità della colomba è innocenza, senza frode; una volta uniti sapienza e astuzia, la prudenza del serpente salverebbe i discepoli dall'esporsi inutilmente ai pericoli, e l'innocenza e la semplicità della colomba da scampare da scopi peccaminosi.

La fine di Gerusalemme. Matteo 24,15-28 (Marco 13,14-23; Luca 21,20-24)

24,15 Quando dunque vedrete nel luogo santo l'abominio della desolazione, annunziato dal profeta Daniele – chi legge comprenda -- , **16**allora quelli che sono in Giudea fuggono sui monti, **17**chi si trova sulla casa non scenda a prendere la roba, **18**e chi si trova sul campo non torni indietro a prendersi il mantello. **19**Guai alle donne incinte e a quelle che allattano in quei giorni. **20**E pregate che la vostra fuga non debba a cadere d'inverno o di sabato. **21**Poiché vi sarà una tribolazione grande, quale mai non avvenne dall'inizio del mondo a ora, né più mai sarà; **22** se quei giorni non fossero Stati abbreviati, nessuno si salverebbe; ma in grazia degli eletti quei giorni saranno abbreviati. **23**Allora se vi si dirà: Ecco, il Messia è qui; o, è là, non credete. **24**Sorgeranno infatti dei falsi messia e dei falsi profeti e faranno grandi portenti e prodigi, sì da indurre in errore, se fosse possibile anche gli eletti. **25**Ecco, io ve l'ho predetto. **26**Se dunque vi si dirà: Ecco, è nel deserto, non uscite; ecco, è in casa, non credete. **27**Poichè come la folgore va da oriente a occidente, così sarò la venuta del Figlio dell'uomo. **28**Dovunque sia il cadavere li si raduneranno gli avvoltoi.

24,15. L'abominio della desolazione di cui parla Daniele 9,26 sg. 12,11 seg. Si riferiva a un'immagine idolatrica innalzata ad Antioco IV nel Tempio, nel 168 a. C. ; si alluda qui all'assedio romano di Gerusalemme. **20.** A causa del riposo festivo di sabato imposto dalla Legge, si potevano fare soltanto duecento passi. **24. Cfr.** Daniele 13,1.   **27.** Immagine della subitaneità e dell'avvento vittorioso del figlio dell'uomo. **28.** Il proverbio (cfr. Giobbe 39,30); indica il convolare istintivo degli uomini a Cristo e che nessuno sfuggirà al suo giudizio.

La fine del mondo e l'avvento del Figlio dell'uomo. Marco 13,24-32 (Matteo 24,29-35; Luca 21,25-35)

13-24 E in quei giorni, dopo quella tribolazione, il sole si oscurerà e la luna non darà più il suo splendore; **25**e gli astri cadranno dal cielo e le potenze che sono nei cieli saranno squassate. **26**E allora vedranno il Figlio dell'uomo venire sulle nubi con grande potenza e gloria. **27**E allora manderà gli angeli e riunirà i suoi eletti dai quattro venti, dall'estremità della terra fino all'estremità del cielo. **28**Dal fico imparerete questa similitudine: Quando già il suo ramo si fa tenero e mette le foglie, voi sapete che l'estate è vicina; **29**così anche voi, quando vedrete accadere queste cose, sapete che egli è vicino, alle porte. **30**In verità vi dico: non passerà questa generazione prima che tutte queste cose siano avvenute. **31**Il cielo e la terra passeranno, ma le mie parole non passeranno. **32**Riguardo poi a quel giorno e all'ora, nessuno li consce, neanche gli angeli del cielo, neanche il Figlio, ma solo il Padre.

13 ,24 sg. Cfr. nell'ordine Isaia 13,10; 34,3-4; Deuteronomio 30,4. Si adottano le immagini usate del linguaggio profetico − apocalittico, quando preannunziano avvenimenti importanti, come la caduta di Babilonia (Isaia 13,9), la condanna di Edom (Isaia 34,4-6), la rovina di Giuda e di Gerusalemme (Geremia 4,23 sg.). **27. Cfr.** Daniele 7,13; Colui che ha forma umana è il Messia; e Zaccaria 2,6; visione di angeli che preparano la ricostruzione della Gerusalemme celeste. **29.** Sarà la redenzione piena e definitiva, coronamento di quella iniziata sulla terra. **31.** Quando i discepòli vedranno i segni descritti che iniziano a manifestarsi, potranno concludere che il Regno di Dio sulla terra è vicino, non nella sua fase iniziale, già in atto (cfr. 17,21), ma in una fase di sviluppo e di conquista, quale sarà dopo la fine di Gerusalemme.

Monito alla vigilanza. Luca 21,34-38 (Matteo 24,44; Marco 13,33-37)

21-34 State attenti a voi stessi, che i vostri cuori non si appesantiscono in crapule, ubriachezza, e sollecitudine della vita e quel giorno vi piombi addosso improvviso; **35**perchè verrà come un laccio sopra tutti quelli che abitano sulla faccia di tutta la terra. **36**Vegliate quindi, pregando in ogni tempo, per poter sfuggire a tutto ciò che sta per accadere e comparire davanti al Figlio dell'uomo. **37**E di giorno insegnava nel Tempio, di notte usciva e pernottava all'aperto sul monte degli Ulivi. **38**E tutto il popolo, al mattino si affrettava a venire da lui nel Tempio per ascoltarlo.

21,35. Un laccio cioè, come un pericolo improvviso. **36 sg..** Cristo chiede a tutti vigilanza e preghiera, poiché solo per i discepoli fedeli, il giudizio diverrà un evento beato. Essi saranno chiamati ad alzare la testa con fierezza, poiché vedranno il compimento della promessa del Signore, e la liberazione da tutto il male subito e troveranno la beatitudine sperata.

Il giudizio finale. Matteo 25 31,-46

25-31 E quando il Figlio dell'uomo verrà nella sua gloria con tutti i suoi angeli, si assiderà sul trono della sua gloria. **32**E si raduneranno davanti a Lui tutte le genti, ed egli separerà gli uni dagli altri, come il pastore separa le pecore dai capri, **33**e porrà le pecore alla sua destra e i capri alla sinistra. **34**Allora il re dirà a quelli che stanno alla sua destra: Venite, voi benedetti del Padre mio, e riceverete il Regno preparato per voi, fin dalla creazione del mondo. **35**Perchè ho avuto fame e mi avete dato da mangiare, ho avuto sete e mi avete dato da bere; sono stato forestiero e mi avete ospitato; **36**nudo, e mi avete vestito; malato e mi avete visitato; carcerato, e site venuti a trovarmi. **37**Allora quei giusti gli risponderanno dicendo: Signore, quando ti abbiamo veduto affamato e ti abbiamo dato da mangiare, assetato e ti abbiamo dato da bere? **38**Quando ti abbiamo veduto forestiero, e ti abbiamo ospitato, o nudo, e ti abbiamo vestito? **39**E quando ti abbiamo veduto ammalato, o carcerato, e siamo venuti a trovarti? **40**E rispondendo il re dirà loro: In verità vi dico: in quanto l'avete fatto anche a uno solo dei più piccoli di questi miei fratelli, l'avete fatto a me. **41**Allora dirà anche a quelli alla sua sinistra: Lontano, da me voi maledetti, nel fuoco eterno, preparato per il diavolo e i suoi angeli. **42**Perchè ho avuto fame, e non mi avete dato da mangiare, ho avuto sete, e non mi avete dato da bere, **43**sono stato forestiero, e non mi avete ospitato, nudo, e non mi avete vestito, malato e carcerato, e non mi avete visitato. **44**Allora risponderanno anch'essi dicendo: Signore, quando ti abbiamo visto affamato, o assetato, o straniero, o nudo, o malato, o carcerato, e non ti abbiamo assistito? **45**Allora risponderà ad essi dicendo: In verità vi dico: in quanto non l'avete fatto anche a uno solo dei più piccoli di questi miei fratelli, non l'avete fatto a me. **46**e se ne andranno, questi alla pena eterna.

23,31 sgg. Qui è Gesù in veste di giudice divino. Il discorso Escatologico, cioè parlare a partire dal presente in funzione del futuro, raggiunge qui la conclusione e il vertice. Tutti gli enigmi, le parabole cedono il posto a immagini semplici e solenni. Alla figura dello Sposo e del padrone, succede quella segreta sacralità dominante del Figlio dell'uomo, nel quale Gesù raffigura apertamente se stesso. Le visioni appassionate e gli appelli alla vigilanza, scompaiono davanti a uno sguardo grandioso sulla storia, sopra la quale risalta la figura di Gesù. Si noti che il giudizio verte sulla norma fondamentale e caratteristico di Gesù: l'amore degli uomini, nel quale Gesù ravvisa i propri fratelli (cfr. 10,40). Il giudizio sulle genti sarà in base al loro comportamento verso i discepoli di Cristo. Ma tale interpretazione non sembra aver raggiunto un consenso generale nella tradizione cristiana.

Il complotto contro Gesù. Matteo 26,1-5   (Marco 14,1-2; Luca 22,1-2)

26-1 Ed avvenne che, terminati tutti questi discorsi , Gesù disse ai suoi discepoli: **2**<<Voi sapete che fra due giorni è la Pasqua e il Figlio dell'uomo sarà consegnato per essere crocifisso>>. **3**Allora i Sommi Sacerdoti e gli Anziani del popolo si radunarono nella sede del Sommo Sacerdote, che si chiamava Caifa, **4**e tennero consiglio sul modo di impossessarsi con inganno di Gesù, per ucciderlo. **5**Edicevano: <<Non durante la festa>>, perché non avvengano tumulti nel popolo.

26 ,3. Giuseppe Caifa fu sommo sacerdote dal 18-36 d. C.

Il tradimento di Giuda. Luca 22,3-6   (Matteo 26,14-16; Marco 14,10-11)

22-3 Allora Satana entrò in Giuda, detto Iscariota, uno dei Dodici. **4**E andò a combinare con i Sommi Sacerdoti e i capi delle guardie, in modo da consegnarlo a loro. **5**Essi si rallegrarono, e pattuirono di dargli del denaro. **6**Egli fu d'accordo e si mise a cercare l'occasione propizia di consegnarlo a loro di nascosto dalla folla.

22,5. Giuda deluso nei suoi interessi, preoccupato dello svolgersi degli svenimenti, volle ancora approfittare del Maestro. Gesù fu venduto e Il prezzo fissato era di trenta pezzi d'argento; si tratta del siclo d'argento, equivalente a 4 denari, che era il prezzo per uno schiavo, vedi Esodo 21,32.

Preparativi per la Pasqua. Luca 22,7-13 (Matteo 26,17-19;Marco 14,12-16)

22-7 E venne il giorno degli azzimi, nel quale doveva immolarsi la Pasqua, **8**e mandò Pietro e Giovanni, dicendo: <<Andate a prepararci la Pasqua, che possiamo mangiarla>>. **9**Ed essi gli chiesero: <<Dove vuoi che prepariamo?>>. **10**Rispose loro: <<Ecco, al vostro entrare in città, incontrerete un uomo che porta una brocca d'acqua. Seguitelo fin nella casa dove entra, **11**e dite al padrone di casa: "Il Maestro ti dice: Dov'è la stanza dove io possa mangiare la Pasqua con i miei discepoli?". **12**Ed egli vi indicherà una sala al piano superiore, grande e addobbata; la preparerete>>. **13**E partiti, trovarono come aveva detto loro, e prepararono la Pasqua.

22,7 Il giorno degli azzimi, il giorno solare del 14 nisan (marzo) alla sera del quale si consumava la cena Pasquale. Durante la settimana di Pasqua si mangiava pane senza lievito. Il termine Pasqua stava ad indicare anche l'agnello immolato per la festa. Incomincia praticamente qui il racconto della passione di Gesù.

RIVELAZIONE INTIMA DEI DISCEPOLI. La lavanda dei piedi (Giovanni 13, 1-20)

13-1 Prima della festa Pasqua di Gesù, sapendo che era giunta la sua ora di passare da questo mondo al Padre, dopo aver amato i suoi che erano nel mondo, li amò sino alla fine. **2**E mentre cenavano, quando già il aveva messo in cuore a Giuda Iscariota, figlio di Simone, di tradirlo, **3**sapendo che il Padre gli aveva dato tutto nelle mani, e che era venuto da Dio ed a Dio ritornava, **4**si alza da tavola, depone le vesti e, preso un asciugatoio, se ne cinge. **5**Poi versa dell'acqua in un catino, e comincia a lavare i piedi ai discepoli e ad asciugarli con l'asciugatoio con il quale era cinto. **6**Viene dunque da Simon Pietro, e questi gli dice: <<Signore, tu lavare i piedi a me?>>. **7**Gesù rispose e gli disse: <<Quello che io faccio, non lo capisci adesso, ma lo capirai dopo>>. **8**Gli dice Simon Pietro: <<Non mi laverai i piedi in eterno!>>. Gli rispose Gesù: <<Se non ti laverò, non avrai parte con me>>. **9**Gli rispose Pietro: <<Signore,

non solo i piedi, ma anche le mani e la testa!>>. **10**Gli dice Gesù: <<Chi si è lavato non ha più bisogno di lavarsi, ed è tutto mondo; e voi siete mondi, ma non tutti>>. **11**Sapeva infatti chi era che lo tradiva; per questo disse: <<Non tutti siete mondi>>. **12**Come dunque ebbe lavato i piedi, ed ebbe riprese le sue vesti, si sedette di nuovo, e disse loro: <<Capite quello che vi ho detto?>>. **13**Voi mi chiamate Maestro e Signore, e dite bene, lo sono. **14**Se dunque io, il Mastro e il Signore, ho lavato i vostri piedi, anche voi dovete lavarvi i piedi a vicenda. **15**Vi ho dato infatti un esempio, perché come ho fatto io, facciate anche voi. **16**In verità, in verità vi dico: un servo non è più grande del suo padrone, né un apostolo è superiore ha chi l'ho a mandato. **17**Sapendo queste cose, beati sarete se lo farete. **18**Non parlo di tutti voi; io conosco quelli che ho eletto; ma deve adempirsi la Scrittura: Uno che mangia il pane con me, ha levato contro di me il suo calcagno. **19**Ve lo dico fin d'ora, prima che accada, affinché crediate, quando sarà avvenuto, che io sono. **20**In verità, in verità vi dico: Chi accoglie colui che io manderò accoglie me; e chi accoglie me, accoglie Colui che mi ha mandato>>.

13,1 sg. Il versetto è la presentazione solenne della storia della <<passione di Cristo>>. Da questo momento Gesù domina nel segno dell'umiltà e dei dolori, ma anche dell'amore e della gloria. Qui Gesù introduce una serie di rivelazioni particolari fatte agli apostoli. La scena è la lavanda dei piedi agli apostoli, che si ripete nella liturgia del Giovedì santo. Il significato è una semplice lezione di umiltà e di carità; rito di purificazione; figura del battesimo e dell'Eucarestia. E si può presumere anche una prefigurazione simbolica dell'amore e dell'umiliazione che si manifesteranno nella passione redentrice. Gesù investe gli apostoli del sacerdozio e forma la Chiesa. **19.** Io sono cioè colui che avevo detto fin dall'inizio, il Messia.

L'annunzio del tradimento di Giuda. Giovanni 13,21-30 (Matteo 26,20-25; Marco 14,17-21; Luca 22,21-23)

13-21 Dette queste cose, Gesù si turbò nello spirito e diede testimonianza e disse: <<In verità, in verità vi dico: uno di voi mi tradirà>>. **22**I discepoli cominciarono allora a guardarsi a vicenda, incerti di chi parlasse. **23**Ora uno dei discepoli, quello che Gesù amava, si trovava seduto, vicino al petto di Gesù. **24**Simon Pietro gli fa cenno di sentire a chi si riferisce. **25**E chinatosi quello al petto di Gesù, gli dice: <<Signore, chi è?>>. **26**Risponde allora Gesù: <<E' quello per il quale intingerò un boccone e glielo darò>>. E intinto il boccone, lo prende e lo dà a Giuda di Simone

Iscariota. **27**E dopo quel boccone, entrò in lui Satana. Gesù allora gli dice: <<Quello che fai, fallo presto>>. **28**Nessuno dei commensali capì perché gli avesse detto questo: **29**alcuni infatti pensavano che, poiché Giuda teneva la borsa, Gesù gli dice: <<Compra quello che ci occorre per la festa>>, o di dare qualche cosa ai poveri. **30**Ricevuto così il boccone, quello uscì subito; ed era notte.

13,24. Variazione <<gli fa cenno e gli dice: Dì, a chi si riferisce>>. E' il momento immortalato da Leonardo da Vinci nel refettorio del monastero di S. Maria delle Grazie. **27.** Dietro i protagonisti visibili della Passione, si trova impegnato il mondo invisibile, <<il principe delle tenebre>>, Satana. **30.** L'annotazione cronologica della notte riveste un chiaro valore simbolico: è l'<<ora delle tenebre>>.

Il comandamento nuovo. Giovanni 13,31-35

13-31 Quand'egli fu uscito, Gesù disse: <<Adesso è stato glorificato il Figlio dell'uomo, e anche Dio è stato glorificato in lui; **32**se Dio è stato glorificato in lui, anche Dio lo glorificherà da parte sua, e lo glorificherà presto. **33**Figlioletti miei, per poco ancora sono con voi; voi mi cercherete, ma dico anche a voi ora quel che ho detto hai Giudei: Dove io vado non potete venire. **34**Vi do un comandamento nuovo: Che vi amiate a vicenda; come io vi ho amato, così amatevi anche voi. **35**Da questo tutti conosceranno che siete miei discepoli, se vi amerete a vicenda>>.

13,31 sg. La morte di Cristo, considerata profeticamente come già compiuta. Il sacrificio di Cristo adempie la volontà d'amore del Padre, che glorificherà il Figlio nella risurrezione e nell'ascensione al cielo. **33.** L'appellativo figlioletti, e altre rivelazioni come amore, luce, vita, gioia, fede, unione, ne nasce un clima di altissima spiritualità e di trasfigurazione umana alla vigilia della morte. **34.** Ricolmo dell'autorevolezza di aver amato fino alla fine, ora Gesù annuncia il comandamento nuovo : <<Amatevi gli uni gli altri come io vi ho amato>>. Questa è la verità del comandamento ultimo e definitivo, l'amore per gli altri vivendo secondo la forma e lo stile con cui Gesù ha amato i suoi discepoli. Questo comandamento della carità è l'oggetto dell'ultima volontà di Gesù e che l'amore divino che egli ha manifestato ai suoi discepoli, nel corso della vita terrena, continui la sua manifestazione nei discepoli. La grande innovazione di Gesù, consiste nel modo e nella natura dell'amore: i discepoli ameranno come Cristo ha amato; all'ideale antico testamentario <<come te Stesso>>, viene sostituita la maniera di Cristo: come io vi ho mandato. Il comandamento nuovo è la legge della nuova alleanza.

La cena Pasquale. Matteo 26,20-25 (Marco 14,17-21; Luca 22,14-16.21-23)

26-20 Venuta la sera si mise a tavola con i Dodici. **21**E mentre mangiavano disse: <<In verità vi dico, uno di voi mi tradirà>>. **22**Ed essi, addolorati profondamente, incominciarono ciascuno a dirgli: <<Sono forse io, Signore?>>. **23**Ed egli rispose: <<Uno che ha intinto la mano nel piatto, mi tradirà. **24**Il Figlio dell'uomo se ne va, ma guai a colui dal quale il Figlio dell'uomo viene tradito; sarebbe stato meglio per lui che non fosse mai nato>>. **25**E rispondendo Giuda, il traditore, disse: <<Sono forse io, Maestro?>>. Gli disse: <<Tu l'hai detto>>.

26,20. Cfr. Salmo 40 (41),10; Che dice: <<Anche l'amico in cui confidavo, anche in lui, che mangiava il mio pane, alza contro di me il suo calcagno.

l'Istituzione dell'Eucarestia. Luca 22,15-20 (Marco 14,22-25; Matteo 26,26-29)

22-15 E disse loro: <<Ho desiderato grandemente di mangiare questa Pasqua con voi, prima di soffrire; **16**vi dico infatti che non la mangerò più, finché essa non sia compiuta nel Regno di Dio>>. **17**E prese un calice, e rese grazie e disse: <<Prendetelo e distribuitelo tra voi; **18**vi dico infatti che da questo momento non berrò più del frutto della vite, finché venga il Regno di Dio>>. **19**E prese un pane, rese grazie, lo spezzò e lo diede loro, dicendo: <<Questo è il mio corpo che viene dato per voi; fate questo in memoria di me>>. **20**E similmente, dopo la cena, prese il calice dicendo: <<Questo calice è la nuova alleanza nel mio sangue, che viene versato per voi>>.

22 ,16. E' infatti l'ultima sua Pasqua ebraica, prima di subire la morte che sarà il compimento e la celebrazione della Pasqua nel Regno di Dio. **17.** Questo primo calice menzionato solo da Luca appartiene ancora alla Pasqua giudaica e qui la conclude. **19-20.** In questo rito semplice e solenne, celebrato, a quanto pare, subito dopo la consumazione dell'agnello pasquale, la tradizione cristiana, a cominciare dai Dodici che vi furono presenti, ha ravvisato l'Istituzione della Eucarestia, sacrificio e convito della Nuova Alleanza che subentra all'antica, e memoriale della morte di Cristo. Emergono dal testo le allusioni alleanza stipulata al Sinai tra Iahvè e il suo popolo (Esodo 24,4-8)., alla <<nuova alleanza>> annunziata da Geremia 31,31 per l'era messianica, alla missione redentrice del Servo di Iahvè (Isaia 53,12), attuata da Gesù, mentre le parole e contesto richiamato mettono in evidenza la morte imminente, che viene così spiegata in precedenza come sacrificio della nuova alleanza ed espiazione per tutta l'umanità. Il rito di Gesù dovrà essere continuato dagli Apostoli ripetendo quello che ha fatto lui, in memoria di lui; così l'anno compreso gli apostoli fin dall'inizio (Atti 2,42-46). La Chiesa Cattolica ravvisa in questa frase la pietra fondamentale del sacerdozio; Gesù fa intendere gli apostoli: Che con questo rito essi sono i nuovi sacerdoti della nuova alleanza, ecco perché essi possono dopo averlo spezzato portarlo da solo in bocca, si può pensare quindi agli affetti provocati nella storia umana da queste parole pronunciate da Gesù: oltre al sacerdozio cattolico e alla celebrazione della Messa, agli effetti della filosofia (concetto di sostanza, di luogo, di tempo), nell'architettura (e discipline simili), in tutte le scienze e arti a servizio della liturgia (musica, pittura, oreficeria, ricamo, ecc) fin nella coltivazione del grano, e dell'uva, e nell'apicoltura (preparazione della cera), ecc. La frazione del pane nel linguaggio nei primi secoli del cristianesimo è il rito sacro dell'Eucarestia, celebrato non nel Tempio, ma in qualche casa privata, durante un banchetto fraterno (1Corinzi 11,20-34).

La discussione sul più grande. Luca 22,24-30 (Matteo 20,25-28; Marco 10,42-45)

22-24 Sorse anche una discussione tra loro, chi di essi sembrasse il maggiore. **25**Ed egli disse loro: <<I re delle nazioni le signoreggiano, e quelli che le dominano si fanno chiamare benefattori: **26**ma voi non così, bensì chi è il più grande tra di voi si faccia come il più piccolo e chi comanda come colui che serve. **27**Chi è infatti il più grande, chi siede a tavola o chi serve? Non è forse colui che siede a tavola? Ora io sto in mezzo a voi come uno che serve. **28**Voi siete quelli che avete perseverato con me nelle mie prove; **29**ed io do a voi, come il Padre ha dato a me, un Regno, **30**affinchè possiate mangiare e bere alla mia tavola nel mio Regno, e sedere su troni a giudicare le dodici tribù d'Israele .

22 ,24 sg. Quando più Gesù cerca di scendere e poter servire, tanto più i discepoli cercano di poter salire per comandare. I discepoli non capivano cosa stava succedento. Non capivano la proposta di Gesù, erano preoccupati per i loro interessi. La risposta di Gesù fu: tra di voi non sia così. Gesù reagisce con fermezza e parla dell'esercizio del potere. Insegna a non servirsi dei privilegi, va contro la rivalità. Cambia il sistema e insiste nel servizio quale rimedio contro l'ambizione personale.

Verso il monte degli Ulivi. Matteo 26,30-33 (Marco 14,26-29; Luca 22,39)

26-30 E dopo aver cantato i salmi, uscirono diretti al monte degli Ulivi. **31**Allora Gesù disse loro: <<Voi tutti prenderete scandalo di me in questa notte; sta scritto infatti: Percuoterò il pastore e si disperderanno le pecore dal gregge, **32**ma dopo la mia risurrezione, vi precederò in Galilea>>. **33**E Pietro rispondendo disse: <<Anche se tutti prenderanno scandalo di te, io non mi scandalizzerò mai>>.

14,26. I Salmi 114-118 venivano recitati dopo la cena Pasquale, e formavano l'Hollet = lode. **31.** Scandalo nel vedere la catastrofe di colui che avevano salutato Messia, e di cui attendevano prossimo il regno, la loro fede non ancora adulta si offuscherà per un momento, ed essi prenderanno la fuga, descritta con le parole di Zaccaria 13,7.

Il futuro rinnegamento di Pietro. Luca 22,31-34 (Matteo 26,34-35;Marco 14,30-31; Giovanni 13,36-38)

22-31 Simone,Simone, ecco Satana ha chiesto di vegliarvi come il grano; **32**ma io ho pregato per te, che la tua fede non abbia a venir meno; e tu quando ti sarai convertito, conferma i tuoi fratelli>>. **33**Ed egli a lui: <<Signore, sono pronto anche ad andare in prigione ed alla morte con te>>. **34**Gli rispose: <<Ti dico, Pietro; oggi non canterà il gallo, prima che tu abbia negato tre volte il conoscermi>>.

22,32. Pietro è il capo della Chiesa, per questo motivo è importante per tutti che egli non venga meno nella fede. **34.** Nella divisione del tempo degli antichi, lo spazio tra la mezzanotte e le tre del mattino era chiamato il canto del gallo. Corrispondeva alla terza <<vigilia>> della notte, verso la fine della quale si adempì la profezia di Gesù.

L'ora della prova. Luca 22,35-38

22-35 E disse loro: <<Quando vi ho mandato senza borsa, né bisaccia, né calzari, vi è forse mancato qualcosa?>>. Risposero: <<Nulla>>. **36**E disse loro: <<Ma ora, chi ha una borsa la prenda, e così la bisaccia: chi non ha spada, venda il mantello e ne compri una; **37**perchè vi dico: deve compiersi in me ciò che è scritto: E fu

annoverato tra i malfattori. Già, infatti, ciò che mi riguarda volge al termine>>. **38**Ed essi dissero: <<Signore, ecco qui due spade>> Ma disse loro: <<Basta>>.

22,36 Una borsa per i viveri e una spada per difendersi: espressioni simboliche per indicare che la situazione è cambiata e si deve contare sull'ostilità di tutti e di ciascuno, ed è necessario provvedere al proprio sostentamento e alla propria difesa. **37.** Citazione di Isaia 53,12. **38.** I Dodici dimostrano do non aver compreso le parole di Gesù; egli tronca semplicemente il discorso con <<Basta!>>, dove s. Cirillo ravvisa un <<sorriso indulgente e malinconico.

Parole di consolazione per gli apostoli. Giovanni 14,1-14

14-1 <<Non rimanga turbato il vostro cuore. Abbiate fede in Dio, e abbiate fede in me. **2**Nella casa del Padre mio vi sono molte dimore. Se così non fosse, ve l'avrei detto. Vado a prepararvi un posto. **3**E quando sarò andato, e vi avrò preparato un posto, verrò di nuovo a voi e vi prenderò con me, affinché siate anche voi dove sono io. **4**E dove io vado conoscete la via>>. **5**Gli dice Tommaso: <<Signore, non sappiamo dove vai; come potremmo sapere la via?>>. **6**Gli dice Gesù: <<Io sono la via, la verità e la vita. Nessuno viene al Padre se non per mezzo mio. **7**Se conosceste me, conosceste anche il Padre; ora lo conoscete e lo avete veduto>>. **8**Gli dice Filippo: <<Signore, mostraci il Padre e ci basta>>. **9**Gli dice Gesù: <<Da tanto tempo sono con voi, e tu, Filippo, non mi hai ancora conosciuto? Chi ha visto me ha visto il Padre. E come puoi dire: Mostraci il Padre? **10**Non credi che io sono nel Padre e il Padre è in me? Le parole che io vi dico, non le dico da me; ma il Padre dimorando in me fa le sue opere. **11**Credetelo! Io sono nel Padre e il Padre è in me; se non altro, credetelo per le opere. **12**In verità, in verità vi dico; chi crede in me, compirà anche lui le opere che io faccio; e ne farà di maggiori, perché io vado al Padre. **13**E qualunque cosa mi domanderete nel nome mio, lo farò, affinché il Padre sia glorificato nel Figlio. **14**Se mi chiederete qualche cosa nel mio nome, io la farò.

14,1 sg. Il Figlio che rivela il Padre e da al mondo la vita è l'unica via che porta all'incontro con Dio. Gesù sa che i suoi discepoli sono tristi, impauriti, e in preda all'angoscia per l'imminente sorta che deve subire. E sa che questa situazione rappresenta un pericolo per la loro fede. A questo punto Gesù assicura che tale fiducia è saldamente fondata. Per lui, morire non è precipitare nel baratro senza fondo, ma passare da questo mondo al Padre, e una volta arrivato a casa non rimarrà inattivo, ma preparerà con cura un posto a ciascuno dei suoi. Gesù non riesce a immaginare il suo futuro dopo la morte senza i suoi. Li vuole partecipi al suo destino e felicità.

Questa promessa, Gesù la realizzerà nella sua ultima venuta. **12.** Gesù raccomanda agli apostoli di continuare la sua missione nel mondo e di predicare il Vangelo a tutte le genti.

Promessa dello Spirito Santo. Giovanni 14,15-31

14-15 Se mi amate, osserverete i miei comandamenti. **16**E io pregherò il Padre, e vi darà un altro Paraclito, il quale resti con voi per sempre, **17**lo Spirito di verità che il mondo non può ricevere, perché non lo vede e non lo conosce; ma voi lo conoscete: perché rimane tra voi e sarà in voi. **18**Non vi lascerò orfani, verrò di nuovo da voi. **19**Ancora un poco e il mondo non mi vedrà più; ma voi mi vedrete, perché io vivo e anche voi vivrete. **20**In quel giorno conoscerete che io sono nel Padre, e voi siete in me ed io in voi. **21**Chi possiede i miei comandamenti e li osserva, quello mi ama. E chi mi ama, sarà amato dal Padre mio, ed io lo amerò e gli manifesterò me stesso>>. **22**Gli disse Giuda (non l'Iscariota): <<Signore, com'è che ti manifesterai a noi e non al mondo?>>. **23**Gesù rispose e gli disse: <<Se uno mi ama osserverà la mia parola, e il Padre mio lo amerà, e verremo a lui e prenderemo dimora presso di lui. **24**Chi non mi ama, non osserva le mie parole; e la parola che voi ascoltate non è mia, ma del Padre che mi ha mandato. **25**Queste cose vi ho detto, stando ancora tra voi. **26**Ma il Paraclito, lo Spirito Santo che il Padre manderà nel mio nome, Egli v'insegnerà ogni cosa e vi rammenterà tutto quello che vi ho detto. **27**Vi lascio la pace, vi do la mia pace. Non come il mondo la da, io do a voi. Non rimanga turbato il vostro cuore, né abbia paura. **28**Avete udito che vi ho detto: Vado e torno a voi; se mi amate, vi rallegrereste che io vado dal Padre, perché il Padre è più grande di me. **29**E ve lo detto ora, prima che avvenga, affinché quando sarà avvenuto, crediate. **30**Non parlerò più molto con voi, perché viene il Principe di questo mondo; egli non ha nessun potere su di me; **31**ma perché il mondo conosca che io amo il Padre, e adempio quello che il Padre mi ha ordinato, alzatevi, andiamo via di qui>>.

14,16. Paraclito è trascrizione del termine greco che significa <<difensore>>, <<avvocato>>, <<protettore>>. Tale è stato Gesù per i discepoli nel corso della sua vita; dopo la sua partenza questo compito sarà effettuato dallo Spirito Santo, che appare quale suo vicario, persona viva, distinta da Gesù, distinta anche dal Padre dal quale sarà inviato; in Giovanni 16,7 si dice che sarà inviato anche da Gesù quando siederà alla destra del Padre. **22.** L'apostolo che qui parla è Giuda Taddeo. **30.** Il tempo stringe, il principe di questo mondo, Satana si avvicina per l'assalto supremo, tramite i suoi alleati del male: Giuda Iscariota, e i Sommi Sacerdoti e gli altri protagonisti della passione. Il significato è: <<Satana non ha potere su di me; tuttavia lo affronto, perché il mondo

sappia che amo il Padre e adempio la missione che mi ha affidato. Alziamoci dunque>>. Qui si nota la spontaneità di Gesù nell'offrirsi alla morte per amore e obbedienza, e sull'eroismo di una carità effettiva che ignora l'esitazione e la paura.

<<Io sono la vite>>. Giovanni 15,1-8

15-1 <<Io sono la vera vite e il Padre mio è il vignaiolo. **2**Ogni tralcio che in me non porta frutto, lo toglie via; ed ogni tralcio che porta frutto, lo monda perché frutti di più. **3**Voi siete già mondi, per la parola che vi ho annunziato. **4** Rimanete in me ed io in voi. Come il tralcio non può recare frutto da se stesso se non rimane nella vite, così anche voi se non rimanete in me. **5**Io sono la vite, voi i tralci. Chi rimane in me ed io in lui, porta frutto, perché senza me non potete far nulla. **6**Chi non rimane in me viene gettato via, come il tralcio e lo si raccoglie, e si getta nel fuoco e si brucia. **7**Se rimanete in me, e le mie parole rimangono in voi, domandate quello che volete e vi sarà dato. **8**In questo viene glorificato il Padre mio: che portiate molto frutto, e diverrete miei discepoli.

15,1sgg. Dopo andiamo via di qui, doveva venire spontanea per Gesù in un paese agricolo come la Palestina, l'immagine della vite; è classica infatti nell'A. e nel N. T. (Isaia 5,1; Geremia 2,21; Ezechiele 15,1; Salmo 79 (80) ,8-10; Matteo 20,1sgg.). Questo richiamo della vite può essere stato suggerito in virtù del vino dell'Eucarestia, istituita qualche momento prima. Oltre al Paraclito vi sarà ancora la presenza di quella Gesù. Piuttosto che alla venuta della fine dei tempi o all'apparizione dopo la Risurrezione. Questo contesto fa pensare alla venuta e alla presenza interiore mistica di Gesù nella Chiesa dopo la Risurrezione; i suoi discepoli vivranno in lui e per lui come i tralci nella vite e lo vedranno con i sensi della fede. Quel giorno e quindi il tempo della Chiesa, che decorre tra la Risurrezione e la fine dei tempi. L'amore di Gesù ha rinnovato i discepoli.

L'amore Cristiano. Giovanni 15,9-17

15-9 Come il Padre ha amato me, così anch'io ho amato voi; rimanete nel mio amore. **10**Se osserverete i miei comandamenti, rimanete nel mio amore; come io ho osservato i comandamenti del Padre mio, e rimango nel suo amore. **11**Qeusto vi ho detto perché la mia gioia sia tra voi, e la vostra gioia sia piena. **12**Il mi comandamento è questo: che vi amiate gli uni gli altri, come io vi ho amato. **13**Nessuno può avere amore più grande che di dare la vita per i suoi amici. **14**Voi siete miei amici, se farete quello che io vi comando. **15**Non vi chiamo più servi, perché il servo non sa quello che fa il suo padrone; ma vi ho detto amici, perché tutto quello che ho udito dal Padre, ve l'ho manifestato. **16**Non siete stati voi a scegliere me, ma io ho scelto voi, e vi ho costituiti perché andiate e portiate frutto, e il vostro frutto sia stabile; affinché tutto quello che chiederete al Padre nel mio nome, ve lo dia. **17**Questo vi comando: che vi amiate gli uni gli altri>>.

15,9. Viene messo sullo stesso piano e in linea di continuità amore (agapé) del Padre, del Figlio e dei discepoli. <<Il triangolo delle relazioni è completo: Il Padre, il Figlio e il gruppo dei discepoli dimorano l'uno nell'altro, in virtù di un amore che è la vita e l'attività di Dio. **13.** Variazione <<amore di colui che da la vita..>>.

L'odio del mondo e l'intervento del Paraclito. Giovanni 15,18-27

15-18 Se il mondo vi odia, sapete bene che prima di voi ha odiato me.**19**Se foste del mondo, il mondo amerebbe quello che è suo; ma poiché non siete del mondo, ed io vi ho scelto di mezzo al mondo, per questo il mondo vi odia. **20**Rcordatevi della parola che vi ho detto: Un servo non è più del suo padrone. Se hanno perseguitato me, perseguiteranno anche voi; se hanno osservato le mia parola, osserveranno anche la vostra. **21**Ma tutto questo lo faranno contro di voi a motivo del mio nome, perché non conoscono Colui che mi ha mandato. **22**Se non fossi venuto e non avessi parlato loro, non avrebbero colpa; ma adesso non hanno più scusa per i loro peccati. **23**Chi odia me, odia anche il Padre mio. **24**Se non avessi fatto tra loro opere che nessuno mai ha fatto, sarebbero senza colpa; ora invece hanno veduto, ed hanno odiato e me e il Padre. **25**Ma si doveva adempire la parola scritta nella loro Legge: Mi hanno odiato senza ragione. **26**Ma quando verrà il Paraclito che io vi manderò dal Padre, lo Spirito di verità che procede dal Padre, egli darà testimonianza di me; ed anche voi darete testimonianza, **27**perchè siete stati con me fin dal principio.

15,18. Mondo in senso peggiorativo: gli uomini cattivi, nemici di Dio e di Cristo; da dove deriva il paradosso: il cristiano è colui che vive nel mondo senza appartenere al mondo. **25.** Citazione dal Salmo 34,19 e 68,5. La Legge indica in generale la Bibbia.   **26.** Alla testimonianza delle parole e delle opere di Gesù si aggiungerà, dopo la sua scomparsa, la predicazione dei discepoli, e soprattutto del Paraclito, nel modo indicato in Giovanni 16,8-11.

Nuova promessa dello Spirito Santo. Giovanni 16,4-15

16-4 Ma vi ho detto queste cose perché, quando ne giungerà l'ora, vi ricordiate che ve ne ho parlato. Non ve lo detto da principio, perché ero con voi. **5**Ed ora vado da Colui che mi ha mandato; nessuno di voi mi domanda: Dove vai? **6**Ma perché vi ho detto queste cose, la tristezza ha riempito il vostro cuore. **7**Pure io vi dico la verità: è bene per voi che io vada, perché se non me ne andrò, il Paraclito non verrà da voi; Ma quando sarò andato, ve lo manderò. **8**E venendo, Egli convincerà il mondo quanto al peccato, alla giustizia e al giudizio. **9**Quanto al peccato, perché non credono in me; **10**quanto alla giustizia, perché vado dal Padre e non mi vedrete più; **11**quanto al giudizio, perché il principe di questo mondo è stato giudicato. **12**Molte cose ho ancora da dirvi, ma non sono per ora alla vostra portata. **13**Quando verrà lui, lo Spirito di verità, vi guiderà nella pienezza della verità, perché non parlerà da sé ma dirà tutto quello che avrà udito e vi annunzierà le cose che verranno. **14**Egli mi glorificherà, perché prenderà del mio e ve l'annunzierà. **15**Tutto quello che il Padre possiede, è mio; per questo ho detto che prenderà del mio e l'annunzierà a voi.

16,8-11. Il dono dello Spirito Santo nella Chiesa, metterà in luce il peccato commesso dai Giudei nel non aver voluto credere alle parole di Gesù; la loro ingiustizia nel non averlo voluto riconosciuto come venuto da Dio, e la iniquità del loro giudizio di condanna. Nella luce dello Spirito brillerà infatti la natura divina di Cristo, la sua esistenza con Dio dal quale è venuto e la sua vittoria sul potere di Satana riducendolo alla impotenza. **13.** Una piena comprensione del messaggio di Cristo, della sua persona e della sua opera, in una parola dopo la Risurrezione (le cose che verranno), lo Spirito Santo condurrà gli apostoli a capire pienamente ciò che hanno udito e veduto al seguito di Gesù. Tutto questo si avrà infatti dopo la Pentecoste, e a contatto con della prima esperienza cristiana. Un principio della teologia cattolica afferma che la rivelazione divina si è chiusa soltanto colla morte dell'ultimo apostolo. **14.** Modo immaginoso per esprimere che le verità insegnate dallo Spirito non saranno estranee a Cristo e al suo messaggio; si tratterà di uno sviluppo e di un approfondimento. Provenendo dal Padre e dal Figlio, il suo insegnamento sarà sulla stessa linea. In tal modo glorificherà Cristo, la cui gloria consiste nell'essere riconosciuto dagli uomini come Figlio di Dio (Giovanni 17,1; 5,8).

La prossima venuta di Gesù. Giovanni 16,16-23

16-16 Ancora un poco, e non mi vedrete più; e un altro poco e mi vedrete. **17**Dissero allora alcuni dei suoi discepoli tra loro: <<Che cos'è questo che dice: Ancora un poco e non mi vedrete, e un altro poco e mi vedrete e vado dal Padre?>>. **18**Dicevano perciò: <<Che cos'è questo poco di cui parla? Non comprendiamo quello che vuoi dire>>. **19**Gesù vide che volevano interrogarlo, e disse loro: <<Andate indagando tra di voi perché io abbia detto: Ancora un poco e no mi vedrete, e un altro poco e mi vedrete? **20**In verità, in verità vi dico: Voi piangerete e gemerete, e il mondo si rallegrerà. Voi sarete afflitti, ma la vostra afflizione si cambierà in gioia. **21**La donna, quando partorisce soffre, perché è giunta la sua ora; ma quando ha dato alla luce il bambino, non si ricorda più dell'angoscia, per la gioia che è nato un uomo nel mondo. **22**Così anche voi, ora, siete nell'afflizione ; ma vi vedrò di nuovo, e il vostro cuore si rallegrerà, **23**e nessuno vi potrà togliere la vostra gioia; e in quel giorno non mi domanderete più nulla.

16,16. Alla promessa dello Spirito Santo si aggiunge un altro motivo di consolazione: Gesù stesso ritornerà tra breve, e i discepoli lo vedranno di nuovo dopo la parentesi della morte(Cfr. Giovanni 14,18 nota). **23.** In quel giorno non avranno più domane da rivolgergli, o chiarimenti da chiedergli come hanno fatto fin qui; lo Spirito Santo li illuminerà.

L'addio di Gesù agli apostoli. Giovanni 16,24-33

16-24 In verità, in verità vi dico: Ciò che chiederete al Padre nel nome mio, egli ve lo darà. Finora non avete chiesto nulla nel nome mio, chiedete e otterrete, perché la vostra gioia sia piena. **25**Queste cose vi ho detto in similitudine; ma viene l'ora in cui non vi parlerò più in similitudini, ma vi parlerò del Padre apertamente. **26** in quel giorno chiederete nel mio nome, e non vi dico che pregherò il Padre per voi, **27**perchè il Padre stesso vi ama, voi che mi avete amato, e avete creduto che io sono venuto da Dio. **28**Sono venuto dal padre e disceso nel mondo; ora lascio di nuovo il mondo, ritorno dal Padre>>. **29**Gli dicono i suoi discepoli: <<Ecco adesso parli chiaramente e non fai similitudini. **30**Ora conosciamo che sai tutto, e non hai bisogno che alcuno t'interroghi. Per questo crediamo che sei preceduto da Dio>>. **31** Rispose loro Gesù: <<Adesso credete? **32**Ecco, viene l'ora, ed è giunta, in cui vi disperderete, ciascuno alle proprie case, e mi lascerete solo; ma io non sono solo,

perché il Padre è con me. **33**Vi ho detto queste cose perché abbiate pace in me. Avrete tribolazione nel mondo, ma abbiate fiducia; io ha vinto il mondo.!>>.

16,24. Variazione<< Ciò che chiederete al Padre, egli ve lo darà nel nome mio>>. **25.** In similitudini, cioè in modo misterioso da non farsi capire.   **27.** I discepoli saranno una cosa sola col Maestro (cfr. Giovanni 17,21). **32sg.** Brusco ritorno alla realtà presente con le sue infermità e debolezze, sulla quale si erge serena e confortatrice la fronte di Gesù vittorioso.

La preghiera sacerdotale di Gesù. Giovanni 17,1-26

17-1 Così parlò Gesù; e alzati gli occhi al cielo, disse: <<Padre, è giunta l'ora, glorifica il Figlio tuo, affinché il Figlio glorifichi te, **2**dopo che gli hai dato potere sopra ogni carne, per dare una vita eterna a tutti quelli che gli hai dato. **3**E questa la vita eterna: che conoscano te, unico vero Dio, e colui che hai mandato Gesù Cristo. **4**Io ti ho glorificato sopra la terra, compiendo l'opera che mi hai dato da fare. **5**Ed ora, Padre, glorificami davanti a te, con quella gloria che avevo davanti a te prima che il mondo fosse. **6**Ho manifestato il tuo nome agli uomini che tu mi hai dato nel mondo. Erano tuoi, e li hai dato a me, ed essi hanno osservato la tua parola. **7**Ora hanno conosciute che tutte le cose che mi hai dato vengono date, **8**perchè le parole che hai dato a me, io le ho date a loro; ed essi le hanno accolte ed hanno conosciuto veramente che io sono preceduto da te, ed hanno creduto che tu mi hai mandato. **9**Io prego per loro; non prego per il mondo, ma per quelli che mi hai dato, perché sono tuoi; **10**tutte le cose mie sono tue, e tutte le cose tue sono mie, ed io sono glorificato in essi. **11**Ora io non sono più nel mondo, ed essi sono nel mondo, mentre io vengo a te. **12**Quand'ero con loro, io li conservavo nel tuo nome, che mi hai dato e li ho custodito; e nessuno di loro è andato perduto, se non il figlio della perdizione, perché si adempisse la scrittura. **13**Ma ora io vengo a te, e dico queste cose mentre sono ancora nel mondo, perché abbiano in sé la pienezza della mia gioia. **14**Io ho dato a loro la tua parola, e il mondo li odia perché non sono del mondo, come io non sono del mondo. **15**Non chiedo che tu li tolga dal mondo, ma che li preservi dal Maligno. **16**Essi non sono del mondo, come io non sono del mondo. **17**Consacrali nella verità. La tua parola è verità. **18**Come tu hai mandato me nel mondo, anch'io ho mandato loro nel mondo; **19**e per loro io consacro me stesso, perché siano consacrati alla verità. **20**Non per questi soltanto io prego, ma anche per quelli che crederanno, grazie alla loro parola, in me; **21**perchè tutti siano una sola cosa. Come tu, Padre, sei in me ed io in te, siano anch'essi in noi, perché il mondo creda che tu

mi hai mandato. **22**E la gloria che tu hai dato a me, io l'ho data a loro, perché siano un cosa sola come noi. **23**Io in loro, e tu in me, affinché siano perfetti nell'unità, e il mondo conosca che tu mi hai mandato, e li hai amato come hai amato me. **24**Padre, quelli che mi hai dato, voglio che siano anch'essi con me dove sono io, perché contemplino la mia gloria, che mi hai dato; poiché mi hai amato prima della costituzione del mondo. **25**Padre giusto, il mondo non ti ha conosciuto; e questi hanno conosciuto che tu mi hai mandato. **26**Ed io ho manifestato loro il tuo nome, e lo manifesterò, perché l'amore col quale mi hai amato sia in essi, ed io in loro.

17,1. Il carattere sacerdotale e pontificale di questa maestosa preghiera è profondamente improntato dei sentimenti di pietà e di intercessione di Cristo nell'ora che precede il sacrificio. Il tema centrale è l'unità della Chiesa mediante la glorificazione di Cristo che né è il fondatore. Si distinguono chiaramente in questa preghiera tre parti: La prima parte Gesù prega per se stesso (versetti 1-5); poi per i suoi Apostoli (versetti 6-19); infine per tutti quelli che nel corso dei secoli crederanno alle parole degli Apostoli (versetti 20-23). **12.** Variazione <<conserva nel tuo nome quelli che tu mi hai dato>>, il nome di Dio indica l'essere, con il suo carattere e i suoi privilegi. Figlio della perdizione per indicare che Giuda si è infilato nella via della perdizione. Il testo della Scrittura sembra quello del Salmo 41(42,)10 già citato in Giovanni 13,18. **15.** Dal Maligno; <<dal male>> Gesù prega il Padre di proteggere gli apostoli contro gli attacchi di Satana, ed i pericoli inevitabile del mondo. **17.** Consacrali nella verità; il verbo greco qui adoperato sta a significare la segregazione e la destinazione delle vittime per il sacrificio; tale consacrazione si deve effettuare nella verità e mediante la verità. **19.** Gesù si offre come sacrificio, perché i suoi discepoli siano degni della missione affidatagli. **22 sg.** Gloria e qui uguale alla vita stessa, luminosa che non si può esprimere a parole, di Dio e del tesoro dei doni soprannaturali di cui Cristo è mediatore per l'umanità. Il commento esatto dei versetti 22-23 si può leggere nella prima lettera di Giovanni 1,3 <<Ciò che abbiamo veduto, e udito lo annunziamo anche a voi, affinché anche voi, abbiate comunione con noi. E la nostra comunione è col Padre, e col Figlio suo Gesù Cristo>>. **24-26.** Nella parte finale sottolinea i motivi per cui la preghiera deve essere esaudita.

IL MONTE DEGLI ULIVI. Nel Gethsemani . Matteo 26,36-39 (Marco 14,32-42; Luca 22,39-42.45-46; Giovanni 18,1-2)

22-36 Allora Gesù giunse con loro in un podere chiamato Gethsmani,e disse hai discepoli: <<Fermatevi qui, ed io mi allontanerò fin là a pregare>>. **37**E prese con sé Pietro e i due figli di Zebedeo, cominciò a essere triste e turbato. **38**E disse loro: <<La mia anima è triste da morire; restate qui e vegliate con me>>. **39**E avanzatosi un poco, cadde a terra bocconi, e pregava dicendo : <<Padre mio, se è possibile, passi da me questo calice! Però non quello che io voglio, ma quello che vuoi tu!>>.

26,36 sg. Gesù, facendo orazione nell'orto degli ulivi, accettò di conformarsi alla volontà del Padre Celeste, pur pregandolo di allontanare da lui il calice della passione.

Gesù suda gocce di sangue. Luca 22-43-44

22 43 E gli apparve un angelo dal cielo a confortarlo. **44**E, in preda all'angoscia, pregava intensamente; e il suo sudore divenne come gocce di sangue che scorreva per terra.

22,43sg. Gesù uomo esemplare, prosteso con le braccia al suolo col cuore naufrago in mortal tristezza; con la persona bagnata di sangue continuava a pregare il Padre di ascoltare la sua preghiera, però che si adempisse non la sua, ma la volontà del Padre.

Rimprovero nella vigilanza della preghiera. Matteo 26,40-46

26-40 Poi ritorna dai discepoli e li trova addormentati. E dice a Pietro: <<Così non siete stati capaci di vegliare un'ora con me? **41**Vegliate e pregate per non andare in tentazione. Lo spirito è pronto, ma la carne è debole>>. **42**E di nuovo allontanatosi, pregava dicendo: <<Padre mio, se questo non può passare senza che io lo beva, sia fatta la tua volontà>>. **43**E ritornato, li trovò di nuovo addormentati; avevano infatti gli occhi pesanti! **44**E lasciabili, si scostò di nuovo e pregò per la terza volta, ripetendo le stesse parole. **45**Poi si avvicinò ai discepoli e disse loro: <<Ormai potete dormire e riposare! Ecco, è giunta l'ora e il Figlio dell'uomo viene consegnato in mano ai peccatori. **46**Svegliatevi, andiamo; ecco, chi mi tradisce arriva!>>.

22,36. Il Gethsemani (= frantoio per l'olio), detto <<orto>>, era un appezzamento di terreno coltivato a ulivi, ai piedi del monte, nella valle del torrente Cedron, con impianti per la fabbricazione dell'olio. Gesù si recava spesso con i discepoli, il che fa supporre che il proprietario dell'orto lo avesse messo a sua disposizione. **37.** Sono i tre discepoli, Pietro, Giovanni e Giacomo che hanno assistito alla trasfigurazione gloriosa di Gesù (Matteo 17,1-2). **38.** Citazione dal Salmo 41 (42),6. Oppresso dai peccati del mondo Gesù non si rifiuta di trasgredire alla volontà del Padre che vuole salva tutta l'umanità. **39.** Inizia qui il racconto della passione di Gesù. Ne racconto traspare l'amore del discepolo che vive la storia del Maestro; l'attaccamento personale appare soprattutto nella ripetuta formazione della innocenza di Gesù e nell'omissione di particolari offensivi della sua dignità umana. Quella dignità morale, che tocca i cuori e stimola alla conversione. Il calice, cioè la penosa e dolorosa sorte di cui doveva subire Gesù. **43-44.** Gesù uomo esemplare, prosteso con le braccia al suolo, col cuore in mortale tristezza; colla persona bagnata di sudore e di sangue, che può essere provocato da eccezionali traumi psicologici, ha in Gesù proporzioni non naturali. **45.** Le parole ormai potete dormire, sembrano dette a biasimo e compassione.

L'arresto di Gesù. Matteo 26,47-48   (Marco 14,43-52; Luca 22,47-53)

26-47 E mentre parlava ancora, ecco venire Giuda, uno dei Dodici, e con lui una gran folla con spade e randelli, da parte dei Sommi Sacerdoti e degli Anziani del popolo. **48**Il traditore aveva dato un segno dicendo<<Quello che bacerò, è lui; arrestatelo!>>.

GLI AVVENIMENTI AL CALVARIO. Giovanni 18,4-11

18-4 E Gesù, conoscendo tutto quello che gli sarebbe accaduto, si fece innanzi e disse loro : <<Chi cercate?>>. **5**Gli risposero: <<Gesù il Nazoreo>>. Dice loro: <<Sono io!>> C'era la con loro anche Giuda, il traditore. **6**E appena disse <<Sono io>> indietreggiarono, e caddero per terra. **7**Domandò loro di nuovo: <<Chi cercate?>>. Risposero: <<Gesù il Nazoreo>>. **8**Disse Gesù: <<Vi ho detto che sono io. Se dunque cercate me, lasciate andare questi>>. **9**Perchè s'adempisse la parola che aveva detto: <<Non ho perduto nessuno di quelli che mi hai dato>>. **10**Allora Simon Pietro, che aveva una spada, la trasse e colpì il servo del Sommo Sacerdote, e gli tagliò l'orecchi destro. Quel servo aveva nome Malco. **11**Ma Gesù disse a Pietro: <<Rimetti la spada nel fodero; non berrò il calice che il Padre mi ha dato?>>.

18,4sg. Il martire di questa scena è Gesù, non Giuda né gli sgherri venuti a prenderlo; egli offre se stesso a difendere gli apostoli, ordinando di lasciarli liberi. E probabile l'accostamento con il buon pastore che affronta il lupo per salvare il gregge. **11.** Il calice della passione è un dono del Padre

che Gesù accetta volontariamente. Allusione al calice nell'orto degli Ulivi.

Il bacio di Giuda Matteo 26,49,-50

26-49 E Giuda subito si avvicinò e disse: <<Salve, Maestro!>>. E lo baciò. **50**E Gesù gli disse: <<Amico, fa quello per cui sei venuto!>>. Allora si fecero avanti e misero le mani su Gesù.

26,50. Le parole di Gesù in greco si può anche tradurre <<Perché sei venuto?>> oppure <<so perché sei venuto>> oppure <<a che punto sei venuto>>. Non è il momento di effusioni ipocrite, è l'ora della verità

Il processo davanti al Sommo Sacerdote Anna. Giovanni 18,12-24 (Matteo 26,47-58; Marco 14,53-54; Luca 22,54)

18-12 Allora la corte il tribuno e le guardie dei Giudei afferrarono Gesù e lo legarono, **13**e lo condussero prima da Anna: era infatti il suocero di Caifa, il quale era Sommo Sacerdote in quell'anno. **14**Caifa era quello che aveva consigliato ai Giudei essere conveniente che un uomo solo morisse per il popolo. **15**Veniva dietro a Gesù Simon Pietro e un altro discepolo. Quel discepolo era conosciuto dal Sommo Sacerdote, ed entrò nel no Gesù cortile del Sommo Sacerdote; **16**Pietro invece si fermò fuori, vicino alla porta. Allora uscì quell'altro discepolo, noto al Sommo Sacerdote, parlò con la portinaia e fece entrare anche Pietro. **17**Ma la serva portinaia disse a Pietro: <<Non sei anche tu dei discepoli di quest'uomo?>>. Le rispose: <<Non lo sono>>. **18**Intanto i servi e le guardie avevano acceso un fuoco, perché faceva freddo, e si riscaldavano e anche Pietro stava con loro a scaldarsi. **19**Allora il Sommo Sacerdote interrogò Gesù circa i suoi discepoli e la sua dottrina. **20**Gesù gli rispose: <<Io ho parlato apertamente al mondo; ho sempre insegnato nella sinagoga e nel Tempio, dove tutti i Giudei si radunano, e non ho mai detto nulla di nascosto. **21**Perché interroghi me? Interroga quelli che hanno udito ciò che ho detto loro; ecco, essi sanno ciò che ho detto>>. **22**Aveva appena detto questo che uno delle guardie presenti percosse Gesù dicendo: <<Cosi rispondi al Sommo Sacerdote?>>. **23**Gli rispose Gesù: <<Se ho detto bene perche mi percuoti?>>. **24**Ed Anna lo mandò legato a Caifa, Sommo Sacerdote.

18,12sg. La sede del sinedrio, negli edifici del Tempio, era chiusa di notte; per questo la prima seduta (notturna) si tenne in casa del Sommo sacerdote Anna.

Il rinnegamento i Pietro. Luca 22,55-65 (Matteo 26,69-75; Marco 14,66-72; Giovanni 15,25-27)

22 -55 Avevano acceso un fuoco in mezzo al cortile, mettendosi a sedere attorno; anche Pietro si pose a sedere in mezzo a loro. **56**Vedutolo seduto vicino alla fiamma, una serva lo fissò, e gli disse: <<Anche questi era con lui>>. **57**Ma egli negò, dicendo: <<Non lo conosco donna!>>. **58**Ma poco dopo un altro, vedendolo, disse: <<Anche tu sei di quelli>>. Ma Pietro disse: << O uomo, non lo sono!>>. **59**E passata circa un'ora, un altro affermava lo stesso dicendo: <<In verità, anche questo era con lui; perché anche lui è Galileo!>>. **60**Ma Pietro disse: <<O uomo, non so quello che tu dici!>>. E in quell'istante, mentre ancora parlava, un gallo cantò. **61**E il Signore, voltatosi, guardò Pietro, e Pietro si ricordò della parola del Signore che gli aveva detto: <<Prima che canti il gallo, oggi mi rinnegherai tre volte>>. **62**E uscito fuori, pianse amaramente. **63**Frattanto gli uomini che tenevano prigioniero Gesù lo schernivano e lo percuotevano, **64**e bendandogli il volto lo interrogavano dicendo: <<Fa il profeta, chi ti ha percosso?>>. **65**E molte altre cose gli dicevano contro, bestemmiando.

22,55. Oltre a una seduta preliminare davanti all'influente Sacerdote Anna, Gesù fu portato dal Sommo Sacerdote che in realtà era Giuseppe, detto Caifa, che tenne la carica dal 18 al 36 d.C., egli era genero del Sacerdote Anna che aveva coperta da carica dal 6 al 15 d.C. ed averla fatta occupare in seguito dai suoi figli o familiari, godeva di un autorità indiscussa ed era di fatto Sommo Sacerdote. L seconda seduta (la più importante) fu tenuta il mattino seguente nella sede del sinedrio. **61.** Lo sguardo di Gesù mentre lo portavano via, era pieno di commiserazione verso Pietro.

Il processo nel sinedrio davanti a Caifa. Marco 14,55-64 (Matteo 26,59-68; Luca 22,66-71)

14-55 E i Sommi Sacerdoti e tutto il sinedrio cercavano una testimonianza contro Gesù per metterlo a morte, ma non la trovarono. **56**Infatti molti attestavano il falso contro di lui, ma le loro testimonianze non erano concordi. **57**Allora alcuni si levarono in piedi e testimoniavano il falso contro di lui, dicendo: **58**Noi lo abbiamo udito che diceva : Io distruggo questo tempio fatto con le mani dell'uomo, e in tre giorni ne edificherò un altro fatto con le mani dell'uomo>>. **59**Ma neanche così la loro testimonianza era concorde. **60**Allora il Sommo Sacerdote, alzandosi in mezzo, interrogò Gesù dicendo: <<Non rispondi nulla? Che cosa attestano costoro contro di te?>>. **61**Ma egli taceva e non rispondeva nulla. E di nuovo il Sommo Sacerdote lo interrogò dicendogli: <<Sei tu il Messia, il figlio del Benedetto?>>. **62E** Gesù disse: <<Io lo sono! E vedrete il Figlio dell'uomo assise alla destra della Potenza e venire e venire sulle nubi del cielo>>. **63**Allora il Sommo Sacerdote, stracciandosi la tunica disse: <<Che bisogno abbiamo ancora di testimoni? **64**Avete udito la bestemmia; che ve ne pare?>>. E tutti sentenziarono che era reo di morte.

14,58. Le parole di Gesù, proclamandosi figlio di Dio, diedero appiglio a questa accusa. Allora i Sommi Sacerdoti dissero: <<Ha bestemmiato! Che bisogno abbiamo ancora di testimoni?>>. La bestemmia consisteva nella dichiarazione di essere uguale a Dio, Figlio di Dio. La Legge di (Levita 27,7) condannava a morte il bestemmiatore. **61.** Il Benedetto è circolo di parola ebraica del nome di Iahvè, che si evita di pronunciare, lo stesso dicasi della potenza. Il Messia letteralmente il Cristo. **62.** Io lo sono! Variazione <<Tu l'hai detto che io sono>>. Cfr. Salmo 109 (110), 1

La consegna di Gesù a Pilato. Giovanni 18,28-32 (Matteo 27,11-14; Marco 15,1-5; Luca 23,1-5)

18-28 Poi da Caifa conducono Gesù nel pretorio. Era l'alba, ed essi non vollero entrare nel pretorio per non contaminarsi e per poter mangiare la pasqua. **29**Allora Pilato uscì fuori presso di loro, e domandò: <<Che accusa portate contro quest'uomo?>>. **30**Risposero e gli dissero: <<Se non fosse un malfattore, non te l'avremmo consegnato>>. **31**Disse loro Pilato: <<Prendetelo voi, e giudicatelo secondo la vostra Legge!>>. Gli risposero i Giudei: <<A noi non è permesso mettere a morte nessuno>>. **32**Affinchè si adempisse la parola che Gesù aveva detto di quale morte avrebbe dovuto morire.

18,28. Si deduce da questo passo che i Giudei non avevano ancora mangiato la cena pasquale, che si apprestavano tuttavia a consumare la sera di quel giorno, venerdì 14 Nissan (cioè 14 marzo). Come poteva dunque Gesù averla già consumata? Tra le ipotesi, la più probabile sembrava quella secondo cui Gesù avrebbe anticipato di un giorno la celebrazione della Pasqua, per qualche motivo particolare. Recentemente la scoperta di manoscritti del Mar Morto ha rivelato l'esistenza ,accanto al calendario lunare adottato ufficialmente a Gerusalemme, di un calendario solare, in cui la Pasqua cadeva ogni anno invariabilmente il mercoledì; questo calendario era seguito a Qumràm e, a quanto pare, anche da altri ambienti religiosi, in antitesi con i ceti dirigenti di Gerusalemme. Supponendo che Gesù si sarebbe attenuto al calendario solare e avrebbe celebrato la cena pasquale la sera del martedì, come afferma pure una un'antichissima tradizione liturgica; la morte invece è avvenuta il pomeriggio del venerdì come affermano tutti i Vangeli, mentre a Gerusalemme, secondo l'Apostolo Giovanni i Giudei si apprestavano a celebrare la cena pasquale. Questa ipotesi, oltre a spiegare pasquale di Gesù, risolve anche le difficoltà storiche, come il processo e la crocifissione nel giorno solenne della Pasqua, lo scorrere di tali avvenimenti processuali, nel corso di una mezza giornata (da Anna, da Caifa, da Pilato, da Erode, nuovamente da Pilato, l'alternativa di Gesù con Barabba, ecc), il mancato accenno al carattere pasquale nel Vangelo di Giovanni, la data dell'unzione di Betania: 6 giorni prima della Pasqua ufficiale secondo Giovanni 12,1; due giorni prima della Pasqua solare secondo Marco 14,1. La cronologia del processo di Gesù risulterebbe così notevolmente allargata, martedì sera, cena pasquale; notte di martedì- mercoledì: arresto e udienza preliminare in casa di Anna; mercoledì processo del Sinedrio presieduto da Caifa; giovedì condanna del Sinedrio e prima seduta da Pilato che lo invia da Erode; venerdì mattina: condanna di Pilato; venerdì pomeriggio: uccisione di Gesù, mentre i Giudei si apprestavano ad immolare l'agnello pasquale. Tutti questi particolari i Vangeli non li affermano, né li negano; la catechesi primitiva che gli evangelisti riportano si preoccupavano assai più della sostanza degli avvenimenti, che del loro rigoroso svolgersi dei fatti accaduti. **29.** Pilato abitava nell'antico palazzo di Erode, o nella torre Antonia. Era necessario il suo verdetto per giustiziare Gesù perché i romani avevano avvisato che le sentenze capitali erano di loro competenza. **31.** Sotto la dominazione romana, la pena capitale (ius gladii) era riservata al governatore imperiale. **32.** Gesù aveva infatti predetto che sarebbe stato innalzato cioè <<crocifisso>>. Se avesse dovuto essere condannato dai Giudei, avrebbe subito la lapidazione (cfr. 8,59; 10,31). E'la seconda volta (cfr. 18,9) nel racconto della Passione che una parola detta in precedenza da Gesù viene ripetuta conforme alle citazioni delle Sacre Scritture.

La comparsa di Gesù davanti a Erode. Luca 23,6-12

23-6 All'udire questo, Pilato li chiese se fosse Galileo; **7**e saputo che apparteneva alla giurisdizione di Erode, lo mandò da Erode che si trovava anche lui a Gerusalemme in quei giorni. **8**Ed Erode vedendo Gesù, si rallegrò molto. Da molto tempo desiderava vederlo per avene sentito parlare, e sperava di poter vedere qualche miracolo compiuto da lui. **9**E prese ad interrogarlo con molte domande, ma Gesù non gli rispondeva nulla. **10**C'erano là anche i sommi sacerdoti e gli scribi, e lo accusavano con veemenza. **11**Allora Erode, con i suoi soldati, lo insultò e lo scherni e, rivestitolo di una veste splendida, lo rimandò a Pilato. **12**E Pilato ed Erode divennero amici in quel giorno; prima infatti c'era dell'astio tra loro.

23,6. La comparsa di Gesù davanti a Erode Antipa è stata riferita soltanto da Luca, il quale poteva disporre di fonti particolari; si può pensare alla moglie di Cuza ministro di Erode, menzionata in Luca 8,3; e cfr. Atti 13,1. L'episodio terminò in uno scherzo da parte del re, che fece rivestire Gesù, un abbigliamento elegante adatto ad una cerimonia. Pilato mandò Gesù da Erode con la speranza che il re ebreo passa difendere Cristo sul piano della legge giudaica (Giovanni 19,7), che a Pilato era estromessa. **12.** Era comprensibile l'astio tra Erode e Pilato data l'autorità politica di quest'ultimo, tra i motivi di ostilità ci poteva essere quel massacro in Galilea, sudditi di Erode.

Il processo davanti a Pilato. Giovanni 18,33-39 (Matteo 27,11-15;Marco 15,2-14; Luca 23,13-23;)

18-33 Pilato entrò di nuovo nel pretorio; e chiamato Gesù, gli disse: <<Sei tu il re dei Giudei?>>. **34**Gesù rispose: <<Dici questo da te, oppure te l'anno detto altri sul conto mio?>>. **35**Pilato rispose: <<Sono io forse Giudeo? La tua gente e i Sommi Sacerdoti ti hanno consegnato a me; che cosa hai fatto?>>. **36**Rispose Gesù: <<Il mio regno non è di questo mondo; se il mio regno fosse di questo mondo, i miei servi combatterebbero per me, affinché non fossi consegnato ai Giudei; ma il mio regno non è di qui>>. **37**Allore pilato gli disse; <<Dunque tu sei re?>>. Rispose Gesù: <<Tu lo dici; io sono re. Io sono nato per questo, e per questo sono venuto nel mondo: per dare testimonianza alla verità. Chiunque è dalla parte della verità, ascolta la mia voce>>. **38**Gli dice Pilato: <<Che cos'è la verità?>>. E detto questo uscì di nuovo dai Giudei e disse loro: <<Io non trovo nessuna colpa in lui>>. **39**Ora è usanza per voi che io vi liberi uno nella Pasqua.

18,33sgg. Qui la regalità di Gesù, vene messa in risalto perché la conversazione con Pilato, con i Sommi Sacerdoti e con la folla è incentrata tutta su di essa. La regalità di Cristo era intesa dai Giudei in senso messianico che Pilato non riusciva a capire. E Gesù spiega a Pilato che il suo regno non è una dominazione temporale, ma consiste nell'affermazione della verità. Re dei giudei equivaleva a Messia. La conversazione con Pilato e con la folla verte esclusivamente sulla regalità di Gesù. E' la regalità di Gesù è una "regalità altra" che si svela in pienezza nella passione e morte in Croce. E' la regalità di colui che ama e che da la propria vita per il riscatto di molti. Egli e Re in quanto "uomo per gli altri". Cristo ci insegna come solo con l'amore è possibile sperare che la morte non abbia l'ultima parola. La Pasqua celebrava la liberazione degli Israeliti dalla schiavitù dell'Egitto. La morte in croce celebrava la salvezza degli uomini.

La scelta tra Gesù e Barabba Matteo 27,16-25

27-16 Ora avevano in quel tempo un prigioniero famoso, detto Barabba. **17**Mentre quindi si trovavano radunati, Pilato disse loro: <<Chi volete che vi rilasci: Barabba, o Gesù chiamato Messia?>>. **18**Sapeva bene infatti che lo avevano consegnato per gelosia. **19**Or mentre si trovava in tribunale, la moglie gli mandò a dire: <<Non assumerti responsabilità verso quel giusto; perché oggi ho sofferto molto, in sogno per lui>>. **20**Ma i sommi Sacerdoti e gli Anziani persuasero la folla a richiedere Barabba e a far morire Gesù. **21**E riprendendo la parola il governatore disse: <<Chi volete che vi rilasci dei due?>>. E quelli risposero: <<Barabba!>>. **22**Disse loro Pilato: <<Che ne farò dunque di Gesù, chiamato il Messia?>>. Tutti gli rispondono: <<Sia crocifisso!>>. **23**Ed egli disse: <<Ma che male ha fatto?>>. Ma essi urlavano con insistenza: <<Sia crocifisso>>. **24**Pilato vedendo che non otteneva nulla, ma che il trambusto si faceva sempre maggiore, prese dell'acqua, e si lavò le mani davanti alla folla dicendo: <<Sono innocente del sangue di questo giusto; vedetela voi!>>. E tutto il popolo rispose dicendo: **25**<<Il suo sangue è sopra di noi e sopra i nostri figli>>.

27,16. Barabba, variazione di >>Gesù Barabba>>. Era un delinquente politico, appartenente alla setta dei Zeloti, avversari irriducibile dei romani. **18.** Per gelosia, cioè per odio e volontà di disfarsene, senza un reale motivo giuridico. Si nota che anche la morte di Pietro e Paolo viene attribuita da Clemente Romano a motivo di <<invidia e gelosia>> (1 Corinzi 5,2). Pilato cerca di sottrarsi al gesto che gli viene richiesto di condannare Gesù. Dopo averlo mandato da Erode Antipa (Luca 23,6-12) sembra ora cercare una via di uscita nel confronto con Barabba. **19.** L'episodio della moglie di Pilato rimane senza seguito, ma conferisce una nota di gentilezza femminile alla severità del racconto. Gli antichi attribuivano spesso virtù profetica ai sogni. Un'antica tradizione da a questa donna in nome di Claudia Procula e il calendario della Chiesa greca l'annovera tra i santi. **22.** La croce era decretata ai prigionieri delinquenti e a quelli che erano privi di diritti civili. **24.** Il gesto di Pilato stava ad indicare che non si assumeva la responsabilità. La motivazione della condanna di Gesù era di carattere Giudaica e Pilato non poteva intromettersi in questioni religiose che spettava al sinedrio. **25.** L'espressione della folla sta ad indicare che si assume la piena responsabilità dell'azione cruenta che viene compiuta. E si avvera la profezia di Isaia 53,7.

Gesù flagellato. Giovanni 19,1

19 -1 Allora Pilato prese Gesù e lo fece flagellare.

19,1. Gesù fu legato a una colonna di marmo e fu crudelmente flagellato per ordine di Pilato, e fu frustato a sangue per tutto il corpo, nonostante che il governatore romano ne avesse proclamato la completa innocenza. Fu ridotto tutta una piaga dagli spietati staffili degli aguzzini. Il sangue scorre a rivoli come in un ruscello, Gesù non si raffigura più.

La beffa dei soldati. Matteo 27,27-30 (Marco 15,16-20; Giovanni 19,2-3)

27-27 Allora i soldati del governatore trascinarono Gesù nel Pretorio e gli radunarono attorno tutta la corte. **28**E spogliatolo, lo avvolsero in un manto scarlatto, **29**e intrecciata una corona di spine, gliela posero sul capo, con una canna nella destra; e mentre gli si inginocchiavano davanti, presero a percuoterlo dicendo: <<Salve, re dei Giudei>>; **30**e sputandogli addosso, gli prendevano la canna e lo percuotevano sul capo.

27,27sg. Il Pretorio era il palazzo residenziale di Pilato a Gerusalemme. Una corte era tutta la guarnigione di Gerusalemme e comprendeva normalmente 600 uomini, al comando di un tribuno. Un mantello militare, il segum, di una porpora reale. Gesù fu coronato di pungentissime spine nel pretorio di Pilato e presentato al popolo con uno straccio di porpora sulle palle e una canna per derisione.

ECCO L'UOMO. Sentenza di Pilato. Giovanni 19,4-16 (Matteo 27,26; Marco 15,15; Luca 23,24-25)

19-4 Pilato uscì di nuovo, e disse loro: <<Ecco, ve lo porto fuori, affinché sappiate che non trovo nessuna colpa in lui>>. **5**Allora Gesù uscì, portando la corona di spine e il manto di porpora. E Pilato disse loro: <<Ecco l'uomo!>>. **6**Al vederlo i Sommi Sacerdoti e le guardie, cominciarono a gridare dicendo: <<Crocifiggi, crocifiggi!>>. Disse loro Pilato: <<Prendetelo e crocifiggetelo; io non trovo in lui nessuna colpa>>. **7**Gli risposero i giudei: <<Noi abbiamo una Legge, e secondo questa Legge deve morire, perché si è dichiarato figlio di Dio>>. **8**All'udire questa parola, Pilato ebbe ancora più paura, **9**ed entrato di nuovo nel pretorio disse a Gesù: <<Di dove sei?>>. Ma Gesù non gli diede risposta. **10**Gli disse allora Pilato: <<Non mi parli? Non sai che ho il potere di lasciarti libero, e il potere di metterti in croce?>>. **11**Rispose Gesù: <<Non avreste nessun potere su di me, se non ti fosse stato dato dall'alto. Per questo chi mi ha consegnato a te ha una colpa maggiore>>. **12**Da quel momento Pilato cercava di rimandarlo libero; ma i Giudei gridavano dicendo: <<Se liberi costui, non sei amico di Cesare. Chiunque si fa re, si oppone a Cesare>>. **13**All'udire tali parole, Pilato condusse fuori Gesù si assise nel tribunale, nel luogo del Litostroto, in ebraico Gabbathà. **14**Era la Preparazione della pasqua, verso l'ora sesta, e disse ai Giudei: <<Ecco il vostro re!>>. Ma quelli gridarono: <<Via, via, crocifiggilo!>>. Disse lori Pilato: <<Metterò in croce il vostro re?>>. **15**Risposero i Sommi Sacerdoti: <<Non abbi, **7.** Questa fu vera ragione per la quale i capi Ebrei condannarono Gesù. **9.** Letteralmente <<di dove sei tu>?>>; più che l'origine o il domicilio la domanda riguarda la natura e la persona di Gesù. Pilato è impressionato dalla figura di Gesù e sembra avvertire il mistero; di qui lo sforzo di liberarlo. **12.** Lo spauracchio di una disgrazia presso l'imperatore e della perdita dell'ambita qualifica di amico di Cesare, riduce agli estremi la resistenza di Pilato di rilasciare Gesù. **13.** Si assise <<lo assise cioè lo fece sedere>> in tal senso, sedendo Gesù sul seggio del magistrato, l'indicazione di Pilato <<Ecco il vostro re!>> acquista una drammatica e realistica evidenza. Litostroto significa lastricato = altura, sulla quale Pilato fissò il tribunale. Nel cortile della fortezza Antonia un ampio lastricato romano di metri 50x50 viene oggi identificato con il Litostroto di Giovanni 19,13. **14.** Preparazione, in greco <<parasceve>>, corrispondeva al nostro venerdì. In questo giorno veniva preparata la cena pasquale e tutto il fabbisogno per la giornata festiva che incominciava dopo il tramonto del sole, ed esigeva assoluto riposo. L'ora sesta (variazione di ora terza) coincideva circa con il mezzogiorno, quando ogni pane fermentato doveva sparire dalle case per dar posto agli azzimi della Pasqua.

Morte di Giuda. Matteo 27,3-10

27-3 Allora Giuda, il traditore, vedendo che era stato condannato si pentì e riportò i trenta sicli d'argento ai Sommi Sacerdoti e agli Anziani **4**dicendo: <<Ho peccato tradendo sangue innocente>>. Ma quelli dissero:<<Che c'impota? Veditela tu!>>. **5**Ed egli gettate le monete d'argento nel Tempio, si allontanò e andò ad impiccarsi. **6**E i Sommi Sacerdoti, raccolto quel denaro, dissero: <<Non è lecito metterlo nel tesoro, perché è prezzo di sangue>>. **7**E, tenuto consiglio, comprarono con esso il campo del Vasaio per seppellirvi gli stranieri. **8**Per questo quel campo fu denominato: <<campo di sangue>> fino al giorno d'oggi. **9**Allora si adempì ciò che era stato detto dal profeta Geremia: E presero i trenta denari d'argento, il prezzo del venduto, che i figli d'Israele avevano mercanteggiato **10**e li diedero per il campo del Vasaio, come aveva ordinato il Signore.

27,3. L'episodio della morte di Giuda e l'acquisto del campo del Vasaio non appartengono all'ordine di cui si sono susseguiti i fatti della passione, ma sono collocati qui per la luce teologia che proiettano sul racconto. **6.** Il compenso del tradimento avrebbe reso impuro il tesoro del Tempio. **7.** Una tradizione antica e attendibile localizza il campo del Vasaio in un settore della valle della Geenna, che gli scavi hanno dimostrato che era servita per la sepoltura dei morti. **9 sg.** La profezia di Geremia; si tratta di una allegazione libera in cui vengono messi insieme i testi di Zaccaria 11,12 sg, e Geremia 32,6-9 sg.

Sulla via del Calvario. Luca 23,26-32 (Matteo 27,32-34; Marco 15,21-23; Giovanni 19,17)

23-26 E mentre lo conducevano presero un certo Simone di Cirene che veniva dalla campagna e gli imposero la croce da portare dietro a Gesù. **27**Gli veniva dietro gran folla di popolo e di donne che si battevano il petto e lo piangevano. **28**Ma Gesù si volse a loro e disse: <<Figlie di Gerusalemme, non piangete su di me, ma piangete su voi stesse e sui vostri figli; **29**perchè ecco, verranno giorni in cui si dirà: beate le sterile e i grembi che non hanno generato e le mammelle che non hanno allattato. **30**Allora si comincerà a dire ai monti: Cadete su di noi! E ai colli: Copriteci! **31**Perchè se viene trattato così il legno verde, che ne sarà del secco?>>. **32**Venivano condotti anche due altri malfattori per essere suppliziati con lui.

23,27 sgg. Gesù essendo stato condannato a morte, per sua maggior vergogna e dolore gli fu posto sopra le spalle il pesante legno della croce, portandola con resistenza e pazienza fino alla cima del Monte Calvario. L'incontro con le figlie di Gerusalemme mette in luce la bontà misericordiosa di Gesù e per l'azione delle donne nella sua vicenda terrena. Secondo il Talmud cioè elaborati dal III al V secolo, contengono le norme giuridiche che regolano la vita giudaica, alcune donne della migliore società di Gerusalemme assistevano i condannati a morte, preparando tra l'altro per loro del vino, in cui si infondeva dell'incenso. Il vino aromatizzato serviva ad alleviare le sofferenze del condannato.   **30.** Citazione di Osea 10,8 e Apocalisse 6,16. **31.** Il legno verde è Gesù, innocente e giusto; il legno secco è Israele, colpevole e pronto per la condanna. Non si trattava della croce vera e propria, bensì del braccio trasversale (patibulum) ; la trave verticale (stipes) si trovava normalmente già fissa sul luogo del supplizio.

La crocifissione. Giovanni 19,18-24 (Matteo 27,35-38; Marco 15,24-28; Luca 23,33)

19-18 Qui lo crocifissero, e con lui due altri, di qua e di la, e Gesù nel mezzo. **19**E Pilato stilò anche l'iscrizione, e la fece apporre sulla croce. C'era scritto: <<Gesù il Nazoreo, il re dei Giudei>>. **20**Questa iscrizione molti Giudei la poterono leggere, perché il luogo dove fu crocifisso Gesù era vicino alla città; ed era scritta in ebraico, in latino e in greco. **21**E i Sommi Sacerdoti dei Giudei dissero a Pilato: <<Non scrivere: re dei Giudei, ma che egli ha detto: io sono il re dei Giudei>>. **22**Rispose Pilato: <<Quello che ho scritto, ho scritto>>. **23**I soldati com'ebbero crocifisso Gesù, presero le sue vesti e ne fecero quattro parti, una per ciascun soldato, e la tunica. Ma quella tunica era senza cucitura, tessuta per intero dall'alto in basso. **24**Perciò dissero tra loro: Non la stracciamo, ma tiriamo a sorte a chi tocchi. Perché si adempisse la Scrittura che dice:

Si divisero tra loro i miei vestiti

E sulla mia tunica hanno tirato a sorte.

I soldati fecero proprio cosi.

19,18. Gesù fu condotto in un luogo detto Golgotha, <<aramaico gogolta>>, latino <<calvaria>> che significa <<luogo del teschio>>, era un'altura rocciosa di circa 5metri, che doveva presentare allora l'aspetto caratteristico di un cranio. **19.** Questa iscrizione diceva così in ebraico: Jeshuà Nazoraja Malka Dijehudaje; in latino: Iesus Nazarenus Rex Iudaeorum; in greco: Iesous o Nazoraios o Basileus ton Ioudaion. **22.** E' probabile che nel sottolineare questo particolare l'apostolo Giovanni, il quale ha visto nella parole di Caifa una predizione inconscia della redenzione di Cristo (Giovanni 11,50 sg.), voglia lasciare intendere un'involontaria conferma della regalità di Cristo da parte di Pilato. **24.** Alcuni codici aggiungono: <<Affinché si adempisse il detto del profeta: Si sono divisi i miei vestiti e la mia tunica l'hanno tirata a sorte. Citazione Salmo 21 (22),19.

Gesù insultato, fu annoverato tra i malfattori. Matteo 27,39-43 (Marco 15,29-32; Luca 23,35.37)

27- 39 E quelli che passavano di là lo insultavano scuotendo il capo o e dicendo: **40**<<Tu che distruggi il Tempio e lo ricostruisci in tre giorni, salva te stesso; se sei figlio di Dio, scendi dalla croce>>. **41**Egualmente anche i Sommi Sacerdoti con gli scribi e gli Anziani lo schernivano dicendo: **42**<<Ha salvato altri, non può salvare se stesso. Se è il re d'Israele, discenda ora dalla croce e gli crederemo. **43**Ha confidato in Dio; lo libero adesso lui, se gli vuole bene. Ha detto infatti: Sono figlio di Dio>>.

27,39 sg. Cristo è l'immagine del Dio invisibile: in lui vediamo descritto il vero volto di Dio. Sulla croce l'amore di Dio si manifesta fino in fondo e sovverte ogni falsa immagine che potremmo avere di Dio. Non più sacrifici da offrire a lui, ma un sacrificio da ricevere, quello del suo Figlio dato dal Padre per noi e per la nostra salvezza. Dio va oltre ogni limite umano.

Le ultime sette parole di Gesù sulla croce

Gesù chiede perdono al Padre per i suoi crocifissori. Luca 23,34

1) <u>Padre, perdonali perché non sanno quello che fanno.</u>

23-34. Gesù invoca il Padre suo perché possa offrire il perdono ai suoi carnefici. Si tratta di un gesto d'amore: Gesù manifesta la sua amorevole misericordia, coerente con tutto quello che aveva insegnato: Amate i vostri nemici e pregate per quelli che vi perseguitano (Matteo 5,44). Le parole di Gesù sono parole sconvolgenti: con esse rivela che anche dalla croce splende il vero Volto di Dio Padre, disposto a concedere in ogni situazione la sua misericordia. Gesù recita una preghiera che nasce dal suo cuore, mite ed umile. Con questa preghiera Cristo testimonia che è possibile spezzare la catena della violenza, per mezzo del perdono, capace di suscitare la Vita. Il perdono è ritrovare la vita di Gesù che sgorga in noi. Ricevere e dare il perdono rientra in quella sfera della nostra esistenza. Le parole del perdono di Gesù sono omesse da alcuni codici, tra cui quello Vaticano. Si è pensato che l'omissione sia stata opera di qualche copista cristiano per avversione verso i Giudei.

Il buon ladrone.

2) <u>Oggi sarai con me in paradiso.</u> Luca 23,39-43   (Marco 15,27)

23-39 Uno dei malfattori dei appesi, lo bestemmiava dicendo: <<Non sei tu il Messia? Salva te stesso e noi!>>. **40**Ma l'altro intervenne sgridandolo, e disse: <<Non hai alcun timore di Dio, mentre ti trovi nella medesima condanna? **41**E noi, giustamente, perché riceviamo la pena delle nostre azioni, ma lui non ha fatto nulla di male>>. **42**E diceva: <<Gesù, ricordati di me quando verrai con il tuo regno>>. **43**E gli disse: <<In verità ti dico, oggi sarai con me nel paradiso>>.

23,42. Il buon ladrone domanda a Gesù di far parte del suo regno, quando verrà a instaurarlo, superata l'angoscia in cui si trova. Gesù gli promette di più: oggi stesso sarà con lui nel Paradiso. Con questa parola di origine persiana (pairi-daèza) che significa <<giardino>>, viene indicato il soggiorno dei giusti nell'altra vita. Cioè il soggiorno di tutti i morti: Abramo, Davide, Mosè. Con la risurrezione di Gesù, li portò tutti conse in Paradiso. **43.** Parole solenne e certe: con esse fa capire che la sua croce, scelta per amore e per essere fedele al Padre, è salvezza per ogni uomo che si affida a Lui. Parole che testimoniano il chiaro desiderio di Dio Padre espresso da (Ezechiele 33,11 <<Come è vero che io viva – dice Dio – io non godo della morte del peccatore, ma che il peccatore si ravveda della sua condotta e viva.

Maria Madre universale di tutta l'umanità

3) <u>Donna, ecco tuo figlio.</u>   Giovanni 19,25-27

19 -25 Stavano presso la croce di Gesù sua madre e la sorella di sua madre, Maria di Cleofa, e Maria di Magdala. **26**E Gesù, vedendo la madre e, di fianco a lei, il discepolo che amava, dice alla madre: <<Donna, ecco tuo figlio!>>. **27**Poi dice al discepolo: <<Ecco, tua madre!>>. E da quel momento il discepolo la prese nella sua casa.

12,25. L'apostolo Giovanni è l'unico che menziona la presenza della madre di Gesù, sul Calvario. L'identificazione della sorella di sua madre è incerta; si pensa di trattarsi di Maria madre di Giacomo e di Giosè (Marco 15,40). **26.** Una tradizione cristiana vede in queste parole piene tenerezza e di affetto, un significato che la maternità di Maria trova continuità nella Chiesa, a generare nuovi figli di Dio , attraverso l'ascolto della sua Parola e la sequela di Cristo fino alla croce. Sotto la croce nasce la nuova comunità di credenti: questa comunità vede in Maria la Madre che li genera alla fede nel Figlio. Per il discepolo amato e per ogni credente, accogliere Maria come Madre significa accogliere la Chiesa come Madre e viceversa.

L'umanità di Gesù.

4) <u>Dio mio, perché mi hai abbandonato?</u> Matteo 27,45-49 (Marco 15,33-35; Luca 23,34)

27-45 Dalla sesta ora fino all'ora nona scese una tenebra su tutta la terra. **46**Verso l'ora nona Gesù gridò: <<Elì, Elì lamà sabacthanì?>>. Che significa: <<Dio mio, Dio mio, perché mi hai abbandonato?>>. **47**Udendo questo, alcuni degli astanti dicevano: <<Costui chiama Elia>>. **48**E subito uno di loro, correndo, prese una spugna e imbevuta di aceto, la fisso su una canna e gli dava da bere. **49**Ma gli altri dissero: <<Lascia vediamo se viene Elia a salvarlo>>.

27,46. Cfr. Salmo 21 (22),2. Salmo contenente una preghiera di fiducia nell'abbandono umano. E' il grido non di un disperato, ma del figlio di Dio, Gesù, che sente di vivere ancora una profonda relazione con suo Padre, sebbene percepito assente e lontano. E' la domanda dell'uomo Gesù, e di ogni persona umana, sul perché della sofferenza degli innocenti, della verità dei buoni che viene calpestata, dell'amore che sembra essere inutile. E' la preghiera gridata da Gesù l'uomo giusto abbandonato nelle grinfie dei violenti, che non chiede al Padre giustizia, né vendetta, ma la sua compagnia, per poter restare sulla croce fino in fondo. Gesù Cristo è stato abbandonato da tutti, tradito anche dagli apostoli fidati. Egli si rivolge all'unico che non l'ha mai abbandonato.

Adempimento della scrittura.

5) <u>Ho sete.</u> Giovanni 19,28-29   (Marco 15,36)

19-28 Dopo questo, Gesù sapendo che ogni cosa era stata ormai compiuta per adempire la Scrittura, Disse: <<Ho sete>>. **29**C'era là un vaso pieno d'aceto; presero perciò una spugna imbevuta di aceto in cima a un giavellotto e gliela accostarono alla bocca.

19,28. Nella richiesta Gesù esprime il bisogno fisico di bere. Ma principalmente rivela il desiderio di Cristo-Uomo di abbeverarsi al pozzo della vera acqua limpida, fonte di Vita, che è la presenza di Dio, il suo volto di vivente. Qui Gesù esprime una profonda esperienza del limite umano : non siamo capaci di darci da soli l'acqua che ci disseta, che dà senso al nostro profondo desiderio di vivere una vita degna di essere chiamata tale. Qui si tratta di una sete analoga a quella manifestata dalla samaritana, ed a lei si era rivelato come il solo capace di donare un'acqua che diventi sorgente che zampilla per la vita eterna (Giovanni 4,7-14); e come la al pozzo di Giacobbe, Gesù esprime una sete fisica che simboleggia un anelito spirituale, che fu l'animatore di tutta la sua vita: <<Mio cibo è fare la volontà di Colui che mi ha mandato>>, (Giovanni 4,7-14)

Gesù porta a compimento la missione del Padre

6) <u>Tutto è compiuto. Giovanni 19,30</u>

19-30 E dopo aver preso l'aceto, Gesù disse: <<E' compiuto!>>.

19,30. Sono compiute le Scritture, che facevano dire a Cristo per bocca del profeta: <<Padre non hai gradito né sacrifici né olocausti; mi hai preparato un corpo: ecco io vengo per fare la tua volontà. E' compiuta la volontà del Padre che ha tanto amato il mondo ecc on esso l'uomo, da dare il suo figlio unigenito, perché chiunque crede vin lui non muoia, ma abbia la vita eterna (Giovanni 3,16). E' compiuta la missione del Figlio, che aveva detto di sé: "Sono disceso dal cielo non per fare la mia volontà". Ma la volontà di Colui che mi ha mandato (Giovanni 6,38). Una

volontà di Vita in pienezza: " Io sono venuto perché abbiano la vita, e l'abbiano in abbondanza" (Giovanni 10,10). E' compiuta la salvezza del mondo, perché Gesù è nato, è vissuto , muore, e soprattutto risusciterà "non condannare il mondo, ma per salvare il mondo" (Giovanni 12,1).

Agonia e morte di Gesù

7) <u>Padre, nelle tue mani affido il mio spirito</u>. Luca 23,46

(Matteo 27,50; Marco 15,37; Giovanni 19,30)

23-46. È la preghiera della consegna definitiva e fiduciosa di sé al Padre: ci fa capire che la vita di Gesù non termina sconfitta in un tragico punto di domanda, ma nella serenità di chi porta a compimento la sua vita consegnandola a chi gliel'aveva data. È preghiera aperta ad un'ulteriore parola del Padre: a questa consegna, il Padre risponderà ridonando la vita al Figlio, nella risurrezione. È preghiera che ci svela il senso profondo non solo della nostra morte, ma anche della nostra vita: essa è (o dovrebbe essere) un continuo, sereno e fiducioso consegnarci e abbandonarci a Dio, nostro Padre. Anche l'ultima parola di Cristo sulla croce diventa "vangelo", buona notizia per la nostra esistenza di cristiani. Qui si nota il termine del disegno della Redenzione, ma sopra tutto l'azione di Gesù nel mondo; è un grido sereno di vittoria che chiude la fase terrena della vita del suo Salvatore. Qui si nota in Gesù uno spirito di dolcezza e di commossa serenità: La folla è più curiosa che ostile, e alla fine si pente. Gesù continua fino alla fine il suo ministero di bontà e di perdono, e muore rimettendo lo spirito nelle mani del Padre. La morte di Gesù è presentata come un segno di trionfo.

Dopo la morte di Gesù. Matteo 27,51-56 (Marco 15,38-41; Luca 23,47-49)

27-51 Ed ecco che la cortina del Tempio si squarciò in due da cima a fondo, e la terra si scosse, e le rocce si spezzarono, **52**e i sepolcri si aprirono, molti corpi di santi morti risuscitarono, **53**ed uscendo dai sepolcri, dopo la sua risurrezione, entrarono nella Città santa e apparvero a molti. **54**Il centurione, e quelli che con lui facevano la guardia a Gesù, vedendo il terremoto e quello che succedeva furono presi da grande timore e dicevano: <<Davvero costui era figlio di Dio!>>. **55**C'erano pure là molte donne che guardavano da lontano; erano quelle che avevano seguito Gesù dalla Galilea per servirlo; **56**tra esse c'erano Maria di Magdala, Maria madre di Giacomo e di Giuseppe, e la madre dei figli di Zebedeo.

27,51. Una velo divideva nel Tempio di Gerusalemme l'atrio del santuario (<<Il Santo>>); un altro divideva questo dal <<Santo dei Santi>>, dove entrava soltanto Sommo Sacerdote, una volta all'anno, per il grande sacrificio di espiazione (Levitico 16). Non è detto quale dei due si sia squarciato; certo è che nell'evento simbolico si ravvisò la soppressione dell'antico culto mosaico (cfr. Ebrei 9,12; 10,19) e il nuovo accesso a Dio inaugurato da Cristo. Altro evento prodigioso è il terremoto, anche se avviene non di rado in Palestina, che spaccò la roccia. Sulle rupe del Golgotha si vede ancora oggi una profonda fenditura, di origine violenta, per una lunghezza di circa due metri, che una tradizione fa dipendere da quel terremoto. Fenomeni straordinari, come tenebre e terremoti vengono dati nella tradizione letteraria dell'A.T. come segni caratteristici del <<giorno di Iahvé >> cfr. Amos 8,9; Isaia 6,4.   **52.** Di questo episodio misterioso non è stata data nessuna spiegazione soddisfacente. Teologicamente e nella luce di 1 Corinzi 15,22 può significare che risurrezione di Gesù è figura, inizia e causa della risurrezione degli uomini.   **54.** Si vuole sottolineare in questo vertice del Vangelo, il primo riconoscimento romano della natura divina di Cristo. La leggenda degli Atti Pilati dà a questo centurione, che ha diretto l'esecuzione, il nome di Longino. Il grido denota la drammaticità della morte da cui nasce la fede del centurione. **56.** Giacomo detto il minore, per distinguerlo da Giacomo, figlio di Salomè e di Zebedeo e fratello di Giovani.

A Gesù, viene risparmiato il crurifragio. Giovanni 19,31-37

19-31 Era il giorno della Preparazione, ed i Giudei, perché quei corpi non dovessero rimanere sulla croce al sabato (era infatti un giorno solenne quel sabato), chiesero a Pilato che venissero spezzato loro le gambe, e si portassero via. **32**Vennero dunque i soldati, e spezzarono le gambe al primo, e poi all'altro che era crocifisso con lui. **33**Ma venuti a Gesù, vedendolo già morto, non gli spezzarono le gambe, **34**ma uno dei soldati gli aprì il fianco con una lancia e subito ne uscì sangue e acqua. **35**E chi ha veduto ne ha reso testimonianza e la sua testimonianza è vera, ed egli sa che dice il vero, perché anche voi crediate. **36**Questo infatti è avvenuto perché si adempisse la Scrittura: Non gli sarà spezzato alcun osso. **37**E un'altra Scrittura dice pure: Guarderanno a colui che hanno trafitto.

19,31. Con il termine greco parasceve che significa <<preparazione>> e con questo nome veniva chiamato dai Giudei il venerdì, giorno in cui si facevano io preparativi per il sabato. L'indomani era giorno di sabato, e quel sabato era un giorno grande, perché coincideva con la festa di Pasqua, primi giorno degli azzimi; non era perciò conveniente lasciare i suppliziati allo sguardo dei pellegrini. Viene quindi effettuato il crurifragio per accelerare la morte. **34.** Essendo già avvenuta la morte di Gesù, gli viene risparmiato il crurifragio; un soldato tuttavia, per maggior sicurezza, gli trafigge il costato, gesto che ha per risultato un'effusione dal fianco. La tradizione cristiana ha inserito su questo fatto un significato simbolico, sebbene con qualche esitazione nei particolari: il sangue viene per lo più riferito all'Eucarestia (<<il mio sangue è veramente bevanda >> Giovanni 6,55), l'acqua allo Spirito Santo e al battesimo, sacramento dello Spirito (Giovanni 7,37sgg; 3,5). Dall'Eucarestia o battesimo alla Chiesa, il passo era breve, onde fin dal V secolo divenne familiare l'idea della Chiesa nata dal costato di Cristo, come Eva da quello di Adamo. **36 Cfr.** Esodo 12,46; Numeri 9,12: è il celebre testo dell'agnello pasquale, <<realizzato>> da Cristo. E' possibile anche il riferimento al giusto perseguitato del Salmo 34,21. **37.** Cfr. Zaccaria 12,10. Nella persona del soldato romano si ravvisa simbolicamente l'adesione dei pagani alla fede.

Sepoltura di Gesù. Giovanni 19,38-42 (Matteo 27,57-61; Marco 15,42-47; Luca 23,50-56)

19-38 Dopo ciò, Giuseppe d'Arimatea, che era discepolo di Gesù,ma di nascosto per timore dei Giudei, chiese a Pilato di potersi prendere il corpo di Gesù. E Pilato lo concesse. Allora egli andò e prese il corpo di Gesù. **39**Vi andò anche Nicodemo, che in principio era venuto a lui di notte, portando una mistura di mirra e di aloe di circa cento libbre. **40**Presero dunque il corpo di Gesù, e lo avvolsero in bende con gli aromi, com'era usanza di seppellire presso i Giudei. **41**C'era un giardino nel luogo dove era stato crocifisso, e nel giardino un sepolcro nuovo, nel quale nessuno ancora era stato disposto. **42**Là dunque, poiché quel sepolcro era vicino, deposero Gesù, a motivo della Preparazione dei Giudei.

19,38. Andò; variazione di <<andarono e presero il corpo di Gesù>>. Era usanza romana concedere i corpi dei giustiziati alle rispettive famiglie o amici. La richiesta viene subita accolta. **42.** Gesù fu sepolto, una volta che la pietra era stata posta per chiudere l'apertura del sepolcro, cera molle fu versata sopra la fessura della pietra e del muro di apertura. Era il sigillo ufficiale del governo romano, la cera è stata poi pressata. La pena per la rottura del sigillo era la morte.

Le guardie al sepolcro. Matteo 27,62-66

27-62E il giorno dopo, quello successivo alla Parasceve, si radunarono da Pilato i Sommi Sacerdoti e i Farisei, dicendo: **63**<<Signore, ci siamo ricordati che quell'impostore disse mentre era vivo: Dopo tre giorni risorgerò. **64**Ordina dunque che venga assicurato il sepolcro fino al terzo giorno perché non vengano i suoi discepoli, lo rubino e dicano al popolo: E' risuscitato dai morti, e l'ultima impostura sarà peggiore della prima>>. **65**E Pilato disse loro: <<Avete una guardia, andate e

assicuratevi come credete>>. **66**E quelli andarono e assicurarono il sepolcro, sigillando la porta e mettendo la guardia.

27,63sg. I giudei affermano davanti a Pilato che sarebbe quest'ultima un'impostura peggiore della prima, in effetti avevano già accusato Gesù di ingannare la gente con la sua predicazione e guarigione, che essi dicevano per invidia come operate dalla forza di Satana. Ora temeno un inganno più grave. Queste parole inconsapevolmente profetiche: in effetto Gesù entrato nella tomba, inganna l'antico avversario, il diavolo, e strappa così al principe delle tenebre tutti quelli che teneva prigionieri negli inferi. Pilato seccato gli rispose che loro avevano una guardia ebraica, che provvedessero loro a custodire la tomba. Così i giudei fecero montare la guardia per i prossimi tre giorni, e ogni quattro ore cambiavano quattro soldati.

Il sepolcro vuoto. Marco 16,1-8 (Matteo 28,1-8; Luca 24,1-11)

16-1 Passato il sabato, Maria di Magdala e Maria di Giacomo e di Salomè, comprarono degli aromi per imbalsamare Gesù. **2**E di buon mattino, il primo giorno dopo il sabato, vengono al sepolcro al levar del sole. **3**E dicevano tra loro: <<Chi ci farà rotolare il masso dall'ingresso del sepolcro?>>. **4**Ma guardando vedono che il masso era rotolato via; ed era pur molto grande. **5**Ed entrate nel sepolcro vedono un giovane, seduto a destra, vestito d'una veste bianca, ed ebbero paura. **6**Ma egli disse loro: <<Non abbiate paura. Voi cercate Gesù Nazareno, il crocifisso. E' risorto, non è qui. Ecco il luogo dove l'avevano deposto. **7**Ma andate, e dite ai discepoli e a Pietro che egli vi attende in Galilea. La lo vedrete, come vi ha detto>>. **8**Ed esse, uscite, fuggirono via dal sepolcro perché erano piene di timore e di spavento. E non dissero niente a nessuno, perché avevano paura.

16,1. Il primo giorno della settimana ebraica, successiva al sabato, giorno di riposo, sarà chiamato già dagli apostoli <<Giorno del Signore>>, <<Domenica>> (Cfr. Apocalisse 1,10) in memoria della risurrezione. Per quanto riguarda l'imbalsamatura alla maniera ebraica, la quale consiste in una cosparsione di profumi, diversa da quella egiziana. <<essa non è stata possibile alla sera del venerdì, per mancanza di tempo, data la festività del sabato che inizia al tramonto di venerdì.

Le manifestazioni del Risorto. Giovanni 20,2-9(Luca 24,12)

20-2 Allora corrono, e vanno da Simon Pietro e da quell'altro discepolo che Gesù amava, e dice loro: <<Hanno portato via il Signore dal sepolcro e non sappiamo dove

l'anno deposto!>>. **3**Usci allora Simon Pietro insieme a quell'altro discepolo, e andarono al sepolcro. **4**Correvano insieme tutti e due, ma l'altro discepolo correva più veloce di Pietro, e giunse prima al sepolcro, **5**e, chinatosi, vide le bende per terra, ma non entrò. **6**Giunse intanto anche Simone Pietro che lo seguiva, ed entrò nel sepolcro, e vide le bende per terra, **7**e il sudario, che gli era stato posto sul capo, non per terra con le bende, ma piegato in un luogo in disparte. **8**Allora entrò anche l'altro discepolo che era giunto prima al sepolcro, e vide, e credette. **9**Non avevano infatti compreso la Scrittura, secondo la quale doveva risuscitare dai morti.

20,2. Qualche codice e qualche versione antica conclude: Esse annunziarono in breve a Pietro e a quelli che si trovavano con lui, tutte le cose che (Gesù) aveva loro annunciato. **8.** La Risurrezione apporta ai discepoli lo Spirito Santo, la pace e la gioia promessa nel discorso dopo la Cena con gli apostoli; essa fonda definitivamente la fede cristiana (<<Signore mio e mio Dio!>>) ed apre l'epoca della Chiesa nella quale gli Apostoli ricevono i poteri da Cristo, in particolare quello di perdonare i peccati, e Pietro il potere di pastore, mentre il racconto della pesca miracolosa lascia intravedere le conquiste apostoliche. Di qui l'insistenza su tutto ciò che illustra la storicità dell'evento : la scoperta del sepolcro vuoto, la realtà del corpo del Risorto. La speranza si compie: è il trionfo di Cristo Signore, trionfante e vittorioso sulle potenze dello spirito del male e della morte, egli è il Risorto: Alleluia, alleluia! **9. Cfr.** Salmo 16,8 sgg. L'evidenzia dell'accaduto ha illuminato e fatto comprendere agli Apostoli le profezie.

L'apparizione a Maria di Magdala. Giovanni 20,10-18 (Matteo 28,9-10; Marco 16,9-11)

20-10 I discepoli rientrarono a casa; **11**Maria invece si fermò vicino al sepolcro, fuori in pianto. E mentre piangeva, si chinò verso il sepolcro; **12**e vide due angeli in bianche vesti, seduti l'uno verso il capo e l'altro verso i piedi, dove era stato posto il corpo di Gesù. **13**Ed essi le dicono: <<Donna, perché piangi?>>. Risponde loro: <<Perché hanno portato via il mio Signore, e non so dove l'hanno deposto>>. **14**Detto questo si volta indietro, e vede Gesù in piedi; ma non sapeva che era Gesù. **15**Le disse Gesù: <<Donna, perché piangi? Chi cerchi?>>. Ella, pensando che fosse il custode del giardino gli dice: <<Signore, se l'hai portato via tu, dimmi dove l'hai deposto ed io andrò a prenderlo>>. **16**Gesù le dice: << Mariam>>. Ella lo riconosce, e gli dice in ebraico: <<Rabbunì>>. che significa: <<Maestro!>>. **17**Gesù le dice: <<Non mi trattenere, perché non sono salito ancora al Padre; ma và dai miei fratelli e di

loro: Io salgo al Padre mio e Padre vostro, Dio mio e Dio vostro>>. **18**Maria di Magdala andò a riferire ai discepoli: <<Ho visto il Signore>>, e questo che le aveva

detto.

20,16 sgg. Variazione di <<Maria>>. Sembra preferibile la forma semitica Mariam <<alla quale fa riscontro l'appellativo di Rabbunì, più solenne più semplice di <<Rabbi>> = <<mio Maestro>>, e nell'istante in cui lo riconosce che è variazione di <<si volta>>.

Corruzione dei custodi del sepolcro. Matteo 28,11-15

28-11 E mentre esse erano per via, ecco che alcuni della guardia giunsero in città ed annunziarono ai Sommi Sacerdoti tutto l'accaduto. **12**E questi si radunarono con gli anziani, e, tenuto consiglio, diedero una buona somma di denaro ai soldati dicendo: **13**<<Dite che i suoi discepoli sono venuti di notte e l'hanno rubato, mentre noi dormivamo. **14**E anche se la cosa verrà a conoscenza del governatore, noi lo persuaderemo e vi terremo fuori dei guai. **15**E quelli, preso il denaro, fecero come erano stati ammaestrati. Così questa diceria si è diffusa fra i Giudei fino ad oggi.

28,11-15. La stessa opposizione che Gesù ha avuto in vita, si ha ora dopo la risurrezione. I capi e i Sacerdoti si riuniscono e danno del denaro alle guardie. Loro devono spargere la notizia che i discepoli hanno rubato il corpo di Gesù per evitare quanto si dice della risurrezione. I capi non accettano la risurrezione, preferiscono che si tratti di un'invenzione da parte dei discepoli e discepole di Gesù. Il significato della testimonianza delle donne. Nel momento della sepoltura rimangono sedute davanti al sepolcro e quindi possono rendere testimonianza del luogo dove Gesù fu sepolto. Ora, e mattina di Domenica loro sono li di nuovo. Sanno che quel sepolcro vuoto è veramente il sepolcro di Gesù. La profonda esperienza di morte e risurrezione che hanno fatto ha trasformate le loro vite. Quindi testimone qualificate della risurrezione di Gesù. Per questo ricevono l'ordine di annunciare che Gesù è vivo.

I discepoli di Emmaus. Luca 24,13-35 (Marco 16,12-13)

24-13 Ed ecco due di loro, in quello stesso giorno, andavano in un villaggio distante sessanta stadi da Gerusalemme, di nome Emmaus, **14**e discorrevano e discorrevano di tutte queste cose che erano accadute. **15**Ed avvenne che, mentre discorrevano e discutevano insieme, Gesù stesso si accostò e prese a camminare con loro. **16**Ma i loro occhi erano impediti, così da riconoscerlo. **17**EEd egli disse loro: <<Che discorsi

sono questi che state facendo a vicenda durante il cammino?>>. Si fermarono, tristi, **18**e rispondendo uno, di nome Cleopa, gli disse: <<Tu solo sei forestiero in Gerusalemme e non conosci ciò che vi è accaduto in questi giorni?>>. **19**E disse loro: <<Che cosa?>>. Gli risposero: <<Di Gesù Nazareno, che fu profeta potente in opere e in parole davanti a Dio e a tutto il popolo; **20**e come i Sommi Sacerdoti e i nostri capi li hanno consegnato per essere condannato a morte, e poi l'anno crocifisso. **21**Ora noi speravamo che egli fosse Colui che deve redimere Israele; ma oltre a tutto, è ormai il terzo giorno dacché sono accadute queste cose. **22**Vero è che alcune donne, dei nostri, ci hanno sconvolti; sono state al mattino al sepolcro **23**e non avendo trovato il suo corpo sono venute a dirci di aver avuto anche una visione di angeli, i quali dicono che egli è vivo. **24**E alcuni dei nostri sono andati al sepolcro, ed hanno trovato come avevano dette le donne, ma lui non l'anno veduto>>. **25**Ed egli disse loro: <<O senza intelligenza e tardi di cuore a credere a tutto quello che hanno detto i profeti! **26**Nondoveva forse il Messia patire tali cose, ed entrare nella sua gloria?>>. **27**E cominciando da Mosè e da tutti i profeti spiegò loro in tutte le Scritture le cose che si riferivano a lui. **28**E giunsero presso il villaggio dove si recavano, ed egli fece cenno di voler proseguire oltre. **29**Ma essi lo costrinsero dicendo: <<Resta con noi perché si fa sera, e il giorno è ormai in declino>>. Ed entrò per rimanere con loro. **30**Ed avvenne che, assiso con essi, prese il pane, benedisse, e spezzatolo lo porgeva a loro. **31**E si aprirono i loro occhi e lo riconobbero. Ma egli sparì davanti a loro. **32**E presero a dirsi l'un l'altro: <<Non ardeva forse il cuore in noi mentre discorreva con noi lungo la strada, quando ci spiegava le Scritture?>>. **33**E levatosi sull'istante, fecero ritorno a Gerusalemme e trovarono riuniti gli Undici e gli altri che erano con loro, **34**i quali dicevano: <<Il Signore è davvero risorto, ed è apparso a Simone>>. **35**Ed essi riferirono ciò che era accaduto per via, e come fosse stato da loro riconosciuto allo spezzare del pane.

24,13. Sessanta stadi = 12 Km. Una variante antica ha <<160 stadi>> = 30 Km. Sembra preferirsi la lezione 60 stadi, e il villaggio può corrispondere al moderno El- Kubébe; la variante di <<160 stadi>> potrebbe trattarsi Dell'attuale Amwas.   **16.** Il corpo di Gesù è in una nuova, gloriosa (Giovanni 20,19-26) pur conservando la propria identità (Luca 24,39-40). **30.** Alcuni padri hanno ravvisato qui il rito dell'Eucarestia.   **35.** Spezzare il pane diventerà espressione caratteristica per indicare l'Eucarestia.

Le apparizioni agli apostoli. Giovanni 20,19-31 (Matteo 28,16-17; Marco 16,14; Luca 24,36-43)

20-19 La sera di quello stesso giorno, il primo della settimana, mentre erano chiuse le porte del luogo dove si trovavano i discepoli, per timore dei Giudei, venne Gesù e stette in mezzo e disse loro: <<Pace a voi!>>. **20**E detto questo, mostrò loro le mani e il costato. E i discepoli gioirono al vedere il Signore. **21**E Gesù disse loro di nuovo: <<Pace a voi! Come il Padre ha mandato me, così io mando voi>>. **22**E detto questo, alitò su di loro e disse: <<Ricevete lo Spirito Santo; **23**ha chi rimetterete i peccati saranno rimessi, a chi li riterrete saranno ritenuti>>. **24**Tommaso, uno dei Dodici, detto Didimo, non era con loro quando venne Gesù. **25**Gli dissero gli altri discepoli: <<Abbiamo veduto il Signore!>>. Ma egli disse loro: <<Se non vedo nelle sue mani il foro dei chiodi, e non metto il mio dito al posto dei chiodi, e non metto la mia mano sul suo costato, non credo>>. **26**E otto giorni dopo i discepoli erano di nuovo in casa, e c'era con loro anche Tommaso. Venne Gesù, a porte chiuse, e stette nel mezzo, e disse: <<Pace a voi!>>. **27**oi dice a Tommaso: <<Dà qui il tuo dito, e vedi le mie mani; e dà qui la tua mano, e mettila sul mio costato; e non essere incredulo ma credente!>>. **28**Rispose Tommaso e gli disse: <<Signore mio e Dio mio!>>. **29**Gesù gli dice: <<Perché mi hai veduto, tu hai creduto: Beati quelli che pur non vedendo, crederanno!>>. **30**Molti altri segni fece Gesù in presenza dei suoi discepoli, che non sono stati scritti in questo libro. **31**Ma questi sono stati scritti, affinché crediate che Gesù è il Messia, il Figlio di Dio e, credendo, abbiate la vita nel suo nome.

20,19. Otto giorni dopo Gesù riafferma la nuova realtà di Risorto. Egli non nega di manifestarsi, ma lo fa quando la comunione fra gli apostoli si fa preghiera nel giorno a lui consacrato, quando il cuore e gli occhi sono liberi e pronti ad accoglierlo. Gesù non soddisfa la curiosità di Tommaso con un prodigio personale, ma lo aspetta insieme agli altri, quando tutti sono riuniti, per evidenziare che è la comunità dei credenti il luogo nel quale si incontra e si sperimenta Cristo Risorto. **22.** Il soffio di Gesù simboleggia lo Spirito che egli invia, quale inizio della nuova creazione: cfr Giovanni 1,2 e 2,7; Ezechiele 37,9. **23.** Questo versetto è spiegato dalla tradizione cattolica come uno dei fondamenti biblici del sacramento della penitenza o confessione. **29.** Gesù dice beati coloro che crederanno alla testimonianza degli apostoli. **30 -31.** Questi due versetti appaiono chiaramente come un congedo, in cui viene sottolineato una selezione dei fatti di Gesù, al fine di confermare ai suoi discepoli la fede nel Messia e nel Figlio di Dio, e metterli così in possesso della vita eterna.

Apparizione sul lago di Tiberiade. Giovanni 21,1-14

21-1 Dopo questi fatti, Gesù si manifestò di nuovo ai discepoli sul lago di Tiberiade; e si manifestò così: **2**Si trovavano insieme Simon Pietro, Tommaso detto Didimo, Natanaele di Cana di Giudea, i figli di Zebedeo e altri due dei suoi discepoli. **3**Dice loro Simon Pietro: <<Io vado a pescare>>. Gli rispondono: <<Veniamo anche noi con te>>. Uscirono, e salirono sulla barca; ma in quella notte non presero nulla. **4**Era ormai l'alba quando Gesù si presentò sulla riva, i discepoli tuttavia non si erano accorti che era Gesù. **5**E Gesù disse loro: <<Figlioli, non avete qualcosa da mangiare?>>. Gli risposero: <<No>>. **6**Ed egli disse loro: <<Gettate le rete a destra della barca, e ne troverete>>. La gettarono, e non potevano più tirarla per la grande quantità di pesci. **7**Allora quel discepolo che Gesù amava disse a Pietro: <<E' il Signore!>>. Simon Pietro, all'udire <<è il Signore>> si cinse le vesti, poiché era nudo, e si buttò in mare. **8**Gli altri discepoli vennero con la barca, perché non erano lontani da terra se non duecento cubiti circa, tirando la rete con i pesci. **9**Appena messo piede a terra, videro della brace con del pesce sopra, e del pane. **10**Disse loro Gesù: <<Portate dei pesci che avete portato adesso>>. **11**Allora Simon Pietro salì sulla barca, e trasse a terra la rete piena di centocinquantatrè grossi pesci. E benché fossero tanti, la rete si strappò. **12**Gesù disse loro: <<Venite a far colazione>>. E nessuno dei discepoli osava domandargli: <<Chi sei?>>, sapendo che era il Signore. **13**Gesù venne, prese il pane e lo diede loro, e così il pesce. **14**Questa era la terza volta che Gesù si manifestava ai suoi discepoli, dopo essere risuscitato dai morti.

21,1-6. Questo capitolo è stato aggiunto successivamente dallo stesso apostolo Giovanni, o da un suo fedele discepolo. In questi versetti si notano due momenti, a prima vista in contrasto fra di loro. Prima Gesù chiede ai discepoli intenti a pescare nel mare di Tiberiade: <<Figliuoli non avete nulla da mangiare?>>. Poi invece è egli stesso a esortarli: <<Venite a mangiare!>>. L'apparente contrasto svanisce alla luce nuova della Pasqua. E' lui, il Risorto che, nella pienezza di ogni potere e gloria, procura il cibo. Del resto gli apostoli nella pesca notturna non avevano preso nulla. Gesù comunque li aveva avvertiti: <<Senza di me non potete fare nulla>>. **8.** Duecento cubiti corrisponde a circa 100 Metri, essendo il cubito circa 50 cm. **11 sgg.** E' l'abbondanza tipica dei doni di Gesù: come la trasformazione dell'acqua in vino a Cana Giovanni 3,6, la moltiplicazione dei pani e dei pesci Giovanni 6,11 sg; l'acqua viva Giovanni 4,14; 7,37 sg; la vita data dal buon pastore Giovanni 10,10 ecc.

Il primato di Pietro. Giovanni 21,15-19

21-15 Quand'ebbero fatto colazione, Gesù dice a Simon Pietro: <<Simone di Giovanni, mi ami più di questi?>>. Gli risponde: <<Certo, Signore, tu lo sai che ti voglio bene>>. Gli dice: <<Pasci i miei agnelli>>. **16**Gli dice di nuovo: <<Simone di Giovanni, mi ami tu?>>. Gli risponde: <<Certo, Signore, tu lo sai che ti voglio bene>>. Gli dice: <<Pasci le mie pecore>>. **17**Gli dice per la terza volta: <<Simone di Giovanni, mi vuoi bene?>>. Pietro si rattristò che per la terza volta gli dicesse: Mi vuoi bene? E gli disse: <<Signore, tu sai tutto; tu sai che ti voglio bene>>. Gesù gli disse: <<Pasci le mie pecore>>. **18**In verità, in verità ti dico: quando eri più giovane ti cingevi da te stesso, e andavi dove volevi; ma quando sarai vecchio tenderai le tue mani, e un altro ti cingerà e ti porterà dove tu non vorresti. **19**E questo gli disse indicando la morte con la quale avrebbe glorificato Dio. E dette questo gli disse: <<Seguimi>>.

21,15 sgg. La Chiesa cattolica addita in questo passo il conferimento di Pietro del primato su tutta la chiesa. La triplice richiesta e dichiarazione di Gesù a Pietro, evoca il triplice rinnegamento precedente dopo la sua cattura. La variazione dei termini: agnelli, pecore (una variante degna di considerazione dice <<pecorelle>> nel terzo caso) allude alla totalità del gregge; l'immagine classica del pastore fa intendere che è <<amoris officium pascere dominicum gregem>> tradotto significa: <<sia per te un impegno e un dovere d'amore pascere il gregge del Signore (Sant'Agostino). Irrobustito del cibo del Risorto, Pietro, senza essere smentito, può dichiarare: <<Signore tu lo sai che ti voglio bene>>. E Gesù può affidargli la cura pastorale del suo gregge. **19.** Variazione <<altri ti cingeranno e ti porteranno>>. Questa è una probabile allusione al martirio dell'Apostolo, in termini che fanno pensare alla crocifissione con la testa in giù, perché Pietro non si riteneva degno di subire la stessa morte del Maestro.

Avvenire di Giovanni. Giovanni 21,20-23

21-20 Pietro voltatosi, vede venire dietro quel discepolo che Gesù amava, quello che nella cena si chinò sul suo petto, e disse: <<Signore, chi è che ti tradisce?>>. **21**Pietro dunque, vedutolo, disse a Gesù: <<Signore, e lui>>. **22**Gesù risponde: <<Se voglio che lui rimanga finché io venga, a te che importa? Tu seguimi>>. **23**Si diffuse tra i fratelli la voce che quel discepolo non sarebbe morto; Ma Gesù non gli disse: <<non muore>>, ma: <<se voglio che rimanga finché io venga, che t'importa?>>.

21,22sgg. Finché io venga: il riferimento al ritorno glorioso di Cristo vuole affermare l'assoluta libertà dell'agire divino. fine dei tempi. L'Apostolo Giovanni ormai molto vecchio sembra voler sfatare qui una diceria che si era diffusa nei suoi riguardi, infatti morì in tardissima età a Efeso.

Ultime istruzioni agli apostoli. Luca 24,44-49 (Marco 16,15-18)

24-44 E disse loro: <<Questi erano i discorsi che vi facevo quando ancora mi trovavo con voi: che dovevano compiersi tutte le cose scritte su di me nella Legge di Mosè, nei Profeti e nei suoi Salmi>>. **45**Allora aprì loro la mente per comprendere le Scritture; e disse loro: **46** <<Così sta scritto: il Messia dovrà patire e risuscitare dai morti il terzo giorno, **47**e dovrà venir predicato nel suo nome a tutte le genti la conversione il perdono dei peccati, cominciando da Gerusalemme. **48**Voi siete testimoni di queste cose. **49**Ed ecco che io manderò su di voi la promessa del Padre mio; voi restate nella città finché non siate rivestiti di potenza dall'alto>>.

22,44. Mosè, i profeti ei Salmi erano le tre grandi parti della Bibbia Ebraica.   **45.** Testimonianza importante: La comunità cristiana primitiva attribuiva a Gesù stesso il suo modo di leggere e interpretare la Scrittura diversa da quello degli Ebrei cfr. 24,25-27. **47.** Dopo ciò, Gesù da oriente fino all' occidente, per loro mezzo la santa e incorruttibile predicazione dell'eterna salvezza. Un codice greco contiene: <<Questo secolo dell'iniquità e dell'incredibilità è sotto il potere di Satana, ed egli non permette che ciò che è inquinato dagli spiriti (Maligni) percepisca la verità e la potenza di Dio. Perciò dicevano a Gesù : manifesta adesso la tua giustizia. E Gesù rispondeva loro: Il termine della potenza di Satana è finito, ma altre cose terribili si avvicinano anche per coloro per i quali, avendo essi peccato, sono stati consegnati alla morte, affinché si convertono alla verità, e non pecchino più, perché possano ereditare nel cielo la gloria spirituale e incorruttibile della giustizia. **48.** La promessa del Padre è lo Spirito Santo nel quale si assomma la pienezza dei doni messianici secondo la tradizione profetica (Isaia 11,1; Ezechiele 36,2627), ripresa da Gesù (Luca 11,13; Giovanni 14,17) ed illustrata dagli apostoli (Romani 5,5; 8,4; 1 Pietro 1,12; 1 Giovanni 4,13). **49.** La promessa è lo Spirito Santo.

Missione universale degli Apostoli. Matteo 28,18-20

28-18 E Gesù, avvicinatosi, parlò loro dicendo: <<E' stato dato a me ogni potere nel cielo e sulla terra. **19**Andate dunque, ammaestrate tutte le genti, battezzandole nel nome del Padre e del Figlio e dello Spirito Santo, **20**insegnando loro ad osservare tutte le cose che vi ho comandato. Ed ecco, io sono con voi tutti i giorni fino alla fine del , **18 sgg.** Si apre per l'umanità l'era della predicazione del Vangelo che si rivolge a tutti i

popoli, in nome di Cristo, continuandone l'opera e la missione, con la garanzia della sua presenza che non può venir meno. Su questo <<mandato>> si fonda l'attività missionaria della chiesa. La predicazione del Vangelo (ammaestrate, letteralmente << fate discepoli>>) sembra essere concepita sul modello del rapporto Maestro – discepolo. Rito simbolo caratteristico proprio che si instaura come sequela di Gesù diventa il Battesimo, analogo nei suoi elementi esteriori a quello amministrato da Giovanni Battista, ma dotato di un'efficacia nuova e rigenerata nell'ordine spirituale essendo conferito <<nel nome del Padre e del Figlio e dello Spirito Santo>>.

Ascensione di Gesù. Luca 24,50-53 (MARCO 16,19-20)

24-50 Poi li condusse fuori fin verso Batania, ed alzate le mani, li benedisse. **51**Ed avvenne che nel benedirli si staccò da loro e si sollevava verso il cielo. **52**Ed essi, adoratolo, ritornarono a Gerusalemme con grande gioia; **53**e stavano sempre nel Tempio, benedicendo Dio.

24,51. E si sollevò verso il cielo: Luca anticipa la scena della separazione di Gesù dai suoi apostoli, che prenderà il nome di <<Ascensione>>. La scena viene ripresa e descritta nei particolari di tempo e di luogo in Atti 1,3-11. La tradizione indica il luogo dell'Ascensione presso l'attuale chiesa di Eleona, sul monte degli ulivi. **53.** Luca che aveva cominciato il suo Vangelo con l'aurora della salvezza spuntata nel Tempio di Gerusalemme (Luca 1,5 sgg.), lo chiude con il ringraziamento degli Apostoli nel medesimo Tempio, che abbandoneranno presto per diventare i ministri del culto nuovo e spirituale. Presto infatti lo Spirito, che attendono nella gioia e nella preghiera, li chiamerà a dedicare la loro vita alla diffusione della salvezza su tutta la terra. L'azione dello Spirito Santo sarà caratteristica della nuova era che assisterà all'effusione (Battesimo) dello Spirito a Pentecoste. Da quel giorno lo Spirito diventa l'artefice invisibile di tutta l'attività missionaria e santificatrice della Chiesa.

Conclusione. Giovanni 21,24-25

21-24 Quindi sono i discepoli che attestano queste cose e che le hanno scritte, e sappiamo che la loro testimonianza è vera. **25**Ci sono ancora molte altre cose fatte da Gesù, che se fossero scritte una per una, il mondo stesso non basterebbe, pensiamo, a contenere i libri che se ne scriverebbero.

Breve accenno sulla comunità di Gerusalemme.

La Pentecoste Atti 2,1-13

2-1 E ricorrendo il giorno di Pentecoste si trovavano tutti insieme nel medesimo luogo. **2**E venne d'improvviso dal cielo un rombo, come di vento che si abbatte gagliardo, riempiendo tutta la casa dove si trovavano. **3**E apparvero loro lingue come di fuoco che si dividevano posandosi su ciascuno di loro; 4e furono tutti pieni di Spiriti Santo, e cominciarono a parlare in altre lingue, secondo che lo Spirito dava loro d'esprimersi. **5**Ora si trovavano a Gerusalemme uomini religiosi, Giudei, di ogni nazione che è sotto il cielo. **6**Al sopraggiungere di quel suono, la folla si radunò e fu sbigottita a sentirli parlare ciascuno nella propria lingua. **7**Erano fuori di sé, e, al colmo dello stupore, dicevano: <<Costoro che parlano non sono tutti Galilei? 8 E com'é che li sentiamo ciascuno parlare nella nostra lingua nativa? **9**Parti, Medi, Elamiti e abitanti della Mesopotamia, della Giudea e della Cappadocia, del Ponto e dell'Asia, **10**della Frigia e della Panfilia, dell'Egitto e delle parti della Libia vicino a Cirene, e Romani che siamo qui ospiti, **11**Ebrei e proseliti, Cretesi e Arabi, li udiamo annunziare nelle nostre lingue le meraviglie di Dio>>. **12**Tutti erano stupidi e stavano perplessi, chiedendosi a vicenda: <<Che è questo?>>. **13**Altri invece deridevano, dicendo: <<Si sono ubriacati di vino dolce.

2,1. La festa di Pentecoste (greco = cinquantesimo) ricorreva a cinquanta giorni dalla Pasqua, e si celebrava ringraziando Dio per la mietitura e offrendogli primizie (Esodo 23,16; Deuteronomio 16,9-12). Vi si celebrava anche il dono della Legge avvenuta sul Sinai. Insieme alla Pasqua e alla festa delle Capanne era una delle tre grandi solennità d'Israele . **4.** Altre lingue, diverse dal linguaggio abituale il fenomeno è stato spiegato in varie maniere: secondo alcuni si tratterebbe realmente di lingue diverse comprese dagli ascoltatori delle rispettive nazioni; Secondo altri una medesima lingua parlata dagli apostoli sarebbe stata compresa per un miracolo di audizione, da ascoltatori di differenti nazioni. Oggi si tende ad assimilare il fenomeno con quello della glossolalia cioè parlare altre lingue. Comunque lo si possa interpretare, il fenomeno è un simbolo dell'universalismo cristiano ed è tradizionale l'antitesa con la scena della confusione delle lingue della torre di Babele (Genesi 11,1-9). **9.** L'elenco di 15 regioni segue un ordini geografico generico e circolare. Gli Ebrei che vivevano dispersi (diaspora) in queste nazioni mantenevano stretti contatti con Gerusalemme, dove si recavano in occasioni delle solennità principali. Ebrei e proseliti sono le due categorie di Israeliti di sangue e di quelli naturalizzati mediante la circoncisione e l'osservanza della Legge (proseliti). Da questi si distinguevano (i timorati di Dio) e (gli adoratori di Dio) i quali pur accettando di credere in un solo Dio e l'etica fondamentale di Israele , escludevano la circoncisione e le osservanze rituali.

DAGLI ATTI DEGLI APOSTOLI. Il discorso di Pietro . La Pentecoste. Atti 2,14- 41

2-14 Allora Pietro, levandosi in piedi con gli undici, alzò la sua voce e disse loro: <<Uomini della Giudea, e voi tutti che vi trovate a Gerusalemme! Vi sia ben noto questo, e ponete attenzione alle mie parole: **15**Costoro non sono ebbri come voi sospettate, essendo l'ora terza del giorno; **16**ma è quello che fu detto dal profeta (Gioele) : **17**E avverrà negli ultimi giorni dice il Signore : effonderò del mio spirito sopra ogni carne e i nostri figli e le vostre figlie profeteranno, e i vostri giovani vedranno visioni, e i vostri anziani sogneranno di sogni. **18**E anche sui miei servi e sulle serve in quei giorni effonderò del mio spirito. **19**E farò prodigio in alto nel cielo, e segni in basso sulla terra, sangue, fuoco e vapore di fumo. **20**Il sole si muterà in tenebre, e la luna in sangue, prima che giunca il giorno del Signore, il giorno grande e manifesto. **21**E avverrà che chiunque invocherà il nome del Signore, sarà salvo. **22** Uomini d'Israele, ascoltate queste parole: Gesù il Nazoreo, uomo accreditato da Dio presso di voi mediante miracoli, prodigi e segni, che Dio stesso operò fra di voi per mezzo di lui, come ben sapete, **23**dopo che fu tradito con forme a un disegno prestabilito e alla prescienza di Dio, voi l'avete inchiodato per mano di empi, e l'avete ucciso; **24**ma Dio lo ha risuscitato, sciogliendo le sofferenze della morte, poiché non era possibile che avesse potere su di lui. **25**Dice infatti di lui Davide: Ho veduto il Signore innanzi a me, sempre; poiché Egli sta alla mia destra, onde non vacilli. **26**Per questo si è rallegrato il mio cuore, ed ha esultato la mia lingua, e anche la mia carne riposerà nella speranza **27**che tu non abbandonerai l'anima mia nell'Ade, ne permetterai che il santo veda la corruzione. **28**Mi hai fatto conoscere le vie della vita, mi colmerai di letizia con il tuo volto. **29**Fratelli, si può ben dire francamente a voi, riguardo al patriarca Davide, che morì e fu sepolto, e la sua tomba è ancora fra di noi al giorno d'oggi. **30**Ma essendo profeta, e sapendo che Dio gli aveva giurato solennemente di fare sedere sul suo trono un suo discendente, **31**anteveggendo parlò della risurrezione de Messia, il quale veramente non fu lasciato nell'Ade, ne la sua carne vide la corruzione. **32**Questi, cioè Gesù, Dio l'ha risuscitato, e noi tutti ne siamo testimoni. **33**Esaltato pertanto dalla destra di Dio, e ricevuto dal Padre lo Spirito Santo promesso, lo ha effuso, come voi stesso potete vedere e udire. **34**Davide infatti non salì al cielo, eppure egli dice: Disse il Signore al mio Signore: siedi alla mia destra, **35**finché ponga i miei nemici come sgabello dei tuoi piedi. **36**Sappiate dunque con sicurezza tutta la casa d'Israele: Dio ha costituito

Signore e Messia quel Gesù che voi avete crocifisso! **37**All'udire ciò, sentirono una fitta al cuore, e dissero a Pietro e agli altri apostoli: <<Che cosa dobbiamo fare, o fratelli?>>. **38**E Pietro a loro: <<Convertitevi, e ciascuno di voi si faccia battezzare nel nome di Gesù Cristo, per la remissione dei vostri peccati, e riceverete il dono dello Spirito Santo. **39**Per voi infatti è la promessa, e per i figli vostri e per tutti quelli che sono lontani, quanti ne chiamerà il Signore Dio nostro>>. **40**E con molte altre parole li scongiurava e li esortava, dicendo: <<Salvatevi da questa generazione sviata>>. **41**Quelli pertanto che accolsero la sua parola, si fecero battezzare e furono aggregate a loro in quel giorno circa tremila anime.

2 ,15. L'ora terza coincide con le nove del mattino. **16 sgg.** Questo discorso di Pietro è il primo inizio di un discorso generale del cristianesimo. Gesù di Nazareth crocifisso dai Giudei è il Messia che ha dimostrato con la sua risurrezione di realizzare il disegno divino della salvezza, e i Dodici Ne sono i testimoni; segue come conclusione un energico invito alla conversione. **25** sg. Cfr Salmo 16,8- 11 Colui che parla nel Salmo esprime la speranza di risuscitare e di non rimanere prigioniero nel soggiorno dei morti, lo Sheol degli Ebrei, l'Ade dei Greci. **34** cfr. Salmo 110,1 il ragionamento sembra essere questo: Davide fu sepolto e non è salito al cielo; quindi l'invito di Dio non è rivolto a ma a colui che è risorto e asceso nella gloria del Padre. **36** La risurrezione e l'ascensione di Gesù costituiscono la manifestazione pubblica della sua dignità messianica, divina, regale, tale infatti, fin dall'A.T. è il valore religioso Kyrios, Signore. **38** E' la prima attestazione storica del battesimo cristiano. L'espressione battezzare nel nome di Gesù distingue il battesimo cristiano da quello di Giovanni Battista e dai riti affini degli Ebrei, e indica la fede e l'adesione spirituale a lui.

La prima comunità cristiana. Atti 2,42- 48

2-42 Ed erano perseveranti nell'insegnamento degli Apostoli e nella comunione, nella frazione del pane e nelle preghiere. **43**E ogni spirito era preso da timore; e molti prodigi avvenivano mediante gli apostoli. **44**Tutti i credenti stavano insieme e tenevano ogni cosa in comune; **45**e quanti avevano possedimenti e sostanze le vendevano e le distribuivano a ciascuno, nella misura in cui ne aveva bisogno. **46**Ed ogni giorno erano assidui concordemente al Tempio, e spezzavano il pane nelle case, prendendo il cibo con letizia e semplicità di cuore, **47**lodando Dio ed avendo grazia da tutto il popolo. **48**E il Signore ogni giorno aggiungeva alla comunità quelli che venivano alla salvezza.

2 ,42 sgg. Descrizione tipica della comunità primitiva e del suo entusiasmo religioso nell'ideale della carità. La frazione del pane nel linguaggio paleocristiano è il rito sacro dell'Eucarestia celebrato non nel Tempio, ma in qualche casa privata durante un banchetto fraterno. **46.**Prendono parte ai riti pubblici del Giudaismo, ma celebrano a parte il rito nuovo della frazione del pane.

INDICE

Finito di stampare nel mese di Giugno 2014
per conto di Youcanprint *Self- Publishing*